RAT ACBO

Reihe

Alte Tradition

Azurcelesteblueoscuro

herausgegeben

von

Joerg K. Sommermeyer & Orlando Syrg

Exemplarische Werke der Weltliteratur

herausgegeben von

Joerg K. Sommermeyer

Über dieses Buch

Der Roman Gargantua und Pantagruel (Gargantua et Pantagruel) ist 1532-1553 von François Rabelais in 5 Büchern verfasst worden: Erstes Buch, Lyon 1532; Zweites Buch, Lyon 1534; Drittes Buch, Paris 1546; Viertes Buch, Paris 1552; Fünftes Buch, Royaume de France 1564 (postum; Authentizität fraglich). Das unumstritten großartige Werk, durchtränkt von Rabelais' scharfem satirischem Witz, einer die Zeiten überdauernden, beißenden Kritik an Epoche und Gesellschaft, wurde u. a. von Johann Fischart seit 1575 ausschweifend frei bearbeitet (*»Geschichtsklitterung«*) und Gottlob Regis 1832-41 kongenial übersetzt.

Unser vorliegender I. Band (mit dem Ersten und Zweiten Buch) erzählt u. a. von der Geburt und Erziehung Pantagruels, Kriegszügen und Abenteuern, Gründung der utopischen Abtei Thelem und der Devise *»Tu, was dir gefällt«*. Unsere Gesamtedition, von insgesamt drei Bänden der vollständigen Ausgabe, fußt auf Regis' stupender Übertragung, musste aber freilich vom Herausgeber lesbar gemacht werden, was Orthographie, Zeichensetzung, kaum bekannte und unbekannte Termini sowie sprachliche Neuschöpfungen sowohl Rabelais' als auch Regis' betrifft, immer geleitet vom strengen Vorsatz, Schwächen zu eliminieren, ohne Zauber und Essenz anzutasten, so wenig Eingriffe wie irgend möglich, nur so viele wie unbedingt nötig! Die deutsche Übersetzung wurde mit dem französischen Originaltext abgeglichen, und zum besseren Verständnis des Lesers hat der Herausgeber, Joerg K. Sommermeyer, dem Text zahlreiche Anmerkungen und Worterläuterungen beigefügt.

Der Autor

Ein Universalgelehrter, dionysischer Humanist, voller Lebensfreude und Liebe zum chthonischen Dasein, jegliche Einengung durch Scholastik, Kirche, Papst, Mönchstum oder Askese verabscheuend. Der Humanist **François Rabelais**, französisches Renaissance-Genie, erblickt das Licht der Welt um 1494 in La Devinière bei Chinon/Touraine als Sohn eines vermögenden Advokaten. Um 1511 Novize im Franziskanerorden, 1520 Mönch in Fontenay-le-Comte, 1524 Benediktiner, Chorherr in der Abtei Maillezas, 1527 Säkularkleriker, 1528-30 in Paris. Studium der Medizin in Paris und Montpellier. 1532-35 Lyoner Anstaltsarzt. 1536 muss ihm Papst Paul III. Verstöße gegen Ordensregeln verzeihen. 1537-40 Arzt in Montpellier. Seine Werke werden verboten. 1546 kirchliche Verfolgung; Flucht nach Metz, Stadtarzt. Seit 1534 etliche Aufenthalte in Rom. Sekretär und Leibarzt von Kardinal Jean Du Bellay, Begleiter von dessen Bruder Guillaume Du Bellay. 1551 Kanoniker in Meudon. Rabelais stirbt am 9. April 1553 in Paris. [Siehe zu Leben und Werk François Rabelais' das Nachwort des Herausgebers, Joerg K. Sommermeyer, im dritten und letzten Band OrSyTa 72023.]

Der Übersetzer

Der deutsche Dichter und Übersetzer **Johann Gottlob Regis**, Sohn eines Predigers an der Leipziger Nikolaikirche kommt am 23. April 1791 in Leipzig zur Welt und stirbt am 29. August 1854 in Breslau (Wroclaw). Nach dem Besuch der Nikolaischule in Leipzig und der Klosterschule in Roßleben an der Unstrut, studiert er 1809-1812 Rechtswissenschaft in Leipzig. 1816 werden dort seine *»Kasualreden«* publiziert. Im selben Jahr wird er Korrektor bei der Buchhandlung des Waisenhauses in Halle. Seit 1825 wirkt er als Privatgelehrter in Breslau. 1841 bedenkt ihn Friedrich Wilhelm IV mit einer Pension. Viele Übersetzungen von Shakespeare, Swift, Rabelais, Boiardo, Machiavelli, Buonarotti.

Der Herausgeber

Joerg K. Sommermeyer (JS), geb. am 14.10.1947 in Brackenheim, Sohn des Physikers Kurt Hans Sommermeyer (1906-1969). Kindheit in Freiburg. Studierte Jura, Philosophie, Germanistik, Geschichte und Musikwissenschaft. Klassische Gitarre bei Viktor v. Hasselmann und Anton Stingl. Unterrichtete in den späten Sechzigern Gitarre am Kindergärtnerinnen- / Jugendleiterinnenseminar und in den Achtzigern Rechtsanwaltsgehilfinnen in spe an der Max-Weber-Schule in Freiburg. 1976 bis 2004 Rechtsanwalt in Freiburg. Zahlreiche Veröffentlichungen. JS (Joerg Sommermeyer) lebt in Berlin und Lahnstein.

Orlando Syrg, Berlin, 12. Mai 2023

Joerg K. Sommermeyer (Hg.)

François Rabelais' Gargantua und Pantagruel I

Erstes und Zweites Buch

Vollständige Ausgabe in drei Bänden

Deutsch nach der Übersetzung von Johann Gottlob Regis,
durchgesehen, revidiert, mit Anmerkungen und einem Nachwort
herausgegeben
von
Joerg K. Sommermeyer

Orlando Syrg

MMXXIII
1. Auflage 2023
Orlando Syrg, Berlin und Lahnstein
(vormals Freiburg i. Brsg.)
Orlando Syrg Taschenbuch
ORSYTA 52023
Reihe Alte Tradition Azurcelesteblueoscuro
RAT ACBO 39

Deutsch nach der Übersetzung von Johann Gottlob Regis (Barth, Leipzig 1832 ff.), durchgesehen, revidiert, mit Anmerkungen und einem Nachwort herausgegeben von
Joerg K. Sommermeyer

Umschlaggestaltung (unter Verwendung einer Illustration *„Gargantua besucht Paris"*, von Gustave Doré, 1832-1883, auf der Vorderseite): JS

Lektorat, Satz und Layout: Fritz Pernicke, JS, Ton Unbe, Martina Ritter, Hans Ohnson, Karl Anders, Gabi Michaelis, Dolf Tiller, Marga Sadau, Roland König, Betty Süßblum, Paul Deros, Ella Elle, Micol Gros, Lars Penath, Max Corth, Waltraut Schmidt

Herstellung und Verlag: BoD – Books on Demand, Norderstedt

Made in Germany

ISBN 9783757806002

Inhalt

Erstes Buch

Das unschätzbare Leben des großen *Gargantua*,
Vaters *Pantagruelis*, weiland verfasst durch
Meister Alcofribas Nasier, den Abstractor der Quintessenz

Ein Büchlein voller Pantagruelismus

Den Lesern

Ihr Leser dieses Buches lobesam
Tut ab von euch Affekt und Leidenschaft,
Und wann ihrs leset, ärgert euch nicht dran:
Denn es kein Unheil noch Verderben schafft.
Die Wahrheit zwar zu sagen, musterhaft
Ist wenig drin, wenn wir nicht Lachen meinen.
Den Text erwählt mein Herz, und weiter keinen.
Seh ich den Kummer, der euch nagt und frisst,
Handl ich von Lachen lieber denn von Weinen,
Dieweil des Menschen Vorrecht Lachen ist.

Gargantua, Prologue
(Gustave Doré, 1832-1883)

Des Autors Prologus

Sehr treffliche Zecher, und ihr meine kostbaren Venusseuchling, (denn euch und sonst niemandem sind meine Bücher zugeschrieben) Alcibiades, in dem Gespräch des Platon die Zech betitelt, sagt unter anderen Reden zum Lob seines Meisters Sokrates, welcher ohnstreitig der Weltweisen Kaiser und König war, dass er sei gleich den Silenen gewesen. Silenen waren vor diesem kleine Büchslein, wie wir sie heut in den Läden der Apotheker sehen, von außen bemalet mit allerlei lustigen, schnakischen Bildern, als sind Harpyen, Satyrn, gezäumte Gänslein, gehörnte Hasen, gesattelte Enten, fliegende Böck, Hirschen die an der Deichsel ziehen, und andre derlei Schildereien mehr, zur Kurzweil konterfeiet um einen Menschen lachen zu machen: wie denn des guten Bacchus Lehrmeister Silenus auch beschaffen war. Hingegen im Innersten derselben verwahrt' man die feinen Spezereien, als Balsam, Bisam, grauen Ambra, Zibet, Amomum, Edelstein und andre auserlesne Ding. So, sagt er, wär auch Sokrates; weil ihr denselben von außen betrachtend und äußerm Ansehn nach schätzende, nicht einen Zwiebelschelf für ihn gegeben hättet: so hässlich war er von Leibesgestalt, so linkisch in seinem Bezeigen, von Spitznas, Augen wie eines Stieres Augen, Narren-Antlitz, einfältiger Sitten, bäurisch in Kleidung, arm an Vermögen, bei Weibern übel angesehen, untauglich zu allen Ämtern im Staat, immer lachend, immer jedem zutrinkend, immer Leute foppend, immer und immer Versteckens gespielt mit seiner göttlichen Wissenschaft. Aber, so ihr die Büchs nun eröffnet, würdet ihr inwendig funden haben himmlisch unschätzbare Spezereien: einen mehr denn menschlichen Verstand, wunderwürdige Tugend, unüberwindlichen Standmut, Nüchternheit sondergleichen, feste Genügung, vollkommenen Trost, unglaubliche Verachtung alles dessen darum die sterblichen Menschen so viel rennen, wachen, schnaufen, schiffen und raufen.

Wohin (denkt ihr in euern Gedanken) zielt doch dies Vorspiel, dieser Probschuss? Dahin, dass ihr meine guten lieben Jüngerlein und etlich eurer Mitmaulaffen, wann ihr die lustigen Titel etlicher Bücher von unsrer Erfindung leset, als: Gargantua, Pantagruel, Stürzbecher, die Würdigkeit der Hosenlätz, von Speckerbsen *cum commento etc.,* allzuleichtfertig urteilt es werd darinnen nichts abgehandelt als eitel Spottwerk, Rareteiden und lustige Lügenmährlein, hinsichts ihr äußerlich Sinnschild (das ist der Titel) ohn weitre Untersuchung gemeinlich für Possen und Schimpf geachtet wird. Aber also leichtfertiglich ziemt sich nicht Menschenwerk abzuschätzen; denn ihr pfleget doch selbst zu sagen, dass das Kleid nicht den Mönch mach, und ist mancher verkappt in eine Mönchskutt, der innerlich wenig vom Mönchtum weiß; geht auch wohl mancher im spanischen Mantel, dem sein Sinn nimmer nach Spanien stehet. Derhalb soll man das Buch recht auftun und was drin ausgeführt sorglich erwägen. Dann werd ihr merken dass die Spezerei drin wohl von einem andern und höheren Wert ist, als euch die Büchs verhieß: will sagen, dass die hie beregten Materien nicht allerdings so töricht sind, als es die Überschrift vorgeschützt.

Und auf den Fall gesetzt dass ihr auch im buchstäblichen Sinn genugsam lustige Ding anträfet und die sich wohl zum Namen schickten, sollt ihr doch gleichwohl hieran nicht haften bleiben wie am Sirenen-Sang, sondern vielmehr im höheren Sinn auslegen was ihr vielleicht nur Scherzes halber gesagt zu sein vermeinet hattet. Zogt ihr auch je einer Flaschen den Pfropf aus? Ei potz Zäpel! so denket zurück wie ihr euch dazu angestellet. Oder sahet ihr je einen Hund, wann er ein Markbein am Wege fand? Dies ist, wie Plato *Lib. 2 de Rep.* schreibt, das philosophischste Tier der Welt. Wenn ihrs gesehen habt, habt ihr wohl merken können wie andächtig er es verschildwachtet, wie eifrig ers wahrt, wie hitzig ers packt, wie schlau ers anbricht, wie brünstig zerschrotet, wie emsig aussaugt. Wer treibt ihn an also zu tun? Was ist die Hoffnung seiner Hundsmüh? Was vermeinet er hieraus guts zu erlangen? Nichts weiter als ein wenig Mark: wenn schon in Wahrheit dieses Wenig weit köstlicher denn alles Viel der anderen Ding ist, in Obacht das Mark eine Nahrung, so zur Vollkommenheit der Natur ist erwirket worden, wie Galenus spricht III. *facult. nat. et* XI. *de usu partium.*

Nach dessen Vorbild nun ziemet euch Klugheit, dass ihr fein riechen, wittern und schätzen mögt diese edeln Schriften vom dicken Schmer, die man zwar leichtlich pürschen mag, schwer aber treffen: dann mittelst fleißigen Lesens und steter Betrachtung das Bein erbrecht und den substantialischen Mark draus sauget, dies nämlich was ich unter diesen Pythagorischen Symbolis verstanden hab, in gewisser Hoffnung dass euch solch Lesen witzigen und erleuchten wird. Denn ihr sollt wohl einen anderen Schmack und tiefverborgenere Lehr drin finden, die euch höchstüberschwengliche Sakrament und schaudervolle Mysterien offenbaren wird, beides was unsre Religion, als Welt- und Regentenstand, wie auch die Hauszucht angeht.

Glaubt ihr auch wohl, auf euern Eid, dass Homerus, als er die Ilias und Odyssee schrieb, jemals an die Allegorien gedacht hab die aus ihm auskalfatert Plutarchus, Eustathius, Phurnuthus, Heraklides Ponticus und was aus ihnen Politian gestohlen hat? Wo ihr es glaubt, kommt ihr weder mit Händen noch Beinen zu meiner Meinung die besagt, dass dem Homero dergleichen so wenig im Traum erschienen als dem Ovid in seinen Metamorphosen die evangelischen Sakrament, wie sie ein Bruder Hans Laff und wahrer Speckschnäppel sich drin zu erweisen gemartert hat, ob er vielleicht mehr Narren wie Er, und wie man spricht, Deckel auf seinen Topf fänd.

So ihr es aber nicht glaubt, ei was wehret euch mit dieser muntern und neuen Chronik nicht eben auch also zu tun? Wiewohl ich, derweil ichs diktiert, so wenig drauf gedacht hab als ihr, die ihr wohl trinkt so gut als ich. Denn ich mit Stellung dieses sehr herrlichen Buches kein ander noch mehr Zeit vertan noch verdorben hab als die ich mir zu Einnahm meiner Leibesnahrung vorbestimmt hätt, nämlich während Essens und Trinkens. Auch ist dies just die rechte Stund, da man von so erhabenen Dingen und tiefen Szientien schreiben soll.

Wie sich gar wohl darauf verstanden Homerus, der Spiegel aller Schriftgelahrten und Ennius, der lateinischen Poeten Ziehvater; wie Horaz bezeuget: wenn schon ein Mollkopf behaupten will dass seine Vers mehr nach Wein denn nach Öl röchen.

Dergleichen sagt nun ein Tier-Lupin auch von meinen Büchern. Aber ich ach ihn einen Quark. Weingeruch, o wie weit nützlicher, schützlicher, kützlicher, himmlisch holdseliger ist er doch als des Öles! Und werd mirs zu keinem geringern Ruhm anrechnen, dass man von mir sag ich hab in Wein mehr aufgehn lassen denn in Öl, als Demosthenes tät, da man ihm nachsagt' er hätt in Öl mehr vertan denn in Weine. Ich für mein Teil kann nur Ehr und Ruhm davon haben, so man mich für einen guten Schlucker und Kunden mit gelten und laufen lässt. Bin unter dem Namen gern gesehen bei allen guten Pantagruelsbrüdern. Dem Demosthenes hats ohnhin ein Sauertopf längst vorgeruckt dass seine Reden wie eines alten garstigen Ölhökers Kram-Plan röchen. Derhalb legt meine Wort und Werk zum allervollkommensten aus, habt Ehrfurcht vor dem käsförmigen Cerebro das euch mit diesen schönen Schaumbläslein ätzet und, so viel an euch, bleibt mir fein allzeit guter Ding.

Nun so erlabt Euch dran, liebe Schätzlein: lests fröhlich all zu Leibestrost und Nierenfrommen. – Büscht! Hundsfisli! dass euch der Wolf ins G'säß schlag! Wollt ihr mir gleich mein Gottslohn trinken? Ich werd euch auch plötzli Bscheid tun.

Erstes Kapitel

Von des Gartantuä Antiquität und Stammbaum

Ich verweis euch auf die große Pantagruelinen-Chronik, so ihr die Antiquität und Stammbaum daraus Gargantua uns entsprossen, wollt kennen lernen. Aus selbiger werd ihr mit mehrem ersehen wie die Riesen in diese Welt sind kommen, und wie von ihnen in grader Lini abgesprungen Gargantua der Vater des Pantagruel. Werd euchs auch nicht verdrießen lassen wenn ichs für diesmal übergeh; obschon die Sach von der Art ist dass sie, je mehr man ihrer erwähnt, Euern Gestrengen desto besser gefallen müsst, wie ihr dafür das Ansehen Platos *in Philebo et Gorgia* habt, desgleichen *Flacci,* welcher sagt, dass etliche Ding (wie denn ohn Zweifel dies hie eins) immer ergötzlicher würden je öfter man sie erzählt und wiederholt.

Wollt Gott, ein jeder wüsst seinen Stammbaum so eigens vom Kasten Noä bis diese Stund! Ich halt dafür, es sind ihrer Mehre heut zu Tag Kaiser, Könige, Herzöge, Fürsten und Päpst auf Erden, welche von einigen Bettelbriefträgern und Ballenbindern das Leben haben. Und wiederum Mehre sind Spittel-Pracher, elende Lumpen und Hungerleider die vom Geschlecht und Blute großer König und Kaiser entsprossen sind, hinsichtlich der erstaunlichen Versetzung der Staaten und Königreich;

Assyriens in Medien,
Mediens in Persien,
Persiens in Mazedonien,
Mazedoniens in Rom,
Roms in Griechenland,
Griechenlandes in Frankreich.

Und dass ich mich, der ichs euch sag, allein zu einem Exempel aufwerf, so glaub ich gänzlich dass ich etwan von einem reichen König oder Fürsten der Vorzeit herkomm: denn ihr habt euer Lebelang keinen Menschen gesehen der einen stärkern Trieb König und reich zu sein in ihm verspürt hätt, als mich: auf dass ich auch im Saus könnt leben, nix schaffen noch sorgen dürft, und meine Freund und alle fromme geschickte Leut daneben auch stattlich reich machen möcht. Aber ich tröst mich wiederum damit: ist es nit hie, so ist es dort; ja wohl weit mehr als ich mir itzo zu wünschen erkühnt. Tröstet auch ihr euch in euerm Unglück mit diesem, oder besseren Gedanken, und ist es tunlich, habt allzeit frisches Getränk bei euch.

Jetzt wieder auf unsre Hammel zu kommen, sag ich: dass uns durch höchste Schenkung des Himmels die Antiquität und Stammbaum Gargantuä vollständiger ist erhalten worden als eine, ohn des Messias Stammbaum, von welchem ich nicht sprechen mag, denn es geziemt mir nicht: auch sind die Teufel (das ist die Kuttner und Blaustrümpf) dawider. Und ward gefunden durch Hans Audeau auf einer Wiesen, so er hätt unweit der Gualeauer Schleusen unter Olive auf der Seit gen Narsoy. Wie der die Gräben dort stechen ließ, da stießen die Gräber mit ihren Karsten auf ein großes Grab von Erz; lang ohne Maßen, denn sie konnten nimmer ein End davon finden, weil es bis weit in die Vienner Gemarkung strich. Als sie solches an einem Ort erbrochen hatten, worüber ein Becher skulpieret war und mit hetrurischen Lettern rings umhergeschrieben *HIC BIBITVR,* fanden sie da neun Flaschen in der Ordnung stehen wie man die Kegel in Gaskognien zu setzen pflegt, und unter deren mittelster lag ein klein graugrün, artig, schartig, ziemlich schimmelig Büchlein, das stärker den Rosen, aber nicht besser roch.

In selbigem hat man ermeldeten Stammbaum der Läng nach mit Kanzellarschrift geschrieben funden, nicht auf Papier, noch Pergamen, auch nicht auf Wachs, sondern geschrieben auf

Ulmenrinden, wenn schon für Alter so abgenützt, dass man davon mit Müh drei Ziffern in gleicher Reih gewahren mocht.

Ich nun (wiewohl der Ehr unwürdig) ward dazu hin erfordert: da ich sodann mit guter Brillenhilf die Kunst des Aristoteles wie man unscheinbare Lettern lieset, ausgeübt und's so wie ihr hie sehen könnt, verdollmetscht hab zum Frommen aller Pantagrueleser, das ist frisch netzender froher Leser der schauderhaften Pantagruelstaten. Am End des Buchs stund ein Traktätlein, *der antidotierete Firlfanz* betitelt. Die Ratten und Matten, oder (dass ich nicht lüg) andere missgünstige Tier hatten den Anfang davon vernaget. Das andre hab ich hie untergestellt dem alten Schwärtel zu Lieb und Ehren.

Zweites Kapitel

Der antidotierete Firlfanz, in einem alten Begräbnis gefunden

O, i?.. am der große Bändiger der Cimbern
: : ; . ugs durch die Luft, weil ihn der Tau verdross.
≡ er erschien, tät man die Trög beklimpern
: ! . frischer Butter, die mit Mulden goss:
Davon die große Mutter überfloss
Und schrie laut und bat ihn aufzufangen,
Da der Morast ihm schier zu Bärten schoss;
Ihm mindestens zu reichen eine Stangen.

Die einen schrien, ihm den Pantoffel lecken
Wär besser denn um Ablass sich bemühn:
Allein da kam der listigste der Gecken
Zum Loch herfür, wo man fischt Kresselin,
Der sprach: Um Gott, Herrn! lasst ihn nicht entfliehn!
Hie ist der Aal, und steckt in dieser Pfütze:
Dort unter seinem Krägel, merkt auf ihn!
Da findet ihr die große Tiras-Mütze.

Wie er itzt sein Kapitel wollt beginnen
Fand sich nichts drunter als ein Kalbsgeweih.
Mir ist, sprach er, in meiner Miter drinnen
So kalt, sie druckt auf mein Gehirn wie Blei.
Man wärmt ihn drauf mit Rüben-Spezerei,
Da ließ er sichs am Feuerherd gefallen,
Wofern ein frischer Gaul vorspännig sei
Den vielen Leuten die die Fäuste ballen.

Ihr Handel war um Patricks heilig Loch,
Gibraltar, und viel tausend andre Höhlen,
Ob sie sich wohl vernarben ließen noch
Durch ein Rezept dies Husten abzustellen:
Weil ihr Bejähnen aller Wind und Wellen
Doch einen jeden bass verdriessen sollt;
Und könnte man sie wohl als Geisel stellen,
Wenn man dereinst hinlänglich sie versohlt.

Auf solchen Schluss rupft Herkules den Raben,

Herkul, aus Lybien kam er eben an.
Was! sagte Minos, will man mich nicht haben?
Die ganze Welt, nur mich nicht bittet man:
Und soll mich dann noch erlustieren dran
Mit Austern und mit Fröschen sie zu speisen?
Ich sei verdammt, wird, weil ich atmen kann,
Ihr Kunkel-Markt je von mir gut geheißen.

Q. B. kam sie zu bläun, der lahme Peter,
Im Freigeleit starrköpfger Mystenbrut.
Der Worfelnde, des Groß-Kyklopen Vetter
Zerdrasch sie: jeder schneuze seine Schnut.
Nur wenig Buker zeugt dies Hufengut,
Die in der Lohmühl nicht gewippet wären.
Lauft alle her, schlagt Lärm, seid auf der Hut!
Man wirds euch besser denn vorm Jahre lehren.

Nach kurzer Frist gedachte Jovis Aar
Sich mit dem Part der Schlechten zu gepaaren;
Doch als er sah wie schwer ergrimmt man war,
Sorgt' er das Reich möcht in die Pilze fahren,
Und riss vom Schrein der Pökelheringswaren
Des Empyräums Feuer lieber fort,
Eh er die heitre Luft die man verfahren,
Ließ beugen unter Masoreten-Wort.

Auf Schwertes Spitze kam der Pakt zu stehen
Trotz Até, die sich reigerbeinig dünn
Dort niedersetzt, da sie Penthesileen
In ihrem Alter als Kresshökerin
Geehrt sah. Schlechte Kohlenbrennerin!
Rief männiglich, ziemt dir umherzuhetzen?
Das Römer-Banner raubtest du dahin,
Das man gemacht nach Pergamentes Sätzen.

War Juno nicht, die unterm Himmelsbogen
Mit ihrem Herzog Lockepfeiflein blies,
Man hätt ihr einen bittern Hieb gezogen,
Der ihr am Leib kein ganzes Glied verhieß.
Die Abkunft war, dass sie aus dem Gemüs
Zwo Eier der Proserpina empfinge,
Und, wo sie wieder sich betreten ließ,
Am Hagedorngebirg in Banden hinge.

Nach sieben Monden, zweiundzwanzig ab,
Geschahs das Der Karthago einst zerstöret,
Manierlich sich in ihren Kreis begab,
Sein Erbteil fordernd so ihm angehöret;
Zum mindest Teilung unverkürzt begehret
Nach dem Gesetz das Niet und Nagel hält,
Auch von der Brüh ein weniges verehret

Den Kleppern die das Breve ausgestellt.

Doch kommt das Jahr mit einem Türken-Bogen,
Fünf Spindeln, drei Topfböden auch signiert,
Da einem König der zu ungezogen,
Im Klausner-Rock das Kreuz gepfeffert wird.
O Schmach! Um einen Esauspelz verführt
Wollt ihr so viele Morgen sehn verschlingen?
Lasst ab, lasst ab! den Mummschanz detestiert.
Zum Schlangen-Bruder müsset ihr entspringen.

Nach diesem Jahr herrscht friedsam Der da ist,
Mit seinen guten Freunden immerdar;
Da wird kein Trutz mehr sein noch böser Zwist,
Ein jedes fromme Wünschen macht sich wahr.
Die Hilfe so vordem verheißen war
Dem Volk des Herrn, wird nahn mit Sturmesläuten:
Dann wird die jüngst gescheuchte Mären-Schar
Wie Königszelter im Triumphe schreiten.

Und diese Zeit der Hokuspokus währt
Bis Mars in Angeln wird gebunden schleichen:
Dann kommt ein Mann der über Alle fährt,
Anmutig, schön, holdselig sondergleichen.
Nun Herz gefasst! Ringt nach so süßen Feigen,
Ihr meine Treuen! Mancher ist dahin
Der sich um Gold nicht wieder würde zeigen:
So wird alsdann die alte Zeit beschrien.

Zu guter Letzt wird man am Haspenband
Den Wächsernen zum Glocken-Fritz quartieren:
Nicht mehr hinfüro wird Herr! Herr! genannt
Hans Bumbaum der den Bottich pflegt zu führen.
Hui! Wer nur seinen Fochtel dürfte rühren!
Mit allem Hirn-Geschelle wär es aus,
Und könnte man mit Packdraht gar verschnüren
Der Narreteiden ganzes Vorratshaus.

Drittes Kapitel

Wie Gargantua elf Monde im Mutterleibe getragen ward

Grandgoschier war zu seiner Zeit ein guter Schäker, liebte sowohl als irgendeiner damals auf Erden, rein auszutrinken, und aß gern Gesalzenes. Zu dem End führt' er für gewöhnlich einen ganzen Schub Mainzer und Bayonner Schunken, Rauch-Zungen die schwere Meng, Würst im Überfluss wann die Zeit war, und gepökelt Rindfleisch mit Mustrig: Lasten von Botargen, Salsuzen-Vorrat, nicht Bologneser (denn er scheut' sich vor den Lombardischen Mundbisslein) sondern von La Brene, Bigorre, von Longaulnay und von Rouargue. Als er zu seinen Tagen kommen, nahm er zum Weibe Gurgelmilten, die Tochter des Königs der Millermahler, ein schönes Trüserle, hübschen Visiers, und machten die Beiden öfters zusammen das

Tier mit zween Rücken, rieben sich den Speck aneinander lustiglich, bis sie von einem schönen Sohne schwanger ward, und denselben trug bis in den elften Monat.

Denn so lang und länger können die Weiber Leibesfrucht tragen, insonderheit wenn es ein Wunderwerk der Natur ist und eine Person, die ihrer Zeit mannhafte Taten verüben soll. Wie Homer sagt, dass das Kind, womit Neptunus die Nymph beschwängert, zur Welt kam, nachdem ein Jahr herum war: dieses war aber der zwölfte Monat. Denn (wie Aulus Gellius *Lib.* 3. spricht) war diese lange Zeit der Majestät Neptuni schicklich, damit in selbiger das Kind zur Vollkommenheit kam und gebildet wurde. Aus gleichem Grund ließ Jupiter die Nacht, da er Alkmenen beiwohnt', an achtundvierzig Stunden dauern, weil er in einer kürzern Zeit den Herkules, der unsre Welt von Tyrannen und Bestien säuberte, nicht hätte fabrizieren mögen.

Die alten Herren Pantagruelisten haben bestätigt, was ich sag, und haben das Kind, das eine Frau im elften Monat nach ihres Mannes Tod gebieret, nicht nur für möglich, sondern für rechtmäßig erkannt:

> Hippokrates *Lib. de Alimento.*
> Plinius *Lib.* VII, *Cap.* 5.
> Plautus *in Cistellaria.*
> Marcus Varro in der Spottschrift das Testament betitelt, wo er des Aristoteles Autorität über diesen Punkt zitieret.
> Censorinus *Lib. de die natali.*
> Aristot. *Lib.* VII. *Cap.* 3. *et* 4. *de natura Animalium.*
> Gellius *Lib.* III. *Cap.* 16. Servius *in Ecl.* IV. wo er den Vers des Virgilius auslegt:

Matri longa decem, etc.

und andre tausend Fantastenköpf mehr, deren Anzahl noch durch die Legisten verstärkt wird *ff. de suis, et legit. l. intestato. § fin. Et in authent. de restitut. et ea quae parit in undecimo mense.*

Ja haben noch express darüber ihre speckhäkliche *Lex* geschmieret: *Gallus ff. de lib. et postum. et l. septimo ff. de stat. homin.* nebst andern die ich für jetzt nicht nennen mag.

Mittelst welcher Gesetz die Witwen nach ihrer Männer Hinschied ganzer zween Monat lang des Bürzelspiels auf Hieb und Stoß und alle Trümpf los kecklich pflegen und brauchen dürfen. Ich bitt euch doch gar schön, ihr lieben Haverlinger, wo ihr deren etwan trefft die sich des Aufnestelns verlohnen, sitzt auf und reitet mir sie vor! denn wenns im dritten Monat fängt, wird ihre Frucht des Verblichenen Erbe. Und ist die Schwangerschaft erkannt, stecht frisch drauf zu, so geht das Schifflein, dieweil das Ränzel die rechte Last hat.

Wie sich auch Julia, des Kaisers Octaviani Tochter, niemals ihren Paukern ergab, außer wann sie sich schwanger spürt'; nach gutem Schiffs-Brauch, welches seinen Steuermann nicht einnimmt, wenn es nicht wohl zuvor kalfatert und geladen ist.

Und wo sie jemand drum schelten wollt dass sie sich also pomeiseln ließen in ihre Schwangerschaft hinein, hinsichtlich doch die Tier selbst niemals ihre trächtigen Leiber dem Männlein zu bemänneln erlauben: so antworten sie dass dies Tiere sind, sie aber Weiber, wohlbekannt mit denen schönen angenehmen Rechten der Superfötation; wie weiland Populia nach dem Bericht Macrobii im zweiten Buch der Saturnalien zur Antwort gab. Wills aber der Teufel nicht haben, dass sie schwanger werden, dann heißts, Spund zu und wisch das Maul.

Viertes Kapitel

Wie Gurgelmilte, in ihrer Schwangerschaft mit dem Gargantua, eine große Meng Kutteln aß

Die Art und Weis wie Gurgelmilte ins Kindbett kam, war folgende: und wo ihrs nicht glaubt, entgehet euch das Fundament. Das Fundament entging ihr eines Nachmittags am dritten Hornung, als sie zu viele Bauntzen gessen. Bauntzen sind feiste Magendärm von Barrenrindern. Barrenrinder sind an der Kripp' und auf Zwirentwiesen gemäste Ochsen. Zwirentwiesen sind zweimal im Jahr Gras tragen. Von selbigen feisten Ochsen nun hätten sie dreihundertsiebenundsechzigtausendundvierzehn geschlagen zum Einsalzen auf Fastnacht, dass sie im Frühjahr fein zeitigs Pökelfleisch die Füll erzielten; denn sie wollten gern zur Mahlzeit Anfang auch ihr Wörtlein von Gesalznem mitreden, weil der Wein drauf noch einmal so gut schmeckt. Der Kutteln waren viel, wie ihr von selbst einseht, und waren so köstlich dass jeder darnach die Finger leckt'. Aber der große Vier-Teufel war nur, dass mans ohnmöglich lang verwahren noch sparen konnt, denn sie wären verfaulet; welches sich nicht gebühren wollt. Ward also beschlossen mit Stumpf und Stiel sie aufzuessen. Hiezu luden sie alle Leut von Sainnais, Suillé, Laroche-Clermaud, Vaugaudry, vergaßen auch nicht die von Couldray, Montpensier, von Gué de Vede und andere Nachbarn alles gute Kunden, gute Zecher, schöne Kegelschieber. Der gute Mann Grandgoschier hätte daran sein herzlich Lust und Freud und ließ es ihnen mit Scheffeln messen, warnet' aber dabei sein Weib, dass sie davon das wenigst äße, weil sie nah auf ihrem Ziel ging und dies G'schling just keine sehr ratsame Speis wär. Denn, sprach er, der muss große Lust zum Dreckkäun tragen, der diese Säck isst. Dieser Ermahnungen ungeachtet aß sie deren doch sechzehn Wispel, zween Scheffel und sechs Metzen auf. O schöne fäkalische Materi, die ihr im Leibe bluttern sollt!

Nach dem Mittagsimbiss zogen sie all kopfüber unter das Weidicht hinaus, und tanzen da auf dem dichten Gras nach hellen Pfeiflein und süßen Schalmeien so fröhlich, dass eine himmlische Lust war, sie dergestalt sich tummeln zu sehen.

Fünftes Kapitel

Die Trinker-Gespräch

Drauf kamen sie ins Halbabendbrot-Gespräch miteinander am schicklichen Ort. Da ging es an ein Flaschen-Laufen, Schunken-Traben, Becher-Fliegen, Stamper-Klirren. Lauf und schaff! Trill dich und troll dich! Stell mir her, ohn Wasser, so Freund. Stürz mir dies Glas brav, schenk mir Claret ein, dass das Glas heult. Durst-Frieden! O du arges Fieber! Wirst du nicht weichen? Mein Six, Gevatterin, ich kann die Zech nicht mittun. Habt ihr euch etwan verkältet, Bäslein? Freilich. Potz Velten! lasst uns von Trinken reden: ich trink nicht denn zu meinen Stunden, wie des Papsts Maultier. Ich trink nicht, denn aus meinem Brevier, wie ein guter Gardian-Vater. Was war eher, Durst oder Trinken? Durst: denn wer hätt im Stand der Unschuld ohn Durst getrunken? Trinken den *privatio praesupponit habitum.* Ich bin ein Gelahrter: *Foecundi calices quem non fecere disertum?* Wir unschuldigen Kindlein trinken nur allzu viel ohn Durst. Ich Sünder aber nie ohn Durst: hab ich ihn jetzt nicht, so hab ich ihn künftig, muss also vorbaun, seht ihr ein. Ich trink für den Durst, der kommen soll. Ich trink ewig. Dies ist mein Ewigkeitstrinken und meine Trinkewigkeit. Gesungen, getrunken, stimmt an einen Kanon! Wo ist mein Kanon? mein Trichter? ich trink nicht anders denn *per procuram.* Netzet ihr, dass es trocknet, oder trocknet ich, dass es nass wird? Ich versteh mich nicht auf die Theorik, aber mit der Praktik da behelf ich mich ein wenig. Basta. Ich netz, ich feucht, ich trink, und alls aus leidiger Todesfurcht. Trinkt allzeit, so sterbt ihr nimmer. Wenn ich nicht trink, so bin ich im Treuchen: so bin ich tot; mein Seel wird in einen Froschpfuhl fahren; im Treuchen wohnet nimmer kein Seel. Küper! o ihr Schöpfer neuer Formen, macht mich aus einem, der nicht trinkt, zum Trinkenden! Unvergängliche Sprengwedlung über diese Nerven und dürren Därm! Der trinkt um nix, der nix von spürt. Dieser schlägt einem in die Adern, das Brunzerl kriegt da nix von ab. Ich möcht hie diesem Kalb, das ich heut fruh geputzt hab, die Kutteln spülen. Ich hab meinen Magen wohl ballastiert. Wenn das Papier meiner Schuldregister so wacker trinken könnt als ich, meine Gläubiger kriegten ihr Weinl wohl, wenns an ein Liquidieren ging. Diese Hand verstellt dir nur die Nas. O wie viel andre werden da noch eingehn, ehe dieser ausfährt! So im Seichten zu trinken: hui, da muss einem schier der Gurtriem platzen. Dies heiß ich mal ein Vogelstellen mit Flaschen getrieben. Was Unterscheids ist zwischen Boutelgen und Flaschen? Großer: den Boutelgen stopft mans Loch mit Pfropfen zu, den Flaschen mit Schrauben. Ehrbar! Unsre Alten tranken derbe, ließen nichts im Topf. Scheiß auf dein Singen, getrunken! getrunken! Habt ihr was an den Fluss zu b'stellen? der geht jetzt hin die Kutteln zu spülen. Ich trink nicht tiefer denn ein Schwamm. Ich trink wie ein Templer. Ich *tamquam sponsus.* Und ich *sicut terra sine aqua.* Ein Schunken-Synonymum! wer weiß! Ist ein Zech-Compulsorium, ist ein Schrotleiter: durch die Leiter bringt man den Wein in Keller, durch den Schunken in Bauch. Hei da, zu trinken! zu trinken he! Es hat kein Ladung. *Respice personam! Pone pro duos-bos* ziehts noch nicht. Wenn ich so tapfer aufsteig als ich zu Tal lass, ich wär längst hoch in Lüften. So kam Jack Coeur zu guten Tagen, so gedeihet das Holz in der Brachen. So unterwarf ihm Bacchus Indien, so philosophieren sie in Melindien. Ein kleiner Regen mag großen Wind legen. Lang Trinken bricht Donner. Wenn aber mein Schwanitz solchen Harn pisst', möchtet ihr in auch saugen? Ich halts noch an, ein Weil. Schenk her, Bub! sieh, ich stell dir mein Vollmacht auf meinen Kopf. Stichs aus, mein Seppel, hie ist noch ein Scheppel. Ich verwahr mich widern Durst *apellando* als vor Chikan: Bub, relevier du mein Beschwer solenniter, dies Jücken! Sonst pflegt ich zwar stets rein auszutrinken, itzunder lass' ich auch nichts drin. Wir wollen uns nicht übereilen, auf dass nichts umkomm. Eingesackt!

Seh eins die Sonntagskutteln, seht die Bratenbaunzen von dem Falben mit dem schwarzen Strich!

Ei lasst uns ihn doch striegeln, um Gott! als gute Hauswirt, blank und rein! Trinkt, oder ich will euch ... Nicht doch! trinkt, ich bitt euch schön. Die Spatzen fressen nicht, man streicht ihnen denn die Schwänz! ich trink nicht, man schmeichel mirs denn ein.

Lagona edatera! Es ist in meinem ganzen Leib kein Ratz-Loch da mir dieser Wein nicht den Durst erfrettelt. Der pürscht mir ihn gut. Der wird mir ihn ganz und gar Landes verweisen. Blast's bei Boutelgen- und Flaschenschall aus, dass wer seinen Durst verloren hat, ihn nicht allhie zu suchen hab: lange Sauf-Klistier haben ihn aus unsern Häuslein längst verjagt. Gott macht' den Himmel und Sonnen drein, wir Lümmel machen die Tonnen rein. Ich führ das Wort Gottes im Mund: Mich dürstet. Der Stein Asbestos ist nicht unauslöschlicher als der Durst meiner Würden. Der Hunger, sagt Angeston, kommt wenn man isset, aber der Durst vergeht, wenn man trinkt. Ein Mittel wider den Durst? Es ist das Widerspiel der Arzenei wider den Hundsbiss: lauf allezeit dem Hunde nach, so beißt er dich nimmer: und trink allzeit dem Durste vor, so erwischt er dich nimmer. Jetzt hab ich euch gefangen, jetzt bring ich euch diesen Wecker zu. Küper, o du ewiger Wecker, schütz und behüt uns du vorm Schlaf! Hundert Augen hätt Argus zum Sehen, hundert Händ muss ein Küper haben, zum unermüdlichen Weinauszapfen wie Briareus. Heisa! frisch genetzt, es ist gut Trocknen. Weißen! schenks gar aus, schenk in Teufels Namen, schenk hier, bis 'rauf! mir schwelt die Zung. Trinke Si' lans! Prost Kamrad! Munter! la la la, das heiß ich schlampampt, das. O Lacrima

Christi! Dieser ist von der Devinie's, ist Zirbelwein. O des edeln Weißen! Auf meine Seel, ein taftens Weinl! he he he, es ist einöhriges Gewächs, echtes Gespinst und tüchelt wohl. Courag mein G'sell, auf diesen Gang gehn wir noch mit, denn ich hab ein Zwickmühl *ex hoc in hoc* gemacht; es ist kein Hexerei dabei, es habens all mit angesehen. Darin such ich meinsgleichen hie auf dem Platz. Ei lirum larum, ich bin Pfaff Matz. O o der Schlucker! der Durstigen! Bursch, Bursch, mein Freund! fülls hie und krön den Wein, ich bitt dich. Auf Kardinalisch: *Nam natura abhorret vacuum:* meint ihr ein Muck hätt hie getrunken? Holla! auf gut Bretonisch, rein aus mit der Neigen! niedergeschluckt! ist Kraut, es sticht nicht.

Sechstes Kapitel

Auf was seltsame Art Gargantua geboren ward

Während sie diese Trinkwörtlein noch wechselten fing Gurgelmilte sich über Leibsschmerz zu beklagen an; dass Grandgoschier vom Gras aufstund, ihr liebreich zusprach in Meinung es wären die Kindeswehen und zu ihr sagt', es wär ihr dort gewesen zu frisch in dem Weidengebüsch und würd gewiss nicht lang mehr währen, so würd sie junge Bein gebären; müsst also sich auch ein frisch Herze fassen zur frischen Ankunft ihres Püppleins, und wenn ihr der Schmerz auch ein wenig streng deucht', so würd er doch bald ein Ende nehmen, und die drauf folgende Freud ihr all dies Leid vertreiben, also dass sie gar nicht mehr dran denken würd. Denn, sprach er, ich beweis euchs: unser Heiland im Evangelium Johannis Sechzehn, sagt er nicht: Ein Weib, wenn sie gebiert, so hat sie Traurigkeit; wenn aber sie das Kindlein erst zur Welt geboren, gedenkt sie nicht mehr an die Angst? – Ei, spricht sie, daran sagt ihr recht, und diese evangelische Reden hör ich weit lieber und tun mir besser als wenn mir einer ein langes und breits das Leben der heiligen Margret vorsagt und mehr dergleichen Pfaffengewäsch. – Nur Lamms-Courag! sprach er, schafft dies fort, so machen wir bald ein anders. – Ha! spricht sie, was doch ihr Mannsleut für gut reden habt. Nu mit Gottes Hilf will ich mich zwingen, weils euch lieb ist. Aber ich wollt zu Gott, dass er euch abgehauen wär. – Wer? was? spricht Grandgoschier. – Ha, antwort sie, wie blöd ihr tut! ihr verstehets ja wohl. – Mein G'sell? spricht er: Potz-Zickel-Blut! wenn euch dies ansteht, schafft doch gleich ein Messer her! – Ach, sprach sie, ach bei Leib nit! Gott verzeih mirs, ich meints nit von Herzen. An meine Reden dürft ihr euch nicht kehren, weder wenig noch viel. Aber heut werd ich wohl mächtig zu schwitzen kriegen, so Gott mir nicht beisteht, und das alls um eures G'sellen willen, damits euch wohl wär.

Nur Herz gefasst, nur Herz, sprach er, bekümmer dich des weitern nicht, und lass die vier Ochsen da vorn nur ziehen. Ich geh jetzt und trink noch ein paar Schlückel, werd aber gar nicht weit sein: wo dich indes ein Weh ausstieß, bin ich auf einen Pfiff in die Hand flugs wieder bei dir.

Über ein kleines fing sie zu ächzen, zu lamentieren, zu schreien an. Alsbald erschienen Hebammen haufenweis von allen Enden; die befühlten sie zu unterst und fanden ein Geschling von ziemlich argem Geschmacke, dachten es wär das Kind: allein es war das Fundament, das ihr entging durch die Erweichung des graden Darmes (welchen ihr den Mastdarm nennt), weil sie zu viele Kutteln gegessen, wie wir zuvor berichtet haben.

Da macht' ihr eine alte Vettel aus der Gevatterschaft, die für eine große Ärztin geachtet, und vor etlichen sechzig Jahren von Brisepaille bei Saint Genou dortin gezogen war, die macht' ihr ein so entsetzlich Restrinctif, welches ihr alle Karunkeln im Leib dermaßen zusammenschnürt' und räutelt', dass ihr sie mit genauer Not mit den Zähnen hättet erlockern mögen: was schauderhaft zu denken ist: zumal der Teufel doch in der Mess des heiligen

Martin als er das Geträtsch der beiden Sybillen aufschrieb, sein Pergament mit schönen Zähnen gar wohl zu prolongieren wusst.

Durch diesen Unfall öffneten sich die Cotyledons der Gebärmutter oberwärts, durch welche das Kind kopfüber hupft' in die hohle Ader, dann durch das Zwergfell weiter kroch bis über die Achseln, (wo sich gedachte Ader in zwei teilt,) und seine Straß zur linken nehmend, endlich durchs linke Ohr zu Tage kam. Sobald es geboren war, schrie es nicht, wie die andern Kinder, *mi mi mi!* sondern mit lauter Stimm: zu trinken! zu trinken! zu trinken! gleich als ob es die ganze Welt zu trinken ermahnt', so hell auf, dass es die ganze Gegend von Beusse und Bibaroys vernahm. Ich bild mir ein, ihr werd an diese verwundersame Nativität nicht steif und fest zu glauben wagen. So ihrs nicht glaubt, fichts mich nix an: aber ein Biedermann, ein Mann von Verstande glaubet allzeit das, was man ihm sagt und was er in Schriften findet. Sagt nicht Salomo Sprichwörter am Vierzehnten: der Unschuldige glaubt jedes Wort u.s.w.? und der heilige Paulus Ersten Korinther 13: die Liebe glaubet alles? Warum wollet ihrs also nicht glauben? Weil man es nimmer ersehn hat, sagt ihr. Ich aber sag euch dass ihr eben um dieser einzigen Ursach willen ihm vollen Glauben schenken müsst. Denn die Sorbonnisten nennen den Glauben ein Argumentum derer Ding, die man niemals mit Augen siehet.

Laufts etwan wider unser Gesetz, Glauben, Vernunft oder heilige Schrift? Ich meines Orts kann in der Bibel nichts finden was dawider wär. Und wenn es Gott so gefallen hätt, meint ihr, er hätts nicht tun können? Ei ich bitt euch doch um alles, umnebelkäppelt euch nicht die Köpf mit solchen eiteln Gedanken: ich sag euch, dass bei Gott kein Ding unmöglich ist. Und wenn er wollt, so brächten von Stund an die Weiber ihre Kinder also durchs Ohr zur Welt! Bacchus, kam er nicht aus dem Schenkel des Jupiter? Spaltenfels nicht aus der Ferse seiner Mutter? Fliegenschnäpper aus seiner Ammen Pantoffeln zur Welt? Minerva, entsprang sie nicht durchs Ohr aus Jupiters Hirn? Adonis durch eines Myrrhenbaums Rinden? Kastor und Pollux aus einem Ei, das Leda gelegt und ausgebrütet? Wie aber sollt ihr erst erstarren und staunen, wenn ich euch itzund gleich das ganze Kapitel des Plinius auslegen wollt, in welchem er von seltsam unnatürlichen Geburten handelt? Gleichwohl bin ich noch lang kein so dreister Lügner als er. Lest nur in seiner Naturgeschichte das dritte Kapitel des siebenten Buchs und quält mir nicht länger die Ohren damit.

Siebentes Kapitel

Wie Gargantua benamset ward, und wie er sich zur Tränk hielt

Während der gute Mann Grandgoschier noch zecht' und mit den Andern schwärmet', hört er das mörderliche Geschrei, welches sein Sohn bei seinem Eintritt in dieses Licht der Welt erhub, als er zu Trinken! zu Trinken! brüllte: und sprach: I gar! kannt du aa schon fein dursten! Welches als die Gäst vernahmen, sagten sie, dass er um dieserwillen durchaus Gargantua heißen müsst, weil dies das erste Wort seines Vaters bei seiner Geburt gewesen wär; nach Vorgang und in Nachahmung der alten Hebräer. Hierin war derselbe ihnen auch gern zu Willen, gefiel auch seiner Mutter wohl. Und um ihn zufrieden zu stellen, brachten sie ihm zu trinken, was oben hinein wollt: und ward nach frommer Christen Sitt zur Tauf getragen und getauft.

Und wurden siebzehntausendneunhundertunddreizehn Küh von Pautillé und Brehemond verschrieben, für gewöhnlich ihn zu säugen; denn eine bastante Amm zu finden war im ganzen Land unmöglich, in Betracht der großen Mengen Milch, die zu seiner Nahrung erforderlich war. Zwar wollen ein Paar Scotistische Doktoren behaupten dass seine Mutter ihn gestillt hab und dass sie vierzehnhundertzwei Pipen und neun Maß Milch auf jeden Ruck aus ihren Brüsten hab melken können. Aber es ist der Wahrheit nicht ähnlich, und dieser Satz *mammaliter pro scandaloso* wehmütigen Ohren ärgerlich und schon von weitem nach Ketzerei ausdrücklich stinkend erkläret worden.

In solcher Weis bracht er ein Jahr und sechs Monde hin, um welche Zeit man nach dem Rat der Ärzt ihn anfing auszutragen, und ward nach Angab des Jan Denyau ein schönes Ochsen-Kärchel gebauet, in selbem kutschiert' man ihn fröhlich umher: und war eine Lust ihn anzusehen, denn er hätt ein hübsch Göschlein, wohl zehn Kinn am Hals, schrie auch fast wenig; dafür aber bekackt' er sich zu allen Stunden, denn er war eines ungebührlich durchschlägichen Gesäßes, teils aus natürlicher Komplexion teils durch zufälligen Habitum, den ihm das viele Saugen des September-Traubenmüsleins zuzog. Doch sog er davon keinen Tropfen ohn Ursach; denn wenn sichs traf, dass er verdrießlich, dickschnutig, bös, oder mogrich war, wann er schrie, strampelt', heult', und man bracht ihm zu trinken, gleich kam er euch wieder zu sich und war ganz still und guter Ding. Seiner Wärterinnen eine hat mirs auf ihre Treu geschworen, er hätt dies also in der Art, dass er beim bloßen Schall der Kannen und Flaschen schon in Verzückung käm als ob er die Freuden des Paradieses im Voraus schmeckt'; derhalb sie in Betrachtung dieser göttlichen Eigenschaft, um ihn am frühen Morgen aufzuheitern, mit einem Messer an die Gläser klinkten oder mit Flaschen-Spunden oder mit Kannen-Deckeln klirrten: auf diesen Schall würd er gleich lustig, hüpft' auf und wiegt' sich selber ein mit dem Kopfe lottend, monochordiert' mit den Fingern und barytoniert' mit dem Arß.

Achtes Kapitel

Wie man Gargantua kleiden tät

Als er zu diesem Alter kommen, befahl sein Vater ihm Kleider zu machen nach seinen Farben, weiß und blau. Da ward sogleich Hand angelegt, und wurden gemacht, genäht, geschneidert nach damals kursierender Landesmod. Aus den alten Archiven der Rechnungskammer zu Montsoreau erseh ich, dass er in folgender Art bekleidet war:

Zu seinem Hemd wurden ausgehoben neunhundert Ellen Leinwand von Chastelleraud, und zweihundert zu den Zwickel-Kisslein unter die Achseln. Und ward nicht gefältelt; denn das Fälteln der Hemden ist erst aufkommen seit die Nähterinnen die Spitzen ihrer Nadeln zerbrochen haben und mit dem Öhr zu hantieren begonnen.

Zu seinem Wams wurden ausgehoben achthundertdreizehn Ellen weißer Atlas, und zu den Nestelschnüren fünfzehnhundertneun und ein halb Hundshäut, denn damals fing die Welt an die Hosen an das Wams zu henken, nicht das Wams an die Hosen, denn es läuft dies der Natur zuwider, wie ausführlich dartut Ockam über die Exponibilien des Meisters Beinkleiderios.

Zu seinen Hosen wurden erhoben elfhundertfünf und ein drittel Ellen weißen Sammets, und waren gemützert in Form geriefter krenelierter Säulen hinten, damit sie ihm nicht die Nieren erhitzten; die Mützen aber mit blauem Damast inwendig geflitzert so viel als nötig: und ist zu merken, dass er sehr schön beschienbeint war und in der rechten Proportion zu seiner übrigen Leibesstatur.

Zu seinem Hosenlatz wurden erhoben sechzehn und ein viertel Ellen des nämlichen Zeuges, und war gestaltet wie ein Strebebogen, gar lustig zwischen zwei schöne güldene Rinken gespannet, in die zween Heftel von Glockenspeis eingriffen, und in jedem derselben war ein dicker Smaragd von der Größ eines Pomeranzapfels eingefasst. Denn es hat dieser Stein, (wie Orpheus *Libro de Lapidibus,* und Plinius *Libro ultimo* lehren) erektivische und stärkende Kraft des natürlichen Gliedes. Des Latzes Schlitz war einen Stab lang, gemützert wie die Hosen und mit blauem Damast gepufft wie oben. Hättet ihr aber erst die schöne Verbrämung von Kantille gesehen, und das artige güldene Stickwerk dran, besetzt mit feinen Demanten, feinen Rubinen, feinen Türkisen, feinen Smaragden und Persischen Perlen: so würdet ihr ihn einem schönen Horn des Überflusses verglichen haben, wie ihr auf den Antiken seht und wie sie Rhea den beiden Nymphen Adrastea und Ida, den Ammen Jupiters verehrt'. Stets prächtig, trächtig, übersäftig, immer grünend, immer blühend, früchtesprühend, voller Blüten, voll aller Frucht und Herrlichkeit. Gott sei mein Zeug, ob nicht der Latz ein stattlichs Aussehn hätt', doch werd ich euch davon noch ganz andre Ding berichten in dem Buch, das ich von Würdigkeit der Lätz verfasst hab. Eins aber sollt ihr dennoch wissen: dass er, obschon so lang und breit, doch innerlich sehr wohl verproviantieret und beschlagen war, in keinem Stück den heuchlerischen Schein-Lätzen einer ganzen Schar von Schleckern ähnlich, als in welchen zu großem Präjudiz der Weibsleut, gar nichts enthalten ist denn Wind.

Zu seinen Schuhen wurden erhoben vierhundertsechs Ellen karmesinblauen Sammets und wurden zierlich gemützert in parallelischen Linien, durch gleichförmige Zylinder verbunden. Zu Besohlung derselben nahm man elfhundert braune Kühhäut, geschnitten nach der Stockfischschwänzenart.

Zu seinem Leibrock wurden erhoben achtzehnhundert Ellen blauen, wohl im Grän gefärbten Sammets, rings mit schönem Laubwerk bordiert, und in der Mitten mit silbernen Bechern von Kantille, umgestülpt unter güldenen Sparren mit dichten Perlen, anzuzeigen, dass er ein guter Stürzbecher zu seiner Zeit würd werden.

Sein Gürtel war aus dreihundert und einer halben Ellen Seiden-Sarsch', halb weiß, halb blau, wofern ich nicht sehr irr.

Sein Degen war nicht von Valence, noch auch sein Dolch von Saragossen; denn sein Vater hasset' dies ganze vermauschelte Indalgos- und Bourratschenvolk wie Teufel: sondern er hätt einen schönen Degen von Holz, und einen Dolch von gummiertem Leder, so fein verguldet und gemalt wie sichs nur einer wünschen mocht.

Sein Säckel war aus dem Hodensack eines Oriflanten gefertigt, den ihm Mynheer Prakontal, Statthalter in Lybien, verehret.

Zu seinem Mantel wurden erhoben neuntausendsechshundert weniger zwei drittel Ellen blauen Sammets, wie oben, ganz mit Gold durchfädelt in diagonalischer Figur: welches nach richtiger Perspektiv eine unbekannte Farb gab wie ihr an Turteltaubenhälsen sehet, all denen, die ihn sahen, ein unvergleichlicher Augentrost.

Zu seinem Barretlein wurden erhoben dreihundertzwei und ein viertel Ellen weißen Sammets, und war die Form desselben weit und rund nach Umfang des Hauptes; denn sein Vater sagt', dass diese heutigen Barretlein auf Marrabesisch, wie ein Pastetensatz gestaltet, noch eines Tages ihren Verstutzten schlimme Händel zuziehn würden. Statt Federbusches trug er eine schöne große blaue Feder von einem Onokrotalus [Rosapelikan; Anm. d. Hg.] aus dem wilden Hyrkanien [Landschaft an der Südküste des Kaspischen Meeres], die ihm gar zierlich übers rechte Ohr hing. Zu seiner Medaille führt' er in einer güldenen, achtundsechzig Mark schweren Platten eine Figur von gleichem Schmelzwerk, worin ein menschlicher Leib bossiert war mit zween Köpfen, den einen gegen den andern gedreht, vier Armen, vier Beinen, und zween Ärßen, wie Plato in *Symposio* sagt, dass die menschliche Natur in ihrem mystischen Ursprung beschaffen gewesen, und stund darum mit ionischen Lettern geschrieben: *ΑΓΑΠΗ ΟΥ ΖΗΤΕΙ ΤΑ ΕΑΥΤΗΣ* [Die Liebe suchet nicht das Ihre].

Sein gülden Kettlein, das er am Hals trug, wog fünfundzwanzigtausendunddreiundsechzig Mark Goldes in Form großer Beeren, mit grünen rau geschliffenen Jaspissteinen durchzogen, die wie Drachen gravieret und geschnitten waren, sämtlich mit Strahlen und Funken umzirkelt, wie einst der König Necepsos trug: und hing ihm bis zum obern Buckel des Bauchs herunter; davon er dann sein Lebelang den Nutzen spürt', welcher den griechischen Ärzten bewusst ist.

Zu seinen Handschuhen wurden verschnitten sechzehn Koboldsfell, und zum Vorstoß dran drei Werwolfshäut; und wurden ihm also zugericht nach dem Rat der Kabbalisten zu Sainlouand. Von Ringen (deren ihn sein Vater zu Erneuerung des Zeichens alter Ritterschaft tragen ließ) hätt er am Zeigefinger der Linken einen Karfunkel von der Größ eines Straußeneies, in feines Seraphsgold zierlich gefasst. Am Arztfinger eben dieser Hand hätt er einen Ring aus den vier Metallen allzumal, auf die wunderbarste Art verfertigt, die man noch je mit Augen gesehen: denn weder verschlang der Stahl das Gold, noch bracht das Silber das Kupfer unter. Alles gemacht durch Hauptmann Chappuys, und seinen guten Faktor Alcofribas. Am Arztfinger der Rechten hätt er einen Ring in spiralischer Form, darein ein vollkommner Balas-Rubin, ein ausgespitzter Demant, und ein Smaragd vom Physon unschätzbaren Wertes gefasst waren. Denn Hans Carvel, Groß-Juwelier des Königs von Melindien schätzt' sie zusammen auf neunundsechzig Millionen, achthundertvierundneunzigtausendundachtzehn lange Wollenhammel. So hoch habens auch die Fuckart von Augspurg [Fugger von Augsburg] geschätzet.

Neuntes Kapitel

Von des Gargantuä Farben und Leibtracht

Die Farben des Gargantuä waren Weiß und Blau, wie ihr zuvor habt lesen können: und damit wollt sein Vater sagen, dass er eine himmlische Freud wär. Denn das Weiß bedeutet' ihm Freud, Vergnügen, Lust und Fröhlichkeit, und das Blaue himmlische Ding. Ich merk zwar wohl, dass ihr bei Lesung dieser Wort des alten Zechers spotten und die Auslegung der Farben allzu ungewaschen und außer Ordnung finden werdet: denn, sagt ihr, Weiß bedeutet Treu und Glauben, Blau Beständigkeit. Aber erhitzt, erbost, ereifert, eräschert euch nur nicht erst lang (denn es ist eine gefährliche Zeit), sondern gebt Antwort auf meine Frag: eine andre Streng werd ich nicht brauchen gegen euch, noch wer es sei. Nur ein paar kurze Tischwörtlein werd ich euch zu Gemüte führen.

Wer sticht, wer stößt euch? Wer behauptet, dass Weiß Treu, Blau Beständigkeit bedeutet? Ein lotterichs Büchel, sprecht ihr, so die Bisarten [bisouarts, bizzordi; arme Gebirgsbewohner] und Ballenträger feil tragen, der Farben Wappen-Saal betitelt. Wer hat's g'macht? Wer er auch immer sei, daran hat er gescheit getan, dass er nicht seinen Namen dazu geschrieben hat. Im übrigen aber weiß ich nicht, was mich an ihm mehr wundern soll, sein Fürwitz oder seine Dummheit. Sein Fürwitz, dass er ohn all Ursach, ohn Grund noch Schein, ans eignem Ansehn sich vorzuschreiben erkecket, was für Ding die Farben bedeuten sollen: welches der Tyrannen Art ist, die ihren Mutwillen statt der Vernunft aufwerfen, nicht aber der weisen verständigen Leut, die ihre Leser mit deutlichen Gründen zufrieden stellen.

Seine Dummheit, dass er vermeint die Welt werd ohn weitern Beweis noch bündige Argument ihre Wappen-Devisen nach seinem läppischen Schrollen einrichten. Und ist auch nicht ohn, denn er hat (wie das Sprichwort sagt: dem durchlaufigen Arß hangt allzeit der Dreck an) ein überlei Häuflein Gecken aus der alten Zeit der hohen Mützen vorgefunden, die seinen Schriften Glauben geschenkt und ihre Denkreim und Wahlsprüch darnach geschustert, ihre Mäuler darnach bekappzaumt, ihre Buben gekleidet, ihre Hosen gemustert, ihre Handschuh verbrämt, ihre Betten befranzt, ihre Fähnlein gemalt, Lieder gefertigt und (was das ärgst ist) unter den züchtigen Matronen heimlich allerlei schlechte Ränk und Gaunereien geschmiedet haben. In gleicher Finsternis stecken auch diese prunkischen Höfling und Namen-Verrucker, die in ihren Devisen, um Hoffnung auszudrücken, eine runde Öffnung, oder Hopfenstang malen lassen, ein Bein für Pein, das Kraut Ancholi für Melancholi, den zweigehörnten Mond für ein zunehmend Glück, eine zerbrochene Bank für einen Bankerottierer, Nicht und ein

Panzerhemd für ein nicht hartes Kleid noch Wesen, Litzelsalat für Lizentiat: welches so alberne, fade, bäurisch barbarische Homonymien sind, dass man einem jeden sollt einen Fuchsschwanz an das Koller henken und eine Larv von Kühdreck fürtun, der sich hinfüro noch in Frankreich nach Wiedereinsetzung der guten Künst und Wissenschaften, ihrer gebrauchen oder bedienen möcht.

Mit gleichem Fug (man sollt aber lieber Unfug und Narrheit sagen) könnt ich einen Schmachtriemen malen lassen zum Zeichen, dass man mich schmachten ließ: und einen Senfstopf für mein Herz, das man nicht eben sänftlich stopf, und einen Pisspott als Kämmerling. Mein Hosenboden wär ein Furzfass, mein Hosenlatz eine Stiftskanzlei, und ein März-Schwein wär ein Herzensschrein, darin mein Liebsten Gunst belegen.

Gar anders hieltens im Altertum die weisen Ägypter wenn sie mit Lettern schrieben welche sie hieroglyphische nannten, die niemand verstund, der nicht die Tugend, die Natur und Eigenschaft der unter denselben versteckten Ding wusst, und jeder verstund, der diese wusst: von denen Horus Apollon auf Griechisch zween Bücher verfasst und Polyphilus im Liebestraum mit mehreren handelt. In Frankreich habt ihr davon ein Pröblein in der Divis des Herren Admirals, die vordem Octavianus Augustus trug. Doch länger soll mein Schiff in diesen unlustigen Strudeln und Seichten nicht treiben; ich lenk um und geh im Hafen vor Anker, von da ich ausfuhr: hoff aber wohl noch eines Tags ausführlicher davon zu schreiben und teils durch philosophische Gründ, teils durch von allen Zeiten her beglaubigte und rezipierte Autoritäten darzutun, welche und wievielerlei Farben in der Natur sind, und was eine jede bedeuten kann: wenn mir anders unser Herr Gott den Hutleist spart, das ist den Weinpott, wie mein Großmutter selige zu sagen pflegt'.

Zehntes Kapitel

Was die Farben Weiß und Blau bedeuten

Weiß also bedeutet Freud, Behagen, Wonn, und bedeutets nicht mit Unrecht, sondern mit vollem Recht und Würden; was ihr auch werdet billigen, wenn ihr mit Hintansetzung eurer Affekte hören wollt, was ich euch jetzt erörtern werde.

Aristoteles spricht, wenn man ein paar in ihrer Art entgegengesetzte Dinge annähm, als gut und bös, Tugend und Laster, kalt und warm, weiß und schwarz, Lust und Schmerz, Freud und Leid, und andre dergleichen mehr, und sie also zusammenstellt', dass ein Gegenteil einer Art vernünftigerweis mit einem Gegenteil einer andern übereinkäm, so folgt' notwendig, dass auch das andre Gegenteil dem andern überbleibenden entsprechen müss. Zum Beispiel Tugend und Laster sind in einer Art Gegenteil; desgleichen auch gut und bös: wenn nun das eine Gegenteil der ersten Art mit dem einen der zweiten übereinkommt, als Tugend und gut (denn es ist sicher, dass Tugend gut ist), so werden es auch die beiden überbleibenden, bös und Laster; denn Laster ist bös.

Diese logikalische Regel wohl verstanden nehmet nun die zwei Gegenteil Freud und Trauer, dann auch die beiden Weiß und Schwarz; denn sie stehen sich physikalisch entgegen. Wenn demnach Schwarz Leid anzeigt, wird mit vollem Recht Weiß Freude bedeuten.

Und ist diese Deutung nicht etwan erst durch menschliche Satzung eingeführet, vielmehr auf Übereinstimmung der ganzen Welt, was die Philosophen *ius gentium,* allgemeines Recht, durch alle Lande gültigs nennen, angenommen. Wie ihr denn zur Genüge wisst, dass alle Völker, alle Nationen, (ich nehm die alten Syrakusaner und etliche Argiver aus, denen die Seel überzwerch gelegen) alle Zungen, äußerlich ihr Leid zu offenbaren schwarze Kleidung tragen und jedermann schwarz trauert. Welche einhellige Übereinkunft nicht wäre, wenn nicht die Natur dazu einen Grund und Antrieb gäbe, den jeder bald von selbst verstehn kann ohn anderweitige Belehrung, welches wir das natürliche Recht zu nennen pflegen. Und aus gleichem Naturbeweggrund hat unter Weiß die ganze Welt Freud, Lust, Ergötzen, Wonn, Entzücken, Plaisir und Fröhlichkeit verstanden.

Vor alters bezeichneten die Kreter und Thrazier die glückseligen und frohen Tage mit weißen Steinen, die traurigen und unglücklichen mit schwarzen. Die Nacht, ist sie nicht traurig, melancholisch und leichenhaft? Sie ist schwarz und finster durch Entbehrung. Die Klarheit, erfreuet sie nicht die ganze Natur? Sie ist weißer als kein Ding auf Erden: zu Bewährung wessen ich euch auf das Buch des Laurenz Valla wider Bartolum verweisen könnt, aber das evangelische Zeugnis wird euch schon gnug tun. Matthäi 17 stehet geschrieben, dass bei der Verklärung unsres Herrn *vestimenta eius facta sunt alba sicut lux:* seine Kleider wurden weiß wie ein Licht. Durch welche lichthelle Weiße er seinen drei Jüngern die Idee und Figur der ewigen Freuden zu verstehen gab. Denn Klarheit erheitert alle Menschen. Wie ihr das Wort der alten Frau habt, die, ob sie schon keinen Zahn mehr im Hals hätt, dennoch sagte: *Bona lux!* Und Tobias am fünften, der Augen beraubt, antwortet' auf des Raphaels Gruß: Was soll ich für Freud haben, der ich das Licht des Himmels nicht sehn kann? In solcher Farbe gaben die Engel die Freud des ganzen Weltalls bei der Auferstehung des Heilands kund, Johannis 20, und bei seiner Himmelfahrt Ap. Gesch. 1. In gleichen Schmuck gekleidet sah auch Sankt Johann der Evangelist in der Offenbarung 4 und 7 die Gläubigen im himmlischen gebenedeiten Jerusalem.

Leset die alten Geschichten nach, Griechen und Römer, so werd ihr sehen, dass die Stadt Alba (erstes Muster Roms) erbaut und benamset war nach Findung einer weißen Sauen. Ihr werdet sehen, dass wenn Einem nach einem Siege über die Feind, triumphierend in Rom vergönnt ward einzuziehen, er seinen Einzug auf einem von weißen Pferden gezogenen Wagen hielt. Desgleichen auch wer mit Ovation da einzog: denn mit keiner Farb noch Zeichen konnten sie die Freud über ihre Ankunft deutlicher ausdrücken als durch Weiß. Ihr werdet sehen, dass der Athener Herzog Perikles denjenigen Teil seines Kriegsvolkes welchem durchs Los die weißen Bohnen zugefallen, den ganzen Tag in Freud, Erholung und Ruh hinbringen ließ, während der andre streiten musst. Tausend andre Exempel und Stellen könnt ich euch noch zu diesem Behuf anführen, ist aber hie der Ort nicht.

Mittelst dieser Erkenntnis könnt ihr auch ein Problema lösen, das Alexander Aphrodisäus für unauflöslich erachtet hat: warum der Leu, der durch sein bloßes Geschrei und Brüllen alle Tiere schreckt, den weißen Hahn allein scheut und verehret? denn (wie Proclus, *libro de sacrificio et magia* schreibt) geschieht dies, weil die gegenwärtige Kraft der Sonnen, die alles irdischen und siderischen Lichtes Organ und Urquell ist, mit dem weißen Hahnen, teils um dieser Farben willen, teils wegen seiner besondern Natur und Eigenschaft, mehr symbolisieret und übereinkommt als mit dem Leuen. Und ferner sagt er, dass öfters Teufel in Leuengestalt gesehen worden, welche bei Ankunft eines weißen Hahnen plötzlich verschwunden sind.

Aus dieser Ursach tragen auch Galli (das sind die Franzosen, so benannt weil von Natur sie weißer als Milch sind, welche die Griechen Gala nennen) gern weiße Federn auf ihren Mützen. Denn von Haus aus sind sie fröhlich, aufrichtig, lauter, angenehm und wohlgesinnt und haben zu ihrem Symbolum und Wappen die Blum, die weißer ist als alle andern, nämlich die Lilie.

Wenn ihr fragt, wie unter weißer Farb uns die Natur Freud und Ergötzen verstehen heiße: antworte ich euch, dass die Analogie und der Zusammenhang dieser ist. Denn wie das Weiße äußerlich das Gesicht zerstreut und zerteilet, indem es die Sehgeister offenbar entbindet, nach Aristoteles Meinung in seinen Problemen und von der Perspektiv, und ihr es auch aus der Erfahrung abnehmen könnt, wenn ihr beschneite Berg bereiset, da ihr nicht wohl sehn zu können euch beschwert (wie uns Xenophon meldet, dass seinen Leuten ergangen sei und Galen ausführlich *libro* X *de usu partium* dartut): ebenso wird das Herz durch ausnehmende Freude innerlich zerstreut und erleidet offenbare Entbindung seiner Lebensgeister, die also mächtig wachsen kann, dass das Herz seines Unterhaltes beraubt werden und das Leben folglich durch diese Pericharia gar erlöschen möcht, wie Galenus sagt: *lib.* XII. *Method. libro* V. *de locis affectis, et libro* II. *de Symptomaton causis,* und wie in der Vorzeit Marcus Tullius *libro* I. *quaestion. Tuscul.,* Verrius, Aristoteles, Titus Livius, nach der Schlacht bei Cannen [Cannae; 216 v. Chr.], Plinius *lib.* VII. *cap.* XXXII. *und* LIII; A. Gellius *lib.* III. XV. und andre, mit dem Diagoras von Rhodus, mit Chilon, Sophokles, Dyonisius dem Tyrannen von Sizilien, mit Philippides, Philemon, Polykrates, Philistion, M. Inventius und mehrern, die vor Freud gestorben sind, geschehen zu sein bezeugen: und wie Avicenna in 2 *canone, et libro de viribus cordis* vom Safran schreibt, der das Herz so sehr erfreuet, dass er es, wenn man ihn in zu starker Dosis einnimmt, durch übermäßige Auflösung und Erweitrung, des Lebens beraubt. Hie sehet nach, den Alexander Aphrodisäus *libro primo problematum, cap.* XIX, und von Rechts wegen. – Allein was solls! Ich vertief mich in diese Materie weiter als ich zu Anfang gerechnet hätt. Werd also hie mein Segel einziehn und das weitere bis auf das hievon eigens verfertigte Buch aufsparen. Ich sag mit einem Wort nur dies noch: Blau bedeutet gewisslich den Himmel und die himmlischen Ding, nach eben demselbigen Symbolo, wie Weiß Freud und Vergnügen bedeutet.

Elftes Kapitel

Von des Gargantuä Jugend

Gargantua ward vom dritten bis zum fünften Jahr in aller gebührlichen Zucht gepflegt und auferzogen nach dem Willen seines Vaters, und bracht die Zeit zu, wie die kleinen Kinder des Landes pflegen: nämlich mit Trinken, Essen und Schlafen, mit Essen, Schlafen und Trinken, mit Schlafen, Trinken und Essen.

Allzeit wälz't er sich im Kot, vermaskeriert sich die Nas, bedreckt' sichs G'sicht, trat seine Schuh hinten über, gafft' gern nach den Mucken und lief den Schmetterlingen fleißig nach, über die sein Vater das Regiment hätt. Er seicht' in seine Schuh, macht' in sein Hemd, schneuzt' sich in Ärmel, rotzt' in die Suppen und patscht' überall durch; trank aus seinem Pantoffel und kraut' ihm den Bauch für gewöhnlich an einem Päner [panier; Korb]. Stört' sich die Zähn mit einem Holzschuh, wusch seine Händ in Fleischbrüh', strählt sich mit einem Humpen, setzt sich ärschlings zwischen zween Stühl an die Erd, deckt sich mit einem nassen Sack, lief mit der Latten, trank unter die Suppen, aß seinen Wecken ohn Brot, biss lachend, lacht beißend, leckt' vorn, kratzt' hinten, spie oft in die Platten, pfercht' Fett, pisst' gegen die Sonnen, versteckt' sich ins Wasser vorm Regen, schmiedet' kalt, träumt hohl, lud blind, spielt' Stillwässerchens, band das Kalb an, betet' das Affenpaternoster, kehrt' öfters wieder zu seinen Hammeln, setzt' den Bock zum Gärtner, schoss die Katz fürn Hasen, spannt' die Ochsen hinter den Karren, zog die Würm aus der Nasen, kratzt' sich, wo's ihn nit biss, packt' viel an und hielt wenig fest, verzehrt' sein Weißbrot vorneweg, beschlug die Graspferd, füttert' die Wetzstein, kitzelt' sich selbst zum Lachen, guckt' weidlich in die Töpf, behielt das Korn, gab Gott das Stroh, sang *Magnificat* zur Metten und meint' es passt' sich trefflich wohl, aß Kohl, schiss Mangold, erkannt' die Mucken in der Milch, ließ keiner Muck ein Bein am Leib, zerhudelt das Papier, verschmiert' das Pergament, riss aus wie Schafleder, zielt' nach der Geis, macht' seine Rechnung ohn den Wirt, schlug auf den Busch und fing nicht den Vogel, sah den Himmel für einen Dudelsack und Schloßen [Hagelkorn] für Zuckererbsen an, schnitt zween Pfeifen aus einem Rohr, schlug auf den Sack und meint' den Esel, macht' aus seiner

Faust einen Schlägel, fing die Kranich im ersten Sprung, wollt das Panzerhemd Masche für Masche gestrickt han, sah dem geschenkten Gaul allzeit ins Maul, setzt' sich vom Pferd auf den Esel, gab zu zwei grünen eine reife, macht' die Gruben nach dem Erdreich, hütet' den Mond vor den Wölfen, hofft' die Lerchen gebraten zu fangn, wenn der Himmel einfiel, macht aus der Not eine Tugend, macht' die Suppen nachdem ers Brot dazu hätt, frug weder nach Geschabt noch Geschoren. Alle Morgen band ers Kalb an. Seines Vaters kleine Hund aßen mit ihm aus einer Schüssel, er desgleichen wieder mit ihnen, er biss sie in die Ohren, sie zerkrellten ihm die Nas, er blies ihnen in den Arß, sie leckten ihm das Schnäuzel. Und sollt ihrs glauben, Bübli? dass euch das Übel zur Pfeifen schlag! dies kleine Hurenjägerlein betastet' seine Wärterinnen schon hinten und vornen, oben und unten harri hotto! in einem fort, und fing schon an sein Hosenlätzlein zu exerzieren. Selbiges schmückten seine Wärterinnen alle Tag mit schönen Sträußlein, schönen Bändern, schönen Blumen, schönen Flunkern, schönen Quästlein, und hatten ihre Kurzweil dran, wann er wie ein Roll-Pflästerlein ihnen unter die Händ geriet. Dann kichertens, wann er die Ohren spitzt', gleich als ob ihm das Spiel behagt'. Die eine nannt ihn mein klein Hähnlein, die andre mein Stiftel, die dritte mein Korallenzinklein, die viert mein Spündel, mein Stöpserl, mein Drillbohr, mein Stößel, mein Näberl, mein Bummel, mein recht Freudenfest so steif und fest, mein Ladstöckel, mein Rotwürstel, mein klein Hödengschnödel. Es ist mein, sagt' die ein'. Es gehört mir, sagt' die andr'. Und sollt ich leer ausgehn? sagt' die dritt, so schneid ichs ihm mein Treu gar ab. Was schneiden! sagt die andre: ei, ihr würdet ihm ja weh tun, Frau: schneid ihr den Kindern das Ding ab? So würd er ja *Monsieur sans Queue.* – Und damit er auch ein Spielzeug hätt, wie die andern kleinen Kinder des Landes, machten sie ihm ein schön Flinderstäblein mit einem Rädel vorn daran aus den Flügeln einer Windmühl von Mirebalais.

Zwölftes Kapitel

Von des Gargantuä Steckenpferden

Hierauf, damit er all sein Lebtag ein guter Reiter wär, macht' man ihm ein schönes großes Pferd von Holz: das ließ er paradieren, tummeln, voltigieren, sprengen, tänzeln, alles zugleich, im Schritt, im Trott, im Mittelschritt, Galop, Pass, Hoppas, im Kleppergang, im Kamelin [camelin; Kamelgang], Harttrab, Waldeseltritt, und färbt ihm das Haar um, wie die Mönch ihre Alben nach den Festen, in kästenbraun, in fuchsrot, apfelgrau, rattenfarb, hirschhaar, rotschimmel, kühfahl, muschigt, scheckigt, elstersprenkligt, weiß.

Er selbst macht' ihm aus einem großen Trämel [Klotz, Baumstumpf] ein Pferd zur Jagd, ein andres aus einem Trottbaum [Weinkelter, Fruchtpresse] zum täglichen Brauch, und aus einem dicken Eichenstamm ein Maultier samt der Schabrack fürs Zimmer. Außerdem hätt er ihrer noch zehn bis zwölf zur Umspann und sieben zur Post, und nahm sie auch nachts alle mit zu Bett. Einmal besucht' der Herr von Qualimsack [le seigneur de Painensac] seinen Vater mit großer Suite und Anhang, auf welchen Tag desgleichen auch der Herzog von Offentisch [le duc de Fancrepas] und der Graf von Nasengüsel [le comte de Mouillevent] schon bei ihm eingesprochen waren.

Mein Treu! Da ging das Losament [le logis; Logement] was knapp her für so vieles Volk, und sonderlich die Pferdeställ. Der Hofmeister also nebst dem Furierer [fourrier; Fourier] gedachten Herren von Qualimsacks, um zu erforschen ob es im Haus noch sonst wo ledige Ställ hätt, wandten sich an das junge Männlein Gargantua und fragten ihn heimlich, wo die Ställ für die große Pferd wären, denn sie gedachten, dass Kinder gern alle Ding ausschwatzen und offenbaren. Da führt' er sie die große Schlosstrepp hinan, durch den zweiten Saal auf einen langen Gang, aus dem sie in einen dicken Turm kamen. Wie es nun wiederum andere Stiegen hinauf ging, spricht der Furierer zum Hofmeister: dies Kind narret uns, denn niemals sind doch die Ställ zu oberst im Haus. – Da seid ihr schlecht bericht, antwortet der Hofmeister, denn ich weiß Ort zu la Basmette [la Baumette], Lyon, Chaisnon [Chinon] und anderwärts, wo die Ställ im obersten Stock sind: wird also wohl hie hinten ein Pförtlein zum Aufritt [montoir] sein. Frug also den Gargantua: Mein kleiner Schatz, wo führt ihr uns hin? – Zum Stall, sprach er, wo meine große Pferd stehen; werden gleich da sein, steigt nur noch die paar Stiegen. Darauf bracht er sie wieder durch einen andern großen Saal und führt' sie endlich in seine Kammer, zog die Tür zurück und ruft': da sind die Ställ, die ihr begehrt, da ist mein Spanier, mein Wallach, mein Schweißfuchs, mein Gaskogner. Und nahm einen schweren Hebebaum, packt' ihn den beiden auf und sprach: diesen Friesländer schenk ich euch; hab ihn von Frankfurt, er soll aber euer sein: ist ein gut Rösslein; so klein es ist, so hart und arbeitsam ist es: mit einem Habichtmännlein, einem halben Dutzend Bracken und ein Paar Windhunden seid ihr Hasen- und Hühnerkönig' den ganzen Winter. – Beim Sankt Johannes! sprachen sie, da kommen wir schön an. Diesmal han wir den Mönch im Sack. – Das leugn ich euch, sprach er, seit drei Tagen ist er uns nicht ins Haus gekommen. Hie ratet nun, ob sie sich eher vor Scham in die Erd verkriechen oder vor Lachen hätten bersten mögen über den Schnack. Enteilten also sporenstreichs wieder hinunter ganz verblüfft. Da frug er sie: Wollt ihr auch einen Beißkorb [aubelière; von Gargantua erfundenes Wort]? – Was ist das? sprachen sie. – Fünf Drecker [cinq étrons; Kothaufen], antwortet' er, euch zum Kappzaum [Halfterzaum ohne Mundstück; muselière; Maul-, Beißkorb]. – Und wenn man, sprach der Hofmeister, uns auch heut noch briet, würden wir doch nicht im Feuer verbrennen, so trefflich, mein ich, sind wir gespickt. Ei kleiner Schatz, du hast uns mal das Heu wohl auf die Hörner gebunden: will noch erleben, dass du Papst wirst. – Das mein ich, sprach er, und dann seid ihr der Papelfink [»papegai«], und dieser feine Papa hie wird mein Papagei [papelard; Stück Papier, Wisch]. – Schon gut, schon gut, spricht der Furierer. – Aber ratet mal, sprach Gargantua, wie viel Nadelstich hat meine Mutter in ihrem Hemd? – Sechzehn, spricht der Furierer. – Du sagst auch kein Evangelium, antwort Gargantua, vierzehn sind ihrer hinten, und fünfzehn vorn, hast schlecht gezählt. – Wann eher? fragt der Furierer. – Damals, spricht Gargantua, als man aus deiner Nas einen Hahn macht' um ein Ohm [Hohlmaß von ca. anderthalb Hektoliter] Dreck damit abzuziehen und aus deinem Hals einen Trichter, ihn auf ein ander Fass zu füllen, denn der Boden hätt einen Sparren zu wenig. – Potz Blitz: sprach der Hofmeister, da han wir einen Schwadronierer gefunden. Gott tröst euch, Herr Schwafler, denn euer Maul ist frisch genug.

Damit liefens in Eil hinunter, ließen den schweren Hebebaum den er ihnen aufgepackt, unter dem Treppengewölbe fallen. So! sprach Gargantua: Ei zum Teucker [diantre; Teufel]! was seid ihr doch für schlechte Reiter! Euer Gaul geht euch zur Zeit der Not durch. Wenn ihr von hie nach Cahusac müsstet, wollet ihr lieber ein Gänslein reiten oder die Sau am Seile führen? – Ich wollt lieber saufen, sprach der Furierer. – Und mit diesen Worten kamen sie in den untersten Saal zurück, wo die ganze Gemein beisammen war, erzählten da diese neue Mär; da lachtens wie ein Rudel Fliegen.

Dreizehntes Kapitel

Wie Grandgoschier des Gargantuä wunderbaren Verstand an Erfindung eines Arßwisches erkannte

Gegen das End des fünften Jahres, als Grandgoschier von seinem Sieg über die Canarier heim kam, besucht' er seinen Sohn Gargantua. Da ward er erfreut wie ein solcher Vater der einen solchen seinen Sohn ansiehet, sich erfreuen durft: halset' und küsst' ihn und fragt ihn allerlei kleine kindische Fragen, trank auch zum Willkomm eins mit ihm und seinen Wärterinnen. Die befragt er unter anderm gar besorglich, ob sie ihn auch fein sauber und reinlich gehalten hätten. Wogegen ihm Gargantua zur Antwort gab, er hätt hierauf sich so beflissen, dass im ganzen Land kein reinerer Knab als er zu finden wär. – Ei wie dann so? frug Grandgoschier. Ich hab, antwort Gargantua, durch lange Praktik und Erfahrung das aller herrlichst, trefflichst und probatste Mittel mir den Arß zu wischen erfunden, dergleichen man noch je erhöret. – Nun was ist's? frug Grandgoschier. – Was ich euch gleich erzählen werd, sprach Gargantua:

Ich wischt' mich einmal an ein sammetnes Runzeldecklein von einem Fräulen und fand es gut, denn die Weichheit der Seiden macht' mir am Fundament eine ziemliche Wollust.

Ein andres Mal an eine Haub von eben derselben, und war desgleichen.

Ein andres Mal an ein Brusttuch: wieder ein andermal an die karmesinatlasnen Ohrläpplein; aber ein läusegüldener Prast von Zirkeln und Gebräms daran zerschund mir den ganzen Hintersten. Schlag doch das heilge Töniusfeuer [Antoniusfeuer; Ignis sacer; Vergiftung mit »Mutterkorn«] dem Goldschmidt in den Arßdarm, ders gemacht hat, und dem Fräulen die's trug!

Dies Übel verging, als ich mich an ein Pagenbarret wischt, auf Schweiz'risch mit Federn wohl beblümt.

Hernach wie ich einmal mein Notdurft hinter einem Busch tät, fand ich da eine Märzkatz und wischt mich dran: ihre Krallen aber verschwulsteten mir das ganze Perineum. Ich heilt mirs am andern Morgen, da ich mich an meiner Mutter mit Beitzoweh wohl parfümierte Handschuh wischt. Darnach wischt ich mich mit Salbei, mit Fenchel, Majoran, Anis, mit Rosen, Kohl, mit Kürbisbeten, Weinlaub, Eibisch, mit Wollenkraut, (welches der Scharlach des Hintern ist) mit Lattichblättern, mit Spinat: und tät alles meinem Bein sehr wohl; mit Bingeln, mit Wasserpfeffer, mit Nesseln, mit Rittersporn: aber davon kriegt ich die Lombardische Blutscheiß. Kuriert mirs wieder, als ich mich an meinen Latz wischt. Darauf wischt ich mich an die Laken, Decken, Umhäng, an ein Kissen, an einen Teppich, an die grüne Tapet, Schneuztüchel, Zwehlen [Tischhandtücher], Salveten, an ein Puderhemd. Und hat mir alles wohler gedeucht als dem Räudigen wenn man ihn krauet. – Wohl! aber, spricht Grandgoschier, welcher Arßwisch bedünket dir der best zu sein? – Ich komm schon drauf, spricht Gargantua, gleich sollt ihr das kurz und lang davon hören. Ich wischt mich an Heu, an Stroh, an Heden [Gehecheltes; Abfall von Hanf oder Flachs; Werg], an Haar, an Woll, an Papier, allein:

Wer mit Papier sein wüscht Loch fegt,
Stets einen Zundel lässt am G'mächt.

Ei was! ruft Grandgoschier, mein kleiner Cujonel [couillon; Dussel, Blödmann, Dämlack] , ich mein du hast zu tief in die Kann geguckt, dass du schon reimest? Hui, antwort Gargantua, ich reim was Zeug hält, mein Herr König, und reim mich oft unreimisch drüber. Itzund hört, was unser Privet [retrait; Abort] den Kackern predigt:

O Kacks,
Mistax,
Fist-Hacks,
Dreck-Wicht,
Dein Lachs,
Wie Wachs
Füllt stracks
Mich dicht:
Schund-Schicht
Kladricht
Verricht.

Sankt Tönigs [Tönius; Antonius] Feuer geb dirn Knacks,
Wo nicht
Nach Pflicht
Verpicht
Dirs Loch du fegst, eh du dich packst.

Wollt ihr noch eins? – Ei wohl! ei wohl! spricht Grandgoschier – So merket, sprach Gargantua noch diesen

RUNDREIM [Rondeau]:

Als ich mich eines Tags laxiert,
Beroch ich meine Leibesfracht.
Das stank weit mehr als ich gedacht.
Ich war davon ganz parfümiert.
O dass mir einer hergeführt
Diejenige nach der ich schmacht,
Beim Schiss.

Denn alsbald hätt ich ihr pitschiert [gewürzt, abgeschmeckt]
Ihr Harnloch grob und ungeschlacht,
Derweil sie mit den Fingern sacht
Mein Loch vom Kote renoviert
Beim Schiss.

Nun sagt hinfort mehr, dass ich nix könn'. Und hab es doch, beim Exkrement! nicht einmal selbst gemacht. Vielmehr, die Frau Bas dort hat mirs oft vorgesagt, da hab ichs dann im Ränzel meines Gedächtnis so aufgespart.

Aber, sprach Grandgoschier, wiederum auf unsre Sach zu kommen –

Auf welche? frug Gargantua, aufs Kacken? – Nein, spricht Grandgoschier, auf die Arß-Wisch. – Aber wollt ihr, spricht Gargantua, auch ein Lägel [Fässchen] bretonischen Weines zahlen, wenn ich in dieser Materi euch lahm leg? – Ei freilich! antwort Grandgoschier.

Den Arß zu wischen, spricht Gargantua, tut nicht not, es sei denn Dreck dran. Dreck kann nicht dran sein, wenn man nicht zuvor gekackt hat: gekackt also muss sein, eh man den Arß kann wischen. – Ei mein klein Bürschlein, spricht Grandgoschier, wie bist du g'scheit! dieser nächsten Tag lass ich dich zum Doktor der lustigen Künste schlagen. Du hast bei Gott mehr Verstand denn Alter.

Nu fahr jetzt fort, ich bitt dich drum, in dieser arßwischlichen Wissenschaft! und bei meinem Bart, statt eines Lägels sollst du sechzig Pipen haben, und zwar von diesem edlen Bretanier, der gar nicht in Bretagnien wächst, sondern hieselbst in unserm guten Land Verron.

So wischt ich mich, sprach Gargantua, weiter an eine Nachtmütz, an einen Pantoffel, an ein Kopfkissen, an ein Ränzel, an einen Spreukorb; aber, o des sehr unlieblichen harten Wisches! Darauf an einen Hut, und hiebei merket, dass von denen Hüten etlich glatt sind, etlich rau, etlich samten, etlich atlas. Die besten von allen sind die haarigen, denn sie machen eine sehr gute Abstersion der Fäkalmateri.

Hernach wischt ich mich an ein Huhn, an einen Hahn, an ein Hendl, an ein Kalbsfell, an einen Hasen, an einen Kolkraben, an eine Taub, an eines Advokaten Schrift-Sack, an ein Käppel, ein Luder.

Sag aber schließlich und bleib dabei: es geht kein Arßwisch in der Welt über ein wohl gepflaumet junges Gänslein, so man ihm den Kopf sanft zwischen die Bein hält; dieses glaubt mir auf meine Ehr; denn ihr verspürt am Arßloch eine unglaubliche Wollust, teils von der Sänft des Pflaumes, teils von der temperierten Wärm des Gänsleins, welche leicht zum Arßdarm und den übrigen Därmen schlägt, ja bis in die Gegend des Herzens und Gehirns aufsteigt.

Und glaubt nur nicht, dass der Halbgötter und Heroen Seligkeit in den elysischen Feldern, in ihrem Asphodill und Nektar oder Ambrosia besteh, wie diese alten Vetteln schwatzen. Nach meiner Meinung ists eben dies, dass sie sich mit jungen Gänslein die Ärsch wischen. Und der Meinung ist auch Meister Jan von Schottland [Jean d'Écosse; Johannes Duns Scotus] gewesen.

Vierzehntes Kapitel

Wie Gargantua durch einen Sophisten im Latein unterwiesen ward

Als ihn der gute Mann Grandgoschier so reden hört', kam er vor Wunder schier außer sich: denn daraus sah er seines Sohnes Gargantuä erstaunlichen Geist und tiefen Sinn, und sprach zu seinen Wärterinnen: Philippus, König in Mazedonien erkannt seines Sohnes Alexanders guten Verstand an geschickter Zureitung eines Pferdes. Denn dieses Pferd war so unbändig und schauderhaft, dass niemand es zu besteigen wagt', weil es allen seinen Reitern die Schipp gab: dem einen brach es den Hals, dem andern die Bein, dem dritten das Hirn, dem vierten die Kinnladen entzwei. Als dieses Alexander im Hippodromo (dem Ort da man die Pferde umtreibt und tummelt), sahe, merkt' er wohl, dass des Pferdes Toben anders woher nicht kam als weil es vor seinem eignen Schatten sich scheuet'. Sprang also flugs hinauf und rannt es gegen die Sonn an, dass der Schatten hinter ihm blieb, und durch dies Mittel macht' er es seinem Willen fügsam. Hieran erkannt sein Vater eben den göttlichen Verstand in ihm und ließ ihn auf das Allerbest durch Aristoteles unterrichten, welcher damals vor allen Weisen Griechenlands geachtet war. Und ich sag euch: aus diesem einen Gespräch, so ich itzunder in euerm Beisein mit meinem Sohn Gargantua gepflogen hab, erkenn ich, dass in seinem Verstand etwas Göttlichs ist: so scharf, spitzfindig, hell und tief befind ich ihn: und so er recht belehret wird, mag er der Weisheit höchste Staffel gar wohl erreichen. Derhalb will ich ihn einem Gelahrten übergeben, der ihn nach seiner Fähigkeit recht unterweis, und nichts dran sparen. Alsbald zeigt man ihm einen großen sophistischen Doktor namens Meister Tubal Holofernes an, der trieb ihm sein ABC Täflein so in den Kopf, dass er es vor- und rückwärts konnt und bracht damit fünf Jahr und drei Monat zu. Darnach las er ihm den Donatus, den Facetus, Theodoletus und *Alanus in parabolis,* und damit bracht er wiederum zu, dreizehn Jahr, sechs Monat und zween Wochen.

Aber merket wohl, zu gleicher Zeit lehrt' er ihm auch auf Gotisch zu schreiben; denn er schrieb all seine Bücher, weil die Druckkunst noch nicht im Brauch war.

Und trug für gewöhnlich ein mächtigs Schreibzeug, das wog über siebentausend Zentner; der Kengel [Röhre, röhrenartiger Stängel, Stab; Kengel der Feder, caulis pennae] dran war so lang und dick als wie die dicken Pfeiler zu Enay, und das Dintenhörnlein, von der Größ einer Schiffstonn, hing an schweren eisernen Ketten daran. Nach diesem las er ihm *De modis significandi cum Schaaliis* Balgewindii, Breitmaul, Schwafelin, Sausenbraus, Hans Kalben, Billonii, Vorleckeri, und eines Haufens andrer mehr; und bracht damit über achtzehn Jahr und elf Monat zu: hätt es sehr wohl drin; wenn man ihm auf den Zahn fühlt', sagt' ers euch aus dem Kopf rückwärts auf, und bewies seiner Mutter auf ein Nägeli, dass *de modis significandi minime erat scientia.* – Drauf las er ihm den Computum [Computus chirometralis, Kalenderrechnung und Astronomie], bei welchem er an die sechzehn Jahr und zween Monat blieb, als sein ernannter Präzeptor das Zeitliche segnet': das verstand sich, starb an der Krätzer [vérole;

Pocken oder Syphilis] im Jahr eintausendvierhundertzwanzig. – Nach diesem kriegt' er einen andern alten Huster namens Meister Hiob Zäumlein, der las ihm Hugutio, Hebrardi Gräcismum, das Doctrinal, die Partes, das *Quid est,* das *Supplementum,* Memmendreck, *De moribus in mensa servandis, Seneca, de quatuor virtutibus cardinalibus, Passavantus cum commento,* und's *Dormi secure* auf die Fest; nebst etlichen mehr desselben Schrotes, durch deren Lesung er so klug ward als er in Ofen geschossen war.

Fünfzehntes Kapitel

Wie Gargantua andern Pädagogen untergeben ward

Inmittelst ward sein Vater gewahr, dass er zwar allerdings fleißig studiert' und alle seine Zeit dran wandte, gleichwohl aber in nichts vorrückte und, was das ärgst war, davon ganz törig, damisch, faselig und blöd im Kopfe ward. Dessen beklagt' er sich eines Tags bei dem Don Philipp des Marays, Vizekönig von Papeligosse: der gab ihm zu verstehen, es würd' ihm weit nützlicher sein, gar nichts zu lernen, als solche Bücher unter solchen Lehrmeistern, weil ihr Wissen eitel Viehzeugs, und ihre Weisheit nichts als leeres Stroh wär, welches die guten edeln Geister verbastardiert' und alle Blüt der Jugend erstickt'. Denn zum Beweis, dass ihm so sei, sprach er, nehmt einen dieser jungen Knaben her, von der heutigen Welt, der länger nicht als zwei Jahr studiert hat: wo er nicht ein viel besseres Urteil, bessere Wort und Ausdrück als euer Sohn, einen bessern Anstand und Sittsamkeit vor der Welt hat, so haltet mich euer Lebtag für einen brennischen [la Brenne; Département Indre, Region Centre-Val de Loire; im Mittelalter unfruchtbare, sumpfige Zone] Schweineschneider. Dies gefiel Grandgoschieren sehr wohl, und befahl alsbald, dass mans versuchte.

Des Abends beim Imbiss führet' der von Marays seiner jungen Pagen einen, von Villegongis, Eudämon mit Namen herein, so wohl geschmückt, gestutzt, frisiert, so sauber ausgestäubt, gebügelt und so sittsamen Wesens, dass er vielmehr einem kleinen Engelein als einem Menschen ähnlich sah, und sprach darauf zum Grandgoschier:

Sehet ihr dieses junge Kind hier? Es ist noch nicht zwölf Jahre alt. Lasset uns nun, wenns euch genehm ist, sehen, was Unterschieds zwischen der Weisheit eurer mateologischen [ungereimt, leer, hohl plappernden] Fantasten aus der alten Zeit, und unsern jungen Leuten von heut sei. Die Prob gefiel dem Grandgoschier und hieß den Pagen sein Sach vorzutragen. Darauf trat Eudämon, nachdem er seinen Herren den Vizekönig um Erlaubnis dafür gebeten, die Mütz in der Hand, mit klarem Antlitz, rotem Mündlein, unerschrocken zuversichtlichen Augen, den Blick auf den Gargantua richtend, in jugendlicher Bescheidenheit vor ihn hin und fing ihn an zu loben und zu verherrlichen, erstlich wegen seiner Tugend und guten Sitten, zweitens wegen seiner Gelahrtheit, drittens wegen seines Adels, viertens um seiner leiblichen Schönheit willen; und zum fünften dann ermahnt' er ihn mit sanften Worten, seinem Vater in allen Stücken ehrerbietig und folgsam zu sein, welcher ihn wohl unterrichten zu lassen so groß Sorge trüg. Schließlich bat er, ihn unter seine geringsten Diener mit aufzunehmen; denn größere Gnaden könnt er ihm dermalen vom Himmel nicht erbitten, als dass ihm nur das Glück zuteil würd, Ihm einen gefälligen Dienst zu erweisen.

Dies alles ward mit so schicklichen Gebärden, so beredtsamer Stimm, so deutlichem Ausdruck, in so zierlicher Sprach und feinem Latein von ihm fürbracht, dass man ihn eher für einen Gracchus, Cicero oder Aemilius der Vorzeit, als für einen jungen Knaben dieses Jahrhunderts gehalten hätt. Dagegen bestund des Gargantuä ganze Antwort und Contenance in weiter nichts, als dass er euch wie eine Kuh zu heulen anfing, sein Hütlein vors Gesicht klappt', und man eher einem toten Esel einen Furz hätt entlocken mögen, als ihm auch nur ein einigs Wörtlein.

Darob erzürnet' sich sein Vater so schwer, dass er den Meister Zäumlein umbringen wollt: doch der von Marays hielt ihn durch gute Wort noch ab, dass sich sein Zorn etwas legte. Befahl darauf, ihm seinen Lohn bar auszuzahlen, auch ihm noch ein theologisch Mäßlein Wein auf den Weg zu stoßen. Dann aber, sprach er, kann er zu allen Teufeln gehn. Zumindest wird er heut seinem Wirt nichts kosten, wenn er etwan so dudeldick wie ein Engelländer sterben sollte. Als Meister Zäumlein aus dem Haus war, beratschlagt' Grandgoschier sich mit dem Vizekönig, was man ihm für einen Präzeptor geben sollt, und ward unter ihnen ausgemacht, zu diesem Amt den Ponokrates, den Pädagogen des Eudämon anzustellen, und sollten all zusammen gen Paris ziehn, wo sie sich umtun könnten, wie es derzeit mit dem Studieren der jungen Leut in Frankreich bestellt wär.

Sechzehntes Kapitel

Wie Gargantua gen Paris geschickt ward, und von der ungeheuern Mähre so er ritt, und wie sie den Kühfliegen im Beaucerlande den Garaus macht'.

Um diese Zeit schickt' auch Fayoles, der vierte König in Numidien, dem Grandgoschier aus Afrika eine ungeheure Mähr, das größte Monstrum und Wundertier, so je ersehen war; (wie ihr wisst, dass Afrika immer was Neues bringt): denn sie war so groß als sechs Oriflanten [Elefanten], und ihre Füß in Finger gespalten, wie bei dem Pferd des Julius Cäsar, auch lange Schlappohren hätt sie, wie die Geisen in Languedoc und ein klein Hörnlein am Hintersten. Im übrigen von Farb ein Brandfuchs mit grauen Apfelsprossen getigert. Vor allem aber hätt sie einen erschrecklichen Schwanz! denn etwas wenigs ab und an, war er so dick wie die Sankt Mars Säule, unweit Langès, auch so geviereckt, und die Strähnen dran so ineinander gehäkelt, wie mans an einer Kornähr sieht.

So ihr hierüber euch verwundert, ei so wundert euch doch vielmehr über die Schwänz der scythischen Hammel, die über dreißig Pfund schwer wogen, oder über die syrischen Schafböck, denen man (wenn Steffen nit lügt) ein Kärchel zur Nachführung der Schwänz an ihre Ärß musst passen lassen, so lang und mastig waren sie. Ihr wenigstens habt keine solchen, ihr andern Spatzen [»Geiler«; paillards] vom platten Land. – Und ward zur See auf drei Karacken und einer Brigg geführet in den Hafen zu Olonne im Talmondais [Südwesten des Département Vendée, Pays-de-la-Loire]. Als Grandgoschier die sahe, sprach er: sieh da, ein gut Geschirr, darauf mein Sohn gen Paris mag reiten! Wohlan, Gott walt's, es wird alls wohl vonstatten gehen, er wird ein mächtiger Doktor werden zu seiner Zeit. Wenn die Herrn Schwein nicht wären, so lebten wir alle wie die Doktoren und Clerici. Am folgenden Tage nach dem Frühwein (wie ihr von selbst einseht) brachen sie auf, Gargantua, sein Präzeptor Ponokrates, nebst seinen Leuten, und mit ihnen Eudämon, der junge Page; und weil das Wetter klar und lind war, ließ ihm sein Vater fahlgelbe Kniestiefel machen. Babin nennet sie Brodequin [Schnürstiefel]. So zogen sie lustig ihre Straß, und aller Orten groß Traktament bis über Orleans. In der Gegend war ein geraumer Wald, in die Läng auf fünfunddreißig Meilen, und in die Breit an siebzehn oder ungefähr. Derselbige war so grausam fruchtbar und voll von Brämen [Bremsen] und Kühfliegen, dass es eine wahre Schinderei für die armen Lasttier, Esel und Pferd war. Aber unseres Gargantuä Mähr rächt allen Unbill in selbigem den Tieren ihres Geschlechts erwiesen, sehr wacker durch eine solche Tück, dessen sie sich mitnichten versahen. Denn alsbald sie in den Wald kamen und die Brämen Sturm auf sie liefen, da zog sie ihren Schwanz vom Leder und fuchtelt' und muckt' sie so preislich ab, dass sie das ganze Holz kreuz quer, links rechts, ricks racks, kopf über kopf unter, in die Läng in die Breit umhieb, und Holz schlug wie ein Mäher Heu. Dergestalt, dass es forthin da weder Holz noch Brämen mehr hätt und das ganze Land zur Ebenen ward. Welches als Gargantua sahe, hätt er sein herzlich

Freud daran und sprach, ohn weiter sichs zu rühmen, zu seinen Leuten: Ein guter Spôß [*»beau ce«*]! darnach dies Land genannt ward *»Beauce«*. Ihr ganzer Imbiss aber auf diesmal bestund in Maulaffen, als woran noch zum Gedächtnis bis itzunder die Junker in Beauce zum Morgenimbiss Maulaffen feil han und verspeisen; stehen sich auch ganz wohl dabei, und kotzen nur desto besser darnach. Letzlich kamen sie zu Paris an, da er sich zwei, drei Tag erquickt' und mit seinen Leuten ihm wohl sein ließ, auch unter der Hand erkundigt', was es dermalen für Gelehrte am Ort hätt und was für Wein man allda tränk.

Siebzehntes Kapitel

Wie Gargantua den Parisern seinen Willkomm bezahlt', und wie er die großen Glocken von unser Frauenkirch [Notre-Dame] *abnahm*

Nachdem sie sich etlich Tag erquickt, ging er aus, die Stadt zu beschauen, und alle Leute betrachteten ihn voll Staunens und Verwunderung. Denn das Pariser Volk ist so läppisch, gaffigt und albern von Natur, dass ein Taschenspieler, ein Ablasskrämer, ein Maultier mit seinen Zimbeln, ein Leiermann auf der Gassen mehr Leut um sich her versammelt als der beste Evangelienprediger: und drangen ihm also beschwerlich zu Leib, dass er zuletzt gezwungen war, sich auf die Türm der Frauenkirch zu retirieren und niederzulassen. Wie er nun da saß und dies viele Volk um sich her sah, sprach er laut:

Ich glaub, die Schlingel meinen, dass ich ihnen hie mein *Proficiat* und meinen Willkomm zahlen soll. Ist billig; sollen ihren Wein han, aber *par ris, per risum,* spottweis. – Da lupft' er lächelnd seinen schönen Hosenlatz, zog seine Mentul [Gießkanne] an die Luft hervor und bebrunzelte sie so haarscharf, dass ihrer zweihundertsechzigtausendvierhundertundachtzehn elend ersoffen, ohn die Weiber und kleinen Kinder.

Eine Anzahl derselben aber entrann dieser Seichschwemm durch Behändigkeit der Füß. Und als sie nun schwitzend, schnaufend, speiend, außer Odem zur höchsten Stell bei der Universität ankamen, itzt ging es an ein Fluchen, ein Lästern, etlich im Zorn, andre lachenden Mundes *par ris,* Schariwari, Schariwara: hilf heiligs Fräulein, ho Ries! pah Ries! der Ries hat uns *par ris* getauft! Darnach seitdem die Stadt Paris geheißen ward, die man vorher Leucetia [Leucèce] nannte, wie Strabo meldet *lib.* IV., das ist auf griechisch, Weißheim, von den weißen Beinen der Frauen des Orts: und gleichwie nun bei dieser neuen Namensstiftung ein jeder in der Meng bei dem Phariser und Heiligen seines Kirchspiels schwur, so sind die Pariser, als ein Volk aus allen Enden und Stücken geflickt, von Haus aus gute Schwörer und Störer, und ein wenig oben hinaus. Daher auch Joaninus de Baranco, *libro de copiositate reverentiarum* der Meinung ist, dass sie mit einem griechischen Namen Parrhesier, das ist, erschreckliche Plaudertaschen genannt sind worden.

Hiernächst besah er die großen Glocken auf selbigen Türmen und ließ sie harmonisch zusammen läuten; und während er also dies noch trieb, kam ihm in den Sinn, dass sie als Schellen, seiner Mähr gut zu Hals stehn müssten, die er seinem Vater, mit Käsen von Brie und frischen Heringen wohl beladen wieder heimschicken wollte; nahm sie also mit in seine Herberg. Inzwischen schlich ein Schunken-Komtur [commandeur jambonnier; Schinkensammler] von Sankt Tönigs [Heiliger Antonius] Ritterschaft auf seiner Schweinskollekt begriffen daher, der wollt sie diebisch entlehnen, damit man ihn schon von weitem hört' und aller Speck im Scharren vor ihm erzittern sollt: doch ehrenhalber ließ er sie stehen, nicht etwan weil sie ihm allzu heiß gewesen wären, sondern nur etwas weniges zu schwer aus freier Hand zu tragen für einen Bruder befand er sie. Es war aber nicht etwan der von Bourg, denn er ist mein gar zu guter Freund. Da kam die ganze Stadt in Aufruhr, wie ihr wohl wisst dass sie dazu gar leicht geneigt sind, dergestalt, dass sich die fremden Nationen über der Könige in Frankreich Geduld entsetzen, warum sie sie nicht durch gute Justiz mehr im Zaum halten, hinsichtlich derer vielen Nachteil so tagtäglich daraus entstehen. Wollt nur Gott, ich wüsst die Werkstatt, wo diese Monopolien und Schismata geschmiedet werden; so wollt ich sie den Brüderschaften meines Sprengels wohl offenbaren. Dies glaubt, die Stätte, wo das Volk ganz nuppig und rapplig zusammenlief, war Nesle [im Département Somme, Hauts-de-France; in Paris gegenüber dem Louvre »Hôtel de Nesle« mit seinen Gärten und »Tour de Nesle«, »Quai de Nesle« erster befestigter Teil des Seineufers], wo damals, jetzt nicht mehr, das Orakel von Lutetien [Lutèce; Lutetia] war. Da ward der Handel fürgebracht, und der aus Ablösung der Glocken besorgliche Schaden dargetan.

Nachdem sie nun viel *pro et contra* ergotieret und diskutieret, ward in *Baralipton* [mnemonisches Wort in der aristotelischen Logik, zur Identifizierung eines Syllogismus, dessen erste beiden Aussagen allgemein bejahend, die dritte besonders bejahend] beschlossen, den Ältesten und Bastantesten [suffisant; (sich selbst) genügend; bildungssprachlich abwertend: selbstgefällig] der Fakultät an den Gargantua abzuschicken, dass er ihm den grausamen Schaden dieses Glockenverlustes vorhielt. Und ohnerachtet zwar etliche von der Universität abrieten und meinten, dass sich dies Geschäft mehr für einen Orator als einen Sophisten schickt', ward doch zu dieser Legation der Meister Jonas Fochtelnburg [Janotus de Bragmardo] zuletzt bestellt und auserkohren.

Achtzehntes Kapitel

*Wie Jonas Fochtelnburg an den Gargantua abgeschickt ward,
die großen Glocken wiederzuholen*

Meister Jonas, auf Cäsarinisch beschoren, sein Lyripipion [Chaperon; Umhang, eng anschließende Kapuze mit kragenartigem Schulterstück] nach altem Stilus über die Schultern hergeworfen, den Magen mit Backofen-Latwerg und heiligem Keller-Weihbrunn wohl verantidotieret, schritt sofort zur Herberg des Gargantua: vor ihm her trieb er drei rotschnauzige Pedellenkälber, und hinterdrein folgt' ihm ein Schlepp von fünf Magistris inertibus oder sechsen, bis über die Ohren wohl bedreckt, auf dass nichts umkäm. An der Tür begegnet' ihnen Ponokrates und erschrak bei sich, als er sie so verkappt sah, dacht es wären tolle Fastnachtsbutzen. Darnach befragt' er sich bei einem der inertischen Magistri vom Nachtross, was der Mummschanz sollte. Der antwort ihm, sie wären wegen der Glocken da, dass man ihnen die wiedergäbe. Alsbald er diesen Bescheid vernommen, lief Ponokrates zum Gargantua und bracht ihm die Zeitung, dass er auf eine Antwort denken und auf der Stell erwägen möcht, was er zu tun hätt. Gargantua, hievon belehrt, nahm auf die Seit Ponokratem, seinen Präzeptor, Philotimum, seinen Haushofmeister, Gymnasten, seinen Waffenträger, und den Eudämon und beriet sich mit ihnen summarisch, was zu tun und zu antworten wär. Da waren sie denn all der Meinung, dass man sie sollt zum Schenktisch führen und auf bäuerisch eins trinken lassen: und damit dieser Huster sich nicht überhüb, als ob man die Glocken ihnen auf sein Gesuch hätt wiedergeben, wollt man (derweil er schöppelt') den Schultheiß, den Rektor von der Fakultät und den Pfarrer des Kirchspiels rufen lassen und ihnen, ehe der Sophist seine Kommission vorbrächt, die Glocken aushändigen: hernachmals aber in ihrem Beisein seinen schönen Sermon anhören. So geschah es; und als die Obgenannten erschienen, ward der Sophist in vollen Saal herein geführt: da hub er hustend folgendermaßen zu reden an:

Neunzehntes Kapitel

Des Meisters Jonas Fochtelnburg Anred an den Gargantua um Wiedererlangung derer Glocken

Ehem, hem, hem, bonsdies, Gestrenger, bonsdies: *et vobis* Junkherrn [Junker + Herrn]. Es wär doch halt nit mehr als billig, wenn ihr uns unsre Glocken wolltet wiedergeben. Denn sie tun uns gar sehr vonnöten. Hem, hem, hasch. Wir han wohl eher schon gut Geld dafür ausgeschlagen, so uns die von Londen in Cahors anboten, desgleichen die von Bordeaux in Brie, welche sie haben kaufen wollen wegen der substantifikalischen Qualität der elementaren Komplexion inthronifizieret innerhalb der Terrestrität ihrer quidditativischen Natur zur Extraneisierung derer Halonen und Turbinen von unsern Reben, wenn auch nicht der unsrigen, doch dicht beian. Denn verlieren wir das Rebenblut, so verlieren wir alles, Mut und Gut. Gebt ihr sie auf mein Bitt uns wieder, verdien ich sechs Stab Würst daran und ein guts Paar Hosen, die meinen Beinen wahrlich werden zustatten kommen, oder sie halten ihr Wort wie Schelmen. Ho, *Domine,* bei Gott, ein Paar Hosen ischt guet *et vir sapiens non adhorrebit illud.* Ha, nicht jeder Mann hat ein Paar Hosen, der möcht, das weiß ich wohl an mir. Schauens *Domine,* es sind nun schon an die achtzehn Täg her, dass ich an dieser schönen Red spintisier und kau. *Reddite quae sunt Caesaris Caesari, et quae sunt Dei, Deo. Ibi jacet lepus.* Mein Treu, *Domine,* wann ihr bei mir zu Nacht wollt essen *in camera,* beim Sankt Chrisam *charitatis nos faciemus bonum cherubin. Ego occidi unum porcum, et ego habet bonum vino.* Aber von einem guten Wein kann man nit reden bös Latein. Wohlan, *de parte Dei, date nobis Glockas nostras.* Schauns her, ich schenk und übergeb euch auch von unsrer Fakultät ein *Sermones de Utino, utinam,* dass ihr uns unsre Glocken wollt geben. *Vultis etiam Ablassios? Per Diem, vos habebitis, et nihil zaletis.*

O Herr *Domine, glockidonaminor nobis! Ohe! est bonum urbis.* Brauchts alle Welt. Seins eurer Mähren etwan g'sund? Ei unsrer Fakultät nicht minder, *quae comparata est jumentis insipientibus, et similis facta est eis, psalmo nescio quo,* obschon ich mirs auf meinem Papierl gar wohl notiert hab, *et est unum bonum Achilles,* hem, ehehem, hem, hasch: he! ich beweis euchs, dass ihrs uns geben sollt und müsst. *Ego quidem sic argumentor. Omnis Glocka glockabilis in glockerio glockando, glockans glockativo, glockare facit glockabiliter glockantes. Parisius habet glockas. Ergo Klotz.* Ha, ha, das heißt parliert, das! Ist in *tertio primae in Darii* oder wo anders. Auf mein Seel, ich hab die Zeit g'sehen, da ich hab Teufel mit Arguieren [Argumentieren] angestellt; jetzt aber kann ich nix mehr denn faseln. Itzund bekommt mir nix besser als ä gut Weinl, gut Bett, den Rücken am Feuer, den Bauch beim Tisch und ein fein tiefe Platten. Hei *Domine,* ich bitt euch doch *in nomine Patris et Filii et Spiritus Sancti, amen,* dass ihr uns unsre Glocken wiedergebt. So helf euch Gott vom Übel und unsre liebe Frau von der Gesundheit, *qui vivit et regnat per omnia saecula saeculorum, amen.* Hem, hasch, chasch rax hem hasch.

Verum enim vero, quando quidem, dubio procul. Aedepol quoniam ita certe meus deus fidius ein Stadt ohn Glocken ist wie ein Blinder ohn Stecken, ein Esel ohn Schwanzriem und ein Kuh ohn Schellen: so wollen wir bis ihrs uns wiedergebt nicht ablassen hinter euch drein zu schreien wie ein Blinder der seinen Stecken verloren, zu brällen wie ein Esel ohn Schwanzriem, zu muhen wie ein Kuh ohn Schellen. Ein sicherer Latinisator, (er wohnt beim Spittel,) sagt' einmal, und berief sich auf das Ansehn eines Taponnus (aber ich irr, es war ein Säkularpoet Pontanus), er möcht wünschen dass sie von Federn wären, die Glocken, und der Schwengel ein Fuchsschwanz drin, weil er nur allezeit die Chronik in den Kutteln seines Hirns davon hätt, wenn er seine carminiförmlichen Vers macht'. Er ward aber rix rax puff paradauz zum

Ketzer proklamiert: wir machen sie wie die Suppenklösel. Ein mehrers sagt jetzt der Deponent nicht. *Valete ergo et plaudite. Calepinus recensui.*

Zwanzigstes Kapitel

Wie der Sophist sein Tuch davon trug,
und wie er mit den andern Meistern Prozess bekam

Der Sophist hätt nicht sobald geendigt, da brachen Ponokrates und Eudämon in ein so gründlichs Gelächter aus, dass sie den Geist Gott aufzugeben vermeineten, nicht mehr noch minder als Crassus, da er den Eselshengst sah Disteln fressen, und als Philemon, welcher über einen Esel, der die zum Imbiss ihm bestellten Feigen aufaß, vor Lachen starb. Nebst ihnen fing auch Meister Jonas mit um die Wett zu lachen an, was hast was kannst, dass ihnen sämtlich das Wasser aus den Augen schoss durch die heftige Erschüttrung der Hirnsubstanz, der diese zährliche Feuchtigkeit erpresst und die optischen Nerven entlang verflößet ward. Wodurch von ihnen Demokritus Heraklitizans und Heraklitus Demokritizans getreulich repräsentieret wurden.

Als nun dies Lachen gänzlich gestillet, beratschlagt' sich Gargantua mit seinen Leuten, was zu tun wär. Da riet Ponokrates, dass man den schönen Redner wiederum über den Humpen schicken sollt: und weil er ihnen mehr Kurzweil und Lachen als kein Schnakentraum nimmermehr bereitet hätt, so sollt man ihm die in der lustigen Red erwähnten zehn Stab Würst gewähren, auch ein Paar Hosen, dreihundert Scheit Stockholz, fünfundzwanzig Ohm [altes Hohlmaß von etwa anderthalb Hektoliter] Wein, ein Bett mit dreifachen Decken von Gänseflaum und eine ziemlich weite und tiefe Platten, welches, wie er sagt', seinem Alter vonnöten wäre. Solches alles ward vollstreckt, wie es der Rat beschlossen hätt'; nur, dass Gargantua, zweifelhaft, ob man für seine Bein auch auf der Stell die passlichen Hosen möcht finden, und ungewiss auf welche Weis sie dem Legaten am besten stünden, auf Martingalisch, (welches eine Arß-Fallbrück ist, um leichter zu schiessen,) oder auf Schiffsmännisch zu mehrer Nieren-Erlustigung, oder auf Schweizerisch, dass das Ränzel fein warm stäk, oder auf Stockfischschwänzenart aus Sorg, die Lenden zu erhitzen, ihm sieben Ellen schwarzes Tuch und dreie weißen Barchents zum Unterfutter verehren ließ. Das Holz ward ihm von den Tagelöhnern heimgefertigt, die Magistri trugen die Würst und die Platten, aber das Tuch wollt Meister Jonas selber tragen. Da stellt ihm einer der Magistri, Jobst Bandusel mit Namen, vor, dass dies nicht schicklich noch wohlanständig für seinen Stand wär und er es einem von ihnen zu tragen geben sollt. Ha, Esel! Eselskopf! schrie Jonas, schließest weder *in modo* noch *figura.* Wofür haben wir die *parva logicalia* und *suppositiones? Pannus pro quo supponit? Confuse,* antwort Bandusel, *et distributive.* Ich frag nicht, du Esel, spricht Jonas, *quomodo supponit* sondern *pro quo? Pro tibiis meis,* Eselskopf! Und derhalb will ich's *Ergomet* tragen *sicut suppositum portat appositum.* Und also trug ers ducklings davon, wie Patelin sein Tuch gewann. Aber das Beste war, wie der Huster ganz keck in öffentlicher Versamlung bei den Maturinern, seine Hosen und Würst noch einmal fordert'; denn sie wurden ihm *peremptorie* abgeschlagen, weil er sie, laut darüber erholter Zeugnis schon vom Gargantua erhalten hätt. Er repliziert' dagegen, es wär solchs *gratis* und eine freiwillige Gab von ihm gewesen, wodurch sie mitnichten ihres Versprechens entledigt wären. Es ward ihm aber zur Antwort gegeben, dass er sich eines Billigen vergnügen sollt und für ihn weiter nix setzen würd. Was Billigen! sprach Jonas: billig! es ist nicht Brauchs hie unter uns; ihr leidigen Verräter taugt den Teufel nicht, der Boden trägt kein ärger Schelmenvolk als ihr seid. Ich kenn euch wohl, o hinket nur nicht vor den Lahmen. Denn ich hab die Schelmerei mit euch getrieben. Beim heiligen Milz! dem König will ich die gräulichen Frevel, die hie im Schwang gehn, offenbaren; all eure

Ränk und Diebskniffe: und der Aussatz treff mich wenn er euch nicht all lebendig verbrennen lässt als Buker [«bougres«], Ketzer, Landsverräter, Leutverführer, als aller Tugend und Gottes Feind'!

Auf diese Wort stellten sie wider ihn Artikel: er andern Teils zitiert' sie und setzt' ihnen ein Tag. In Summa, der Prozess ward bei dem Hofgericht anhängig und hängt noch da. Die Magistri schwuren von Stund an, sich den Dreck nicht eher abzufegen, und Meister Jonas samt seinem Anhang, sich die Nas nicht eher zu schneuzen, bis drüber durch endlichen Spruch erkannt wär.

Von dem Gelübd an sind sie dreckig und rotzig verblieben bis diesen Tag: denn das Gericht hat noch nicht alle Punkt und Stücke zu End ergrabelt. Der Spruch soll auf den nächsten griechischen Neumond gefällt werden, das will sagen nimmermehr. Wie ihr denn wisst, dass diese Leute mehr können, als selbst die Natur, und wider ihre eignen Artikel tun. Die Pariser Artikel lauten, Gott allein könn unendliche Sachen machen. Natur macht nichts unsterblich, denn was sie erschafft, dem setzt sie auch ein End und Ziel, denn *omnia orta cadunt, etc.* Hergegen diese Nebelbalger machen die bei ihnen schwebenden Rechtsstreit beides unendlich, und unsterblich. Womit sie des lakedämonischen Chilons [spartanischer Ephor und Verfassungsreformer, einer der Sieben Weisen des antiken Griechenlands] zu Delphi geheiligten Ausspruch verifiziert und bestätigt haben, welcher heißt: Armseligkeit sei der Prozess Gefährtin, und Prozessierer armselige Leut. Denn viel eher erlangt ein End ihr Leben, als das Recht so sie vorgeben.

Einundzwanzigstes Kapitel

Von des Gargantuä Studien unter seinen sophistischen Lehrern

Nachdem die ersten Tag also verbracht und die Glocken an ihren Ort gebracht waren, erboten sich die Parisischen Bürger aus Dankbarkeit für solche Großmut, seine Mähr, so lang er wollt, zu unterhalten und zu ernähren. Welches er auch gern geschehn ließ, und schickten sie in den Forst von Biere [Bière] auf Weid. Ich glaub, jetzt ist sie nicht mehr da.

Darnach wollt er mit aller Macht nach Ponokratis Anweisung studieren lernen. Dieser aber verordnet', dass er fürs erst noch bei seiner alten Weis und Gewohnheit bleiben sollt, damit man dahinter kommen möcht, durch welch Verfahren ihn seine alten Lehrmeister in so langer Zeit so gar unwissend blöd und damisch gemacht hätten. Also teilt' er seine Zeit dergestalt ein, dass er für gewöhnlich zwischen acht und neun sich ermuntert', es mocht nun Tag sein oder nicht: denn also hatten es seine alten Zuchtregenten mit ihm gehalten und dabei Davids Spruch zitiert: *Vanum est vobis ante lucem surgere.* Darauf strabelt', wälzt' und sielt' er sich eine Zeitlang im Bett herum zu mehrerer Erfrischung seiner Lebensgeister und kleidet' sich nach der Jahreszeit an: doch trug er gern einen langen großen Rock von dickem Fries mit Füchsen gefüttert. Darauf strählt' er sich mit dem Schwäbischen Kamm, das sind die vier Finger und der Daumen. Denn seine Lehrer pflegten zu sagen, wer anders sich strählt', wüsch oder säubert', verdürb die Zeit nur in dieser Welt.

Nachgehends schiss er, pisst' er, kotzt' er, rülpst' er, furzt' er, jähnt' er, spie er, hustet', räuspert', niest' und rotzt' wie ein Archidiakonus und frühstückt', den bösen Tau und Nebel zu legen, schöne Karbonädel [auf Kohlenrost gebratenes Fleisch], schöne Bratkutteln, schöne Schunken, leckre Rebhuhntunken, und Primsuppen [force soupes de prime; Frühsuppen] vollauf. Ponokrates verwies ihm zwar, so jähling vom Bett weg zu füttern, eh er zuvor Übung gehabt hätt. Ei was Übung! antwort ihm Gargantua, hab ich nicht Übung genug gehabt? Ich hab eh ich aufstund, sechs bis sieben Gäng im Bett herum turniert: ist das nicht genug? Papst Alexander tat es auch so, nach dem Rat seines jüdischen Arztes, und lebt' bis er starb, seinen Neidern zu Leid. Meine ersten Meister haben mich dran gewöhnt und gesagt, das Frühstücken mach ein gut Gedächtnis, tranken derhalb auch immer vorweg. Ich befind mich gar wohl dabei, ich speis nur desto besser drauf zu Mittag. Und Meister Tubal, der der Oberst seiner Lizenz in Paris war, sagt' mir östers, der Vorteil läg nicht gar darin, dass man geschwind lief, wohl aber darin, dass man fein früh bei Zeiten auslief: auch ist das nicht das alleinige Wohlsein unserer Humanitäten zu trinken wie die Enten, schlick, schlack, schlapp, sondern mit grauendem Tag zu trinken, *unde versiculus:*

Früh aufstehn macht selig nicht [Lever matin n'est point bonheur];
Frühtrunk ist schön [Boire matin est le meilleur].

Als er nach allem Vorteil nun wohl gefrühstückt, ging er zur Kirchen, und trug man ihm in einem großen Korb ein dick verpantoffelt Brevierbuch nach, das wog im Schmer, Klausuren und Pergament elf Zentner sechs Pfund, was weniges drunter oder drüber, ab oder an: da hört' er dann sechsundzwanzig bis dreißig Messen. Inzwischen kam sein Horasbeter auf den Platz, verkaselt wie ein Wiedehopf, auch seinen Atem mit Weinbeersirup geziemendlich verantidotieret. Mit dem mämmelt' er all sein Kyrieleisli und körnt' sie so sorgsam aus, dass auch nicht ein einzigs Sämlein davon zur Erden fiel. Wann er dann wieder aus der Kirch ging, führt' man ihm auf einer Ochsen-Schleif einen großen Rosenkranz Paternoster von Sankt Claudi nach, jedweder Knopf dran so schwer wie ein Hutleist: damit ging er im Kloster, im Kreuzgang oder im Garten auf und ab, und betet' ihrer mehr denn sechzehn Klausner an den Fingern herunter.

Darnach studiert' er ein leidig halb Stündlein, die Augen starr auf sein Buch gerichtet, aber sein Seel (wie der Komikus sagt) war in der Kuchel [Küche].

Seicht' sodann einen Kämmerling [»Nachttopf«] bis an den Rand voll und setzt' sich zu Tisch; und weil er phlegmatischer Natur war, fing er seine Mahlzeit mit etlichen Dutzend Schunken, geräucherten Ochsenzungen, Botargen, Würsten und andern dergleichen Wein-Furieren und Vortrag an. Mittlerweil warfen ihm vier seiner Leut ohn Unterlass einer nach dem andern Mostrich mit vollen Schaufeln ins Maul. Drauf tät er einen erschrecklichen Zug weißen Weins, ihm die Nieren zu kühlen, aß dann was just die Jahrszeit gab, so viel ihm beliebt', und hört' alsdann mit Essen auf, wann ihm der Bauch zog. Im Trinken hält er kein Maß noch Regel; denn, sagt er, des Trinkens Schrank und Ziel wär, wenn des trinkenden Kerles Korksohl in den Pantoffeln um einen halben Schuh auflief und in die Höhe schwöll.

Zweiundzwanzigstes Kapitel

Von Spielen des Gargantuä

Jetzt knuspert' er sein Brösel Gratias auf bäuerisch ab, wusch sich die Händ mit frischem Wein, stört' in den Zähnen mit einem Schweinsfuß, und diskuriert' munter mit seinem Gesind. Dann ward der grüne Teppich auf den Tisch gelegt, ein Haufen Karten, Würfel, Brettspiel die schwere Meng herbeigebracht. Da spielet er,

FlussKehraus
PrimGedankens
StichWer eins tut, tut auch das
Matsch ander
TriumpfSequenz
ReitzuKocken
HundertTarock

Dorn AusziehensHahn im Brett, wer g'winnt
Bettelmann vertät
SchelmensFoppens
Über zehnPlackens
EinunddreißigSchnarchers
Par und SequenzGlückauf
DreihundertHonnör
BettelsackNori Mori
KondemnatenSchach
DrehkärtelFuchs
MalcontentHupfeldrei
LandsknechtMotschekuh
HahnreiWeißblättl
Wers hat sagsWagen gewinnt
Hunkus Trunkus LerumDrei Würfel
PlepsPuff
MariaschZwickzwack
LortschSchab ab
RenetteGevatter leiht mir euern Sack
SbaraglinoWiddershoden
TriktrakDruck dich
Mit allen BrettenMarseiller Feigen
Mit offnen BrettenMuck Muck
StrafmirpotBüttel puff
Zwing dichFuchsstreifens
FrauenspielAlpschlittens
WauwauHop Madam
Primus secundusHaberverkaufens
MesserstielKohlenblasens
SchlüsselsResponsalien
BlebbersZum lebendigen und toten
Grad oder Ungrad Richter
Kreuz oder BlättleinEisen aus der Essen ziehen
KnöchelnsZum falschen Buben
NädelnsZum hockrigen Hofmann
SchusserlDer Heilig ist funden
SchuhpletzersMorgelraufens
SchubutBirnbaum
DusselhasBumbaum
ZipfelzupfensDreimal'rum
Hüst! SchweinelReifen
ElsternZur Sau
HörnelBauch wider Bauch
JammerochsTebel
KircheulRiberle
Ungelacht pfetz ich dichPeilken
StichgrübelsFangedissels
Esel zieh dein Schuh ausFlackerli

ZinshahnKegel
SchurrurruLangschub
Ich setz michPlattbosel
GüldenbärtelDorl
BundschuhRomreitens
BratenwendersTriff den Dreck
KurzboselAngstnarr
FeldhahnZum Maienbaum
Schlupfe SchneckelMuckenwadels
HafenschlagÖchsel Öchsel Ochsenköppel
Mir zu LiebA propos
TrieselsNeun Händ
BinsenBlindmisels
KurzknittelZur faulen Brucken
KreiselNickel im Sack
BlinzenRök
PicketDrach
BlankenBlindekuh
FrettelTriff die Schnut
SägemannsSchnappmuck
SchlössleinKröten
ZeilKrummstab
GrübliStößels
SchnarchhansBillebocket
HabergaisKönigin
MönchHandwerks
KoboldsKopf zu Kopf überzwerg
HäufelnsHinkebein
PritschballTotentanz
RüblsteckensKnötleins
DickarßFrau ich wasch dir deine Mütz
BesensMehlbeutel
Sankt Kosman ich ruf dich anHaber säen
Zum braunen SchröterNollhart
Ich fang euch ohn MaienDrehmühl
Die fasten gehen gut und feinDefendo
BurzelbaumSchlängelns
HuckegaulDutzbock
WolfsschwanzSchunkel
Furz in HalsZum Bauern
Wilhelm, lang mir meinenZum toten Tier
SpießSteig aufs Leiterlein, steige
SchwingensFerkenstechen
Zur Korn-MandelArß im Salz
TäubleinFurz Schimmel
DreimannhochSenfstempel
Wellen bindenSchul aus
Spring aus dem BuschKekelmann

Übers KreuzFliegerli
Husch husch versteckKusch den Kopf
Ich hab mein Heller imKranich
ArßbeutelEisenfraß
HabichtnestNasenstüberl
SchiebzuLerchen
FeigenKatzpfötel

Nachdem er also brav gespielt und die Zeit damit vertan, vertempert, verklempert, durchs Mehlsieb gebeutelt und gereutert hätt, wollt wieder ein wenigs genetzet sein. Da kamen elf Seidel auf den Mann: und flugs darauf ward banketieret, das ist, auf einer feinen Bank oder auf weichen Faulbettlein sich extendieret und geschlafen zwo bis drei Stunden hintereinander ohn Argwohn, ohn ein unrecht Wörtlein. Wann er dann wieder munter ward, schüttelt' er ein wenig die Ohren: inzwischen trug man ihm frischen Wein auf, da trank er besser als zuvor. Ponokrates verwies ihm solches als eine üble Lebensart, so auf den Schlaf zu trinken. Aber, antwortet' ihm Gargantua, das ist das wahre Leben der Väter. Denn meiner Natur nach schlaf ich gesalzen: so viel ich schlaf, so viel Schunken trägt mirs.

Drauf fing er ein wenig an mit Studieren, und Paternoster vorneweg. Welchs förmlicher zu expedieren er eine alte Maulstut zu beschreiten pflog, die schon zeither neun Königen bedient gewesen, und also, plappernd mit den Lefzen und lottelnd mit dem Kopf, zog er hinaus und sah etwan ein Karnickel im Garne fangen.

Wann er heimkam, verfügt' er sich in die Kuchel, zu sehen, was für ein Braten am Spieß stäk.

Und speist' mein Treu sehr wohl zu Nacht, lud auch gern etlich gute Schlucker von seinen Nachbarn dazu ein, tät ihnen Bescheid und kosten zusammen von den Alten bis zu den Neuen.

Unter andern hätt er zu seinen Kunden und Hofbesuchern die Herren von Fou, von Gourville, Grignault und Marigny. Nach dem Essen kamen wieder die schönen hölzernen Evangeli auf den Plan, das ist Bretspiel die Hüll und Füll, der edle Fluss, Eins zwei drei, oder Alle Trümpf, es kurz zu machen; oder gingen auch wohl *gassatim* bei den jungen Dirnen umher; da gabs jeweilen Nachtbankettlein und kleine Schlaftrünk nebenan. Darauf schlief er unabgezäumt bis morgens acht Uhr.

Dreiundzwanzigstes Kapitel

Wie Gargantua beim Ponokrates solcher Lehrzucht teilhaft ward, dass ihm nicht eine Stund vom Tag veloren ging

Als Ponokrates die falsche Lebensart des Gargantua erkannt, beschloss er ihn in seinen Studien anders zu führen: doch übersah ers ihm noch die ersten Tag, in Betracht die Natur nicht ohn große Gewalt eine plötzliche Ändrung erleiden mag. Um also desto reiflicher sein Werk zu beginnen, ersucht' er einen gelehrten Arzt derselben Zeit, mit Namen Meister Theodor, darauf zu denken, wie man den Gargantua auf bessern Weg geleiten möchte. Selbiger purgiert' ihn kanonisch mit Nieswurz von Anticyra und reinigt' ihm durch solche Arznei das Hirn von aller Alteration und bösen Gewohnheit. Auch bracht ihm Ponokrates durch dies nämliche Mittel alles in Vergessenheit, was er unter seinen alten Lehrern erlernt hätt: wie Timotheus mit seinen Jüngern tät, wenn sie von andern Meistern in der Musik unterwiesen worden waren. Solches besser ins Werk zu richten, führt er ihn in die Versammlungen der gelehrten Leut ein, die es dort hätt, aus deren Nachahmung ihm der Geist und das Verlangen wuchs, auf eine andre Art zu studieren und sich besser hervorzutun.

Darnach half er ihm dergestalt ins Gleis der Studien, dass er auch nicht eine Stund vom Tag verlor, vielmehr seine ganze Zeit mit edler Kunst und Wissenschaft zubrachte. Es erwacht' demnach Gargantua gegen vier Uhr des Morgens. Während man ihn abrieb, ward ihm eine Seit aus heiliger Schrift laut und vernehmlich hergelesen mit jeden Kapitels schicklichen Vortrag, und war dazu ein junger Knab, aus Basché bürtig, angestellt, names Anagnostes. Auf Anlass und Inhalt selbiger Lektion erging er sich öfters im Gebet, Lob Preis und Danksagungen gegen den guten Gott, des Majestät und wunderbare Gericht ihm die Schrift offenbaret hätt. Dann begab er sich auf den heimlichen Ort, um natürliche Verdauungsmateri auszuscheiden. Da wiederholet' ihm sein Präzeptor, was gelesen worden war, und legt' ihm die schwerverständlichsten Punkt aus. Kamen sie dann wieder zurück, so beschauten sie sich den Stand des Himmels, ob er noch war, wie sie ihn abends zuvor gemerkt, in welche Zeichen die Sonn am selbigen Tag einträt, desgleichen der Mond. Wenn dies vollbracht war, ward er gekleidet, gestrählt, frisiert, geputzt und parfümieret, währenddes man mit ihm die Lektionen des vorigen Tages repetiert'; die sagt' er selbst auswendig her und gab dazu allerlei praktische Fäll und Exempel aus dem Weltenlauf an, welches mitunter zwei, drei Stunden währt'; hörten jedoch meist auf damit, sobald er fertig gekleidet war. Darauf ward drei volle Stunden lang mit ihm Lektion gehalten. Hierauf gingen sie aus und sprachen dabei vom Inhalt der Lektür, ergötzten sich im Bracken [Farnkraut] oder auf den Wiesen mit Ballspiel, dem Handball oder Dreiball, übten eben so weidlich nun den Leib, als sie zuvor die Seelen geübet. Ihr ganz Spiel war nach Lust und Freiheit, denn sie ließen davon ab, wann es ihnen wohlgefiel und hörten gemeinlich zu spielen auf, wann sie am Leib von Schweiße trieften oder sonst ermüdet waren. Da wurden sie aufs Beste getrocknet und abgerieben, zogen frische Hemder an und schlenderten sacht davon, zu sehen, ob der Imbiss gar gekocht wär. Während sie nun darauf warteten, sagten sie deutlich und beredsam etliche Sprüche her, so sie aus der Lektion behalten. Inzwischen kam Herr Appetit, und setzten sich mit guter Ordnung zu Tisch. Da ward zu Anfang des Essens etwan eine feine Geschichte von alten Heldentaten verlesen, bis er erst einen Trunk getan hätt. Dann, wenn es ihm gefällig, fuhr man in der Lektür fort oder fingen auch miteinander lustig zu diskurrieren an, handelten zuvörderst von Tugend, Kraft, Eigenschaften und Natur all dessen, was ihnen bei Tisch servieret ward: vom Brot, Wein, Wasser, Salz, Fleisch, Fischen, Früchten, Kräutern, Wurzeln und deren Zubereitung. Durch welch Verfahren er in kurzem alle hierauf bezüglichen Stellen im Plinius, im Athenäus, Dioskorides, Julius Pollux, Galen, Porphyrius, Oppianus, Polybius, Aristoteles, Heliodorus, Aelianus und vielen andern kennen lernt'. Ließen auch öfters nach solchen Gesprächen zu mehrer Vergewisserung die genannten Bücher an die Tafel bringen: dadurch er die gedachten Stück so fein und tief ins Gedächtnis prägt', dass dazumal kein Arzt war, der nur halb so viel davon als er verstanden hätt. Dann sprachen sie von den morgens gelesnen Lektionen und endeten ihre Mahlzeit mit einem Quittenkonfekt; da stört' er sich die Zähn mit einem Mastixstengel, wusch Händ und Augen in schönem frischen Wasser, und brachten Gott in etlichen guten, zum Lobe göttlicher Huld und Milde verfassten Lieder ihren Dank dar. Wenn dies vorüber, trug man Karten auf, nicht um zu spielen, sondern daraus viel tausend kleine neue Fündlein und Artigkeiten zu erlernen, die all in die Rechenkunst einschlugen, wodurch er selbige Zahlenweisheit sehr lieb gewann und sich alle Tag die Zeit nach Mittag- und Abendessen damit so angenehm vertrieb, als weiland mit den Würfeln und Karten: auch nebenher sowohl Theorik als alles vom Scheitel bis zum Fuß geharnischt. Auch sonst die kleine Praktik davon so gründlich erfasst', dass der Engländer Tunstal, der ausführlich darüber geschrieben, bekennen musste, gegen ihn wüsst er nicht mehr davon als vom Hochdeutsch.

Und nicht allein hierin, sondern auch in den andern mathematischen Szienzien, als Geometri, Astronomi und Musik. Denn während sie die Verdauung und Concoction ihrer Speisen abwarteten, machten sie tausend kleine zierliche geometrische Instrument und Figürlein, praktizierten auch den astronomischen Kanon. Nach diesem erlustierten sie sich musikalisch zu vier, fünf Stimmen, oder über ein Thema zu singen, was nur zum Hals heraus wollt. Und von musikalischen Instrumenten lernt' er spielen das Spinett, die Laute, die Harf, die deutsche Zwergpfeif und die neunlöchrige, die Viol und die Bassposaun.

Nachdem man diese Stund also verwandt und die Verdauung vollbracht hätt, purgiert' er sich des natürlichen Überlastes und ging darnach drei Stunden oder länger wieder an sein hauptsächliches Studium, teils die Morgenlektion zu wiederholen, sein vorgenommen Buch und Materi auszuführen, teils auch schreibend die alten römischen Lettern zu zeichnen und formieren zu lernen. Wenn er damit fertig, gingen sie aus ihrem Quartier, nebst einem jungen Edelmann aus Touraine mit Namen Gymnastes, seinem Waffenträger, der lehrt' ihm die Reitkunst. Da verwechselt' er die Kleider und bestieg ein Rennross, einen Spanier, Holsteiner, Berber, ein leichtes Pferd: dem gab er hundert Karrieren, ließ es voltigieren in Luft, über Pfähl und Gräben setzen, kurz im Kreis traben, links und rechts. Da brach er nicht etwan die Lanz, (denn es ist die größte Narrheit von der Welt, wenn einer spricht: ich hab zehn Lanzen im Turnier oder Feld gebrochen: ein Schreiner könnts auch tun, wohl aber ists ein feiner Ruhm mit einer Lanz zehn seiner Feind zerbrochen zu haben.) Er also, mit seiner starken stählernen Lanz' sprengt ein Tor auf, zerspellt' einen Panzer, stutzt' einen Baum, spießt' einen Ring, entführt' einen Rüstsattel, einen Halsberg, einen Handschuh, und dies Poppenspiel und Gedänzel zu Ross verstund kein Mensch so gut als er, und der Bereiter von Ferrare war nur ein Grasaff gegen ihn. Vornehmlich war er wohl geübt, von einem Pferd schnell auf das andre über zu springen, ohn an die Erd zu streifen, und nannt man solche Pferd Desultorios; die Lanz in der Faust von beiden Seiten aufzusitzen, ohn Stegreif; ohn Zaum nach seinem Willen das Ross zu lenken. Denn solche Wagstück dienen zur Kriegszucht. Einen andern Tag übt er sich mit der Streitaxt, die er so wacker ansetzt', so kräftig nach einem jeden Stoß wieder einholt', so geschmeidig im Rundhieb schwenkt', dass er im Feld und allen Proben für einen geschlagenen Ritter galt.

Dann schwang er die Piken, voltiert' mit dem breiten zweihändigen Schwert, mit dem Bastardschwert, dem spanischen, mit dem kurzen Degen, dem Dolch, mit und ohne Harnisch, mit Schild, im Mantel, mit Rundeln [Rotella, Rondache, Rondartsche; Rundschild].

Hetzt' den Hirschen, den Rehbock, den Bären, den Damhirsch, den Eber, den Hasen, das Rebhuhn, den Fasan, den Trappen. Schlug den großen Ballen und prellt' ihn in die Höh, sowohl mit Füßen als mit Fäusten.

Rang, lief, sprang, nicht etwa auf drei Schritt einen Sprung, nicht hinkepinke Knapfuß, nicht den Schwabensprung (denn solche Sprüng, meint' Ponokrates, taugten nichts, und wären zu nichts nutze im Krieg) sondern mit einem Satz schnellt' er über einen Graben, flog über einen Zaun, lief sechs Schritt eine Mauer auf und erklomm also ein Fenster speerhoch.

Schwamm in vollem Strom, grad, rücklings, auf der Seit, mit ganzem Leib, mit den Füßen allein, eine Hand in der Luft, darin er ein Buch hielt; so rudert' er, ohn dass dies nass ward, über den ganzen Seinefluss, und zog seinen Mantel in den Zähnen nach, wie Julius Cäsar: drauf schwang er sich auf einer Hand mit großer Gewalt in einen Kahn, stürzt sich daraus von neuem ins Wasser, den Kopf voran, sondiert' den Grund, durchstört' die Klippen, taucht in die Strudel und Abgründ unter, drehet' dann den Kahn, und steuert', fuhr jählings, langsam, stromauf, stromunter, hielt ihn an im vollen Schuss, lenkt' ihn mit einer Hand, mit der andern tummelt er ein mächtigs Ruder, strafft' das Segel, stieg auf den Stricken zum Mast hinan, lief aufs Gestäng, justiert' den Kompass, bracht die Bolinen untern Wind, spannt den

Helmstock. – Wenn er dann aus dem Wasser kam, lief er mit Macht den Berg hinauf und gleichen Sprunges wieder hinunter, erklettert' die Bäum wie eine Katz, sprang wie ein Eichhorn vom einen zum andern, schlug die großen Äst herab wie ein anderer Milo, stieg mit zween wohlgestählten Dolchen und zween probrechten Reiterböcken auf den Forst eines Hauses wie ein Ratz hinan und wieder herunter mit so geschickt verschränkten Gliedern, dass ihm kein Fall ein Leids tun konnt. Warf den Speer, die Stangen, den Stein, den Spieß, den Wurfpfeil, die Hellebarden, traf mit dem Bogen ins Schwarze, spannt die schweren Balester [Armbrust] auf der Hüft, zielt' aus freier Hand mit dem Stutzen, macht' selbst die Lafetten der Kanon, schoss nach der Scheiben, dem Psittich [Sittich], von Tal zu Berg, von Berg zu Tal, vor, seitlings, hinterrücks wie die Parther.

Man band ihm ein Tau an einen hohen Turm, das bis zur Erden reicht': an selbem haspelt' er mit beiden Händen hinan, dann fuhr er wieder so stramm und sicher daran herunter, dass ihrs auf gleicher Weisen nicht besser könntet. Man steift' ihm einen starken Balken zwischen zwei Bäum, daran hing er sich mit den Händen und rutscht so flink dran hin und wieder, ohn mit den Füßen wo anzustossen, dass man ihn in gestrecktem Lauf nicht ereilt hätt.

Auch um sich die Lung und den Thorax zu üben, brüllt er so laut wie tausend Teufel. Ich hab ihn einmal den Eudämon von Sankt Victorspforten her bis zu Montmartre rufen hören. Stentor im Treffen vor Troja hätt fürwahr noch lang keine solche Stimm.

Und um die Flechsen zu kräftigen, hätt man ihm ein Paar große Blei-Mulden gegossen, eine jede achttausendsiebenhundert Quintalpfund [Zentner] schwer, die er Halteres [antikes Sportgerät; Gewicht zur Verstärkung des Schwungs beim Weitsprung und Hantel zum Muskeltraining] nannt. Dieselben nahm er von der Erd auf, in jede Hand eine, und hub sie über den Kopf in die Höh: hielt sie also unverwandt dreiviertel Stunden und länger empor, was eine unnachahmliche Stärk war.

Spielt' mit den Glingstangen [zusammengesetzt aus Glinke/Klinke, Schlagbaum, Fallriegel], riss sich mit den allerstärksten, und wanns zum Fall kam, stund er so fest auf seinen Füßen, dass er sich einem jeden Waghals ausbot, wo er ihn von der Statt zög, wie Milo weiland. Nach dessen Beispiel er auch wohl einen Granatapfel in die Hand nahm und ihn dem verehrt', der ihn herausbrächt.

Wann er nun also die Zeit verbracht und sich getrocknet, abgerieben, gewischt, und mit neuen Kleidern erfrischt hätt, zog man ganz langsam wieder heim, und da nahmen sie ihren Weg etwan über die Wiesen oder Örter, wo Kraut und Gras wuchs; da beschauten sie sich die Bäum und Kräuter und hielten sie gegen die Bücher der Alten, so davon geschrieben haben, als Theophrast, Dioskorides, Marinus, Plinius, Nikander, Galenus, Macer; und brachten alle Händ voll mit nach Haus davon, da es ein junger Edelknecht namens Rhizotomus aufbewahrt', wie auch die Hacken, Karsten, Pickeln, Reuthauen, Spaten und andres Gerät zum Herborisieren. Sobald sie nun nach Haus gekommen, wiederholten sie, derweil man das Nachtbrot rüstet', etliche Punkt von dem, was sie gelesen hatten, und saßen damit zu Tisch. Hie merket, dass sein Imbiss nüchtern und mäßig bestellt war, denn er aß allein nur so viel, um das Bellen des Magens zu beschwichtigen: aber sein Nachtmahl war vollauf und reichlich, denn er nahm dann ein, soviel ihm zu seiner Leibesnahrung und Unterhalt vonnöten war. Welches auch die wahre Diät nach guter und zuverlässiger Vorschrift der Arzeneikunst ist, soviel auch ein Tross mauläffischer Ärzte, in der Sophisten Werkstatt versauert, dawider meinen und belfern mögen. Während der Mahlzeit ward die Lektür vom Morgenimbiss fortgesetzt, so lang es ihnen gefällig war, und die übrige Zeit mit guten, gelehrten und nützlichen Reden vollbracht. Drauf nach verrichtetem Dankgebet fing man wiederum musikalisch zu singen und auf wohlgestimmten Instrumenten zu spielen an, oder die kleinen Zeitvertreib mit den Karten, Würfeln und Bechern. Blieben dabei im vollen Jubel zusamen und unterhielten sich zu Zeiten damit bis zum Schlafengehn. Bisweilen auch besuchten sie die Versammlungen gelehrter Leut und solcher, die fremde Länder gesehen.

Um Mitternacht, bevor sie sich zur Ruh begaben, stiegen sie auf den freiesten und höchsten Söller ihres Hauses, des Himmels Anlitz zu beschauen; und gaben da auf die Kometen acht, wanns ihrer hätt, auf die Figuren, Aspekten, Stellung, Oppositionen und Konjunktionen der Gestirne.

Dann rekapituliert' er kürzlich nach der Pythagoräer Art mit seinem Lehrer alles, was er im Lauf des Tags gehört, verkehrt, erstört, getan und gelesen hätt. Und ruften Gott den Schöpfer im Gebet an, stärkten ihren Glauben zu ihm, lobpriesen seine unendliche Güt; und gleich wie sie ihm Dank für alles Vergangene sagten, so befahlen sie sich auch in alle Zukunft seiner göttlichen Gnad und Huld. Wann dies vollbracht war, gingen sie schlafen.

Vierundzwanzigstes Kapitel

Wie sich Gargantua bei Regenwetter die Zeit vertrieb

Begab sichs, dass das Wetter regnicht und trüb war, so bracht man die ganze Zeit vor Mittag wie gewöhnlich zu, außer dass er ein schön hell Feuer anmachen ließ, die Feuchtigkeit der Luft zu mildern. Aber nach dem Mittagessen blieben sie, statt der sonst üblichen Leibesübungen, zu Haus und unterhielten sich apotherapeutischer [»in Gesundheit verteidigender«; hygienischer] Weis mit Heubinden, mit Holzspalten und Sägen und Garbendreschen in der Scheune. Dann trieben sie die Malerei und Schnitzkunst; oder brachten auch das alte Spiel der *tali* [tales/osselets; kleine Knochen, die hochgeworfen und mit dem Handrücken aufgefangen werden] wieder auf die Bahn, wie Leonicus davon geschrieben, und unser guter Freund Lascaris es zu spielen pflegt: und gedachten unter dem Spielen der Stellen in den alten Autoren, da dieses Spieles Meldung geschieht oder ein Gleichnis daraus entlehnt ist. Oder gingen auch aus und sahen, wie man die Metalle schmolz und schied, oder Geschütz goss, oder besuchten die Goldschmiede, die Juweliere, Steinschneider, Alchimisten und Münzer, desgleichen die Weber, Sammet- und Tapetenwirker, die Uhrmacher, Spiegelschleifer, Orgelbauer, Drucker, Färber und mehr dergleichen Handwerksleut, und überall, wo sie hinkamen, da teilten sie Trinkgelder aus, wogegen sie die Industrie und Erfindsamkeit der Gewerbe betrachteten und einsehn lernten.

Wohnten auch den öffentlichen Lektionen, den solennen [feierlichen, festlichen] Actibus [Akten], Repetitionen, Deklamationen, Zeugenverhören der artigen Anwält, den Sermonen der evangelischen Priester bei. Oder er trieb sich durch die Säle und Schulen wo gefochten ward, schlug sich daselbst auf alle Waffen mit den Meistern und bewies ihnen augenscheinlich, dass er davon so viel als sie, ja mehr verstünd. Und statt des Herborisierens gingen sie in die Spezereigewölb, zu den Kräuterhändlern und Apothekern, untersuchten da aufmerksam die fremden Wurzeln, Blätter, Frücht und Sämereien, Gummen [gommes; Gummi; (med.) Gumma/Gummen, gummiartige Geschwulst im Tertiärstadium der Syphilis], Salben, desgleichen, wie man sie verfälscht. Besucht' die Gaukler, Taschenspieler und Marktschreier und betrachtet' sich ihr Treiben, ihre Finten, Gesten, Kapriolen und edles Mundwerk, sonderlich derer von Chaunys in Pikardien; denn diese sind von Haus aus die allergrößten Schwadronierer und Possenreißer, was das Thema der grünen Affen betrifft. Wenn sie sodann zum Abendbrot heimkamen, aßen sie um vieles mäßiger als die andern Tag, und mehr austrocknende, dünnende Speisen, damit die unvermeidlich dem Körper mitgeteilte feuchte Luft dadurch verbessert würd und ihnen nicht nachteilig wär, weil sie nicht, wie gewöhnlich, eine Leibesübung zuvor gehabt.

So ward Gargantua gubernieret [gouverné; regiert] und schritt tagtäglich weiter vor in diesem Gleise, profitierend, wie ihr selbst einseht, dass ein junger Mann seines Alters von guten

Gaben, bei also fortgesetzter Übung wohl profitieren muss; die, ob sie gleich anfangs beschwerlich schien, doch im Verlauf so süß, leicht und ergötzlich ward, dass es vielmehr eine Kurzweil für einen König als eines Schülers Zucht zu sein schien. Gleichwohl, ihm eine Fristung von so schwerer Geistesarbeit zu geben, erkor Ponokrates in jedem Monat einen schönen hellen Tag aus, an dem sie frühmorgens aus der Stadt aufbrachen und entweder gen Gentily oder gen Boulogne, Montrouge oder der Charantonbrücke, gen Vanves oder Saint-Cloud zogen. Da brachten sie den ganzen Tag in aller nur ersinnlichen Lust mit Schäkern, Jauchzen, Spielen, Singen, Tanzen und Runda trinken hin, wälzten sich auf den grünen Wiesen, nahmen Spatzen aus, strichen Wachteln, fischten Krebs und haschten Frösch.

Aber obschon der Tag ohn Bücher und Lektion verging, ward er darum nicht ohn Frucht verloren. Denn auf dieser lustigen Wiesen entsannen sie sich aus dem Kopf allerlei artiger Vers vom Feldbau aus dem Virgil, Hesiodus, dem *Rustico* des Politianus, verfassten allerlei artige Sinnschriften auf Lateinisch und brachtens dann auf Französisch in Balladen und Rundreim. Wenn sie dann bankettierten, schieden sie von dem gewässerten Wein, wie Cato *de re rust.* und Plinius lehren, mit einem Becher von Efeu das Wasser, wuschen den Wein in einem vollen Wasserbecken, zogen ihn darauf mit einem Trichter wiederum ab, leerten das Wasser aus einem Glas ins andre, bauten vielerlei kleine Automata, nämlich sich selbst bewegende Werklein.

Fünfundzwanzigstes Kapitel

Wie zwischen den Weckenbäckern von Lerné und des Gargantuä Landsassen der große Streit entstund, daraus ein schwerer Krieg erwuchs

Zu selbiger Zeit, es war um die Weinles und Herbsten Anfang, hüteten die Hirten des Landes draußen der Reben, auf dass die Stare die Trauben nicht fräßen. Um die Zeit kamen die Weckenbäcker von Lerné mit zehn bis zwölf Karrenlasten Wecken, die sie zur Stadt führen wollten, den großen Heerweg daher gefahren. Gedachte Hirten nun baten sie bescheidentlich ihnen für ihr Geld davon nach dem Marktpreis etliche abzustehen. Denn ihr sollt wissen, dass es zum Frühstück ein recht himmlisch Futter ist: frische Wecken mit Trauben, zumal zu den Zirbeln, Knusseln, Muskateller, Spantrauben und dem Rumor, wenn einer etwan verstopften Leibes ist; denn sie treibens von einem Knebelspieß lang, und oft, wanns denken ein Fürzlein zu lassen, fällt noch was anders vor; daher man sie nur die Weinbergsdenker heißet. Ihrem Begehren aber wollten die Weckenbäcker keineswegs willfahren, ja (was noch ärger war) schimpften sie auch noch gröblich aus und schalten sie Breitmäuler, fratzige Rotköpf, Zähnklaffer, Schabkrätzer, Haverlinger, Bettseicher, Duckmäuser, Tagedieb, Schlecker, Lubbel, grobe Hachen, Taugenix, Lümmel, Schwengel, Brockenschnapper, Leutfopper, Luleis, saubere Ziemer, Lappscheißer, Haderlumpen, Mollköpf, Knollfinken, Hundstaschen, Hetzenschwätzer, Hanswürst, Zähnknapper, Kuhfläder, Dreckhirten und noch mehr dergleichen ehrenrührige Wort: und sagten ihnen dabei, sie wären nicht wert, solch edle Wecken zu fressen, sondern grob Kleienbrot und Haberhecht täts ihnen auch. Auf solchen Unbill trat einer von ihnen namens Forgier, ein wohlgestalter wackrer Mann und schmucker Junggesell hervor und antwortet ihnen sänftlich: Ei, seit wann sind euch die Hörner g'schossen, dass ihr so bockstolz worden seid? Ihr pflegtets doch sonst uns gern zu geben, und jetzt weigert ihr euch? Das ist nicht nachbarlich, und wir machens nicht also, wenn ihr bei uns die gute Frucht holt zu euren Fladen und Butter-Wecken. Man hätt euch von unsern Trauben wohl noch obendrein in Kauf gegeben. Aber bei dem heiligen Kindsdreck! es kann euch gereuen, und kann sich noch schicken, dass ihr einmal mit uns zu tun kriegt; so wollen wir euch mit gleicher Münz beschlagen, und da gedenket dran. – Darauf fing Marcket, Groß-Knüttelführer der

Weckenbrüderschaft, an und sprach zu ihm: wahrlich du machst dich mächtig batzig [patzig] diesen Morgen; hast nächtens g'wiss zu viel Hirsbrei gessen. Komm her, komm her, ich will dir von meinen Wecken reichen. – Da trat Forgier in aller Einfalt zu ihm hin und zog einen Dreier aus seinem Leibgurt, vermeinend Marcket wollt ihm von seinen Wecken austun. Aber er gab ihm mit seiner Geißel so rüde um die Bein, dass Knoten darinnen aufstunden; und flugs riss aus, wollt davonfliehn. Aber Forgier schrie Zeder und Mordio, was er konnt, und warf ihm zugleich einen dicken Knüppel nach, den er unterm Arm trug, womit er ihn an die Kronrat des Haupts über der krotaphischen [crotaphique/Temporale; Schläfe] Ader der rechten Seit so gründlich traf, dass Marcket von der Mähren fiel und mehr einem toten Menschen glich als einem lebendigen.

Mittlerweile liefen die Meier, die da herum Nüss abzogen, mit ihren langen Bengeln herbei und droschen diese Weckenbäcker wie grünes Sommerkorn zusammen. Desgleichen kamen die andern Hirten und Hirtinnen auf des Forgier Geschrei mit ihren Schleudern und Schlingen und sausten mit großen Wackersteinen so haarscharf hinter ihnen drein, dass man vermeint', es hagelt'. Holten sie endlich ein und nahmen von ihren Wecken ohngefähr vier bis fünf Dutzend, zahltens ihnen jedoch nach dem gebräuchlichen Anschlag und schenkten ihnen noch dazu einhundert Walnüss und drei Korb Gutedel. Danach halfen die Weckner dem Marcket wieder auf seine Gurre [»Stute«; abschätzig für geringwertiges, schlechtes Pferd], denn er war schmählich blessiert, und kehrten wieder heim gen Lerné, ließen den Weg auf Parillé für diesmal liegen, schwuren aber hoch und teuer und bedräuten alle Hirten, Schäfer und Meier von Seuillé und Sinais schwer. Als dies vollbracht war, ließen sichs die Hirten und Hirtinnen bei den Wecken und edeln Trauben trefflich wohl sein, schwenkten sich nach der muntern Bockspfeif miteinander im Kreis herum und spotteten der großmäuligen Herren Weckenritter, dass die es so übel getroffen, weil sie sich nicht mit der guten Hand frühmorgens das Kreuz gesegnet hätten: und wuschen dem Forgier mit groben Rüßlingen [Chenin Blanc Trauben] so säuberlich die wunden Bein, dass er bald heil ward.

Sechsundzwanzigstes Kapitel

Wie die von Lerné, auf Geheiß ihres Königs Pikrocholus, unversehens die Hirten des Gargantuä überfielen

Sobald die Bäcker wieder heim gen Lerné kamen, rannten sie stracks, eh sie weiter was aßen noch tranken, aufs Kapitol und trugen da ihrem König Pikrocholus, seines Namens dem Dritten, ihre Klage vor, wiesen ihm ihre zerbrochenen Körb, zerknüllten Hüt, zerrissenen Röck, zerplackten Wecken, vornehmlich den enormiter blessierten Marcket, und bezeugten, dass dies alles von den Hirten und Meiern unsers Grandgoschier am großen Fuhrweg jenseits Seuillé verübt wär worden.

Da geriet derselbe plötzlich in einen rasenden Zorn und ließ ohn alle weitere Nachfrage, wie oder wann, durch sein ganzes Land Bann und Aberbann ausschreien, und dass jedermann bei Stranges Straf um Mittag auf dem großen Platz vorm Schloss gewappnet erscheinen sollte. Zu mehrerer Bekräftigung seines Vorhabens ließ er die Trommeln durch die Stadt um rühren, ging selbst aus, derweil man ihm den Imbiss rüstet', und ließ sein Geschütz auf Achsen ziehen, sein Feldpanier und Oriflamm [Banner, Fahne] entfalten, schwere Munition an Feld- und Mageng'schmeid aufschütten. Zwischen dem Essen bestellt' er die Ämter und Kommissionen; und ward sofort auf seinen Befehl der Signor Zottlich zum Obersten über die Vorhut ernannt, die sechzehntausendvierzehn Schützen, und dreißigtausendelf Waghäls stark war. Zum groben Geschütz, bestehend aus neunhundertvierzehn ehernen Stücken an Kanonen, Doppelkanonen, Basilisken, Kulverinen, Feldschlangen, Kartaunen, Falkaunen, Spirolen, Passevolanten und anderm Kaliber, ward der Großschildhalter Starenstör befehliget; dass Hintertreffen erhielt der Herzog Batzenschraper, und in der mittleren Schlachtordnung hielt sich der König mit den Prinzen des Reiches selbst auf. Also aus dem Gröbsten gerüstet, schickten sie vor ihrem Aufbruch noch dreihundert leichte Pferd unter dem Hauptmann Schluchsenwind, auf Kundschaft aus, ob etwan wo ein Hinterhalt im Gau versteckt läg: fanden aber nach fleißiger Durchspähung die ganze Landschaft ringsum ruhig und still, ohn einige Zusamenrottierung. Welches Pikrocholus nicht sobald vernahm, als er befahl, dass alle Fähnlein schleunig marschieren sollten. Da fielen sie sonder Zucht noch Ordnung all durcheinander querfeldein; verdarben und verwüsteten alles wohin sie kamen, schonten weder reich noch arm, weder heiliger noch profaner Stätt, entführten Ochsen, Kälber, Küh, Stärken, Farren, Schaf, Schöpse, Geisen und Widder, Hühner, Kapphähn, Küchlein, Gesseln [junge Gänslein], Ganser, Gäns, Schwein, Säue, Ferkel, schlugen die Nüss ab, herbsteten den Wein, verschleppten die Rebstöck, schüttelten alles Obst von den Bäumen; es war ein Unfug, nicht zu sagen, den sie verübten. Und fanden auch nirgends Widerstand, sondern alles ergab sich ihnen auf Gnad und Ungnad und baten sie fußfällig, mit ihnen doch glimpflicher umzugehn, in Ansehung, dass sie von jeher ja gute Freund und Nachbarsleut gewesen wären und ihnen nie etwas zu Leid noch Schimpf getan, dafür man sie so jählings übel plagen sollt: und Gott würd sie dafür gewiss in kurzem strafen. Es ward ihnen aber auf ihre Bitten nichts weiter zur Antwort, als dass man sie ein ander Mal wohl Weckenessen lehren wollte.

Siebenundzwanzigstes Kapitel

Wie ein Mönch von Seuillé den Abtei-Garten vor der Feinde Plünderung schützte

Und triebens immer schindend und plagend, raubend und stehlend also fort, bis sie gen Seuillé kamen; zogen Mann und Weib aus, nahmen, was sie nur erlangen mochten: es war ihnen nichts zu heiß noch zu schwer. Wiewohl die Pest in den meisten Häusern war, liefen sie doch in alle hinein, mausten alles heraus und keiner nahm einen Schaden. Welches wohl ein fast erstaunlicher Kasus [Fall, Vorkommnis] war; denn die Priester, die Prediger, die Pfarrherrn, Ärzt, Feldscherer und Apotheker, die die Kranken besuchten, Beicht hörten, warnten, warteten, kurierten, trösteten und verbanden, waren schon all an dem Gift gestorben, und diese Teufelsräuber und Mörder kam auch nicht ein Schauder an. Woher kommt dies, ihr Herrn? Ich bitt, denkt dem doch nach. Als nun der Flecken so ausgesackt war, stürmten sie mit erschrecklichem Getümmel auf die Abtei los, fandens aber sehr wohl verriegelt und verwahrt: demnach das Hauptheer fürbass [weiter] auf die Furt von Vede zuzog, bis auf sieben Fähnlein Fußvolks und zweihundert Lanzen, die dablieben und die Gartenmauern zerrissen, damit sie vollends den Herbst verdürben. Die armen Teufel, die Mönch, wussten nicht welchem Heiligen sie in der Angst sich geloben sollten. Gleichwohl aber auf allen Fall ließen sie *ad capitulum capitulantes* läuten. Darin ward beschlossen, dass sie einen stattlichen Umgang halten wollten mit schönen Litaneien *contra hostium insidias* und mit schönen Responsen [Antwort der anderen Seite auf eine Initiative, bestimmte Vorschläge, Anregungen hin] *pro pace.*

In der Abtei war dazumal ein Klostermönch, Bruder Jan von Klopfleisch mit Namen, ein junger Hach, ein Wagherz, rüstig, wacker, wohlgemut, behänd, keck, hitzig, lang und hager, wohl geschlitzten Mundes, erheblicher Nas, ein derber Horashetzer, Vigilienbürster und Messabzäumer: in Summa, alles zusammenzufassen, ein echter Mönch, so jemals einer seit die mönchenzende Welt mit Mönchen bemönchelt gewesen [»le monde moinant moina de moinerie«], erfunden ward. Im übrigen ein Kreuzlateiner bis an die Zähn in Breviermaterien. Selbiger, als er den Lärm, den die Feinde in ihrem Weingarten machten, vernahm, lief aus zu sehen was los wär. Und als er sie fand, wie sie den Garten abherbsteten, daran ihr Tischtrunk des ganzen Jahrs hing, rennt' er wieder in den Chor [erhöhter Raum hinter dem Altar] der Kirche, wo die andern Mönch, schier verdutzt, wie die Glockengießer, in einem fort im, im, pe, e, e, e, e, e, tum, um, in, i, ni, i, mi, co, o, o, o, o, o, rum, um sangen, und ruft: Ei scheiss auf euer Gesings! Potz heiliger Gott, so singt doch lieber, Ade, ade liebs Körbli, der Herbst, der ist dahin. Ich sei des Teufels, wo sie nicht schon in unserm Garten sind und Stöck und Trauben so rein ausfegen, dass bei des Herrn Leichnam! in vier Jahren nix drin wird nachzubeeren sein. Ei, zum Sankt Jakobsränzl! was sollen wir armen Teufel trinken derweil? O du mein Herr Gott *da mihi potum!* – Da sprach der Prior des Klosters: Was will doch der Trunkenbold hie! Man führ ihn gleich in Verwahrsam! Also den Gottesdienst, *Divina,* zu stören! – Mitnichten, antwort der Mönch, den Pottesdienst, die *Vina,* lasset uns vor Zerstörung schützen. Denn ihr, Herr Prior, trinkt selbst gern vom besten; und das tut jeder Ehrenmann: ein adlig Blut hasst nimmermehr den guten Wein, ist ein claustralisch Apophthegma [witziger, prägnanter Ausspruch, Sinnspruch, Zitat, Sentenz]. Aber diese Responsen, die ihr da singt, bei Gott! die schicken sich itzunder schlecht. Warum sind unsre Horä [Horen; Gebetsstunden, acht Gebetszeiten des Stundengebets in der katholischen Kirche] zur Ernt- und Herbstzeit kurz, und um Advent und den ganzen Winter über so lang?

Bruder Matz Schlehdorn, dessen Seel Gott tröst, ein wahrer Eifrer (oder ich sei des leibhaften Teufels) für unsern Glauben, sagt mir einst, ich entsinn mich noch wohl, die Ursach wär, dass wir um die Zeit den Wein fein einbringen sollten und warten, im Winter aber ihn saugen. So folgt mir dann, ihr Herrn, die ihr den Wein liebhabt, und beim Kreuz Gottes, mir nach! Denn Sankt Tönig [Anton] soll mich zu Kohlen brennen, wenn der auch nur einen Tropfen sieht, der nicht die Reben wacker beschützt hat. Heilige Marter Gottes! was? das Kirchengut? Ha nein, nein, Teufel! Dafür ließ Sankt Thomas von Engelland sein Leben: und wenn ichs nun auch dafür ließ, würd ich nicht eben auch wie er, ein Heiliger? Aber ich lass es darum noch nit, es soll'ns für mich wohl andre lassen.

Mit diesen Worten warf er sein weit Gewand ab und erwischt' den Kreuzstock, der von hartem Speierlingkernholz, lang wie ein Reisspieß, rund in der Faust, und etwas wenigs hie und da mit halb erloschenen Lilien bemalt war. Also in Hosen und Wams fuhr er hinaus, hing seine Kutt als Schärp um die Achsel und strich mit dem Kreuzstock haarscharf unter die Feind, die ohn all Ordnung, Fahnen, Trommeln noch Trommeten, im Garten umher den Wein abzwackten. Denn die Fähndrich und Bannerleut hatten ihre Banner und Fähnlein an die Mauern angelehnt, die Trommler ihre Trommeln oben entledert und mit Trauben geladen, und die Trommeten staken voller Beerenbüschel. Alles war in bunter Reih. Er aber stieß, ohn einmal Wer da! noch Kopf weg! zu rufen, so gröblich darunter, dass er sie links und rechts wie die Schwein darnieder drosch nach der alten Parade. Etlichen zermürst' [zerstößt, zerquetscht, zermalmt] er das Hirn, andern zerschmiss er Arm und Bein, andern versprengt' er die Wirbel im Hals, andern zermatscht' er die Weichen und Lenden, knickt' Nasen, bohrt' Augen, spaltet Kiefer, schlug Zähn im Hals entzwei, zerknirscht' die Schulterblätter, sphaselieret' [von sphaceler; »kompottieret«] die Schienbein, entheftelt Hüften, barst Röhren. Wo einer sich unter die dichtesten Rebstöck verkriechen wollt, zerbläut er ihm das ganze Rückgrat und schlug ihn platt wie einen Frosch.

Wenn einer sich durch Flucht salvieren [retten] wollt, gab er ihm eins auf die lambdoitische [in Form von λ (lambda)] Kommissur [Nervenverbindung], dass ihm der Schädel in Stücke sprang. Wenn einer auf einen Baum stieg und dacht, er wär da sicher, spießt er ihn mit seinem Stock von unten durch den Hintern auf.

Wenn einer von alter Kundschaft her ihm zuschrie: Ha, mein Bruder Jan, mein Freund, ich ergeb mich, Bruder Jan! – Das musst du wohl, versetzt' er, aber, ergib nur auch deine Seel allen Teufeln: und gab ihm stracks den Nickfang [»dronos«; Gnadenstoß]. Und wo einer sich die Tollheit gar so weit verblenden ließ, dass er ihm offen hätt trutzen wollen, da zeigt er die Kraft seiner Mäus und Fäust [»la force de ses muscles«; seine Muskelkraft]; denn Brust und Herz und Mediastinum [Zwischenfell] durchrannt er ihnen auf *einen* Stoß. Andern gab ers auf den Rippenschluss, dass ihnen der Magen überschlug und plötzlich starben: Andre traf er so grimmig an den Nabel, dass die Kutteln barsten; Andern bohrt' er den Mastdarm durch die Geilen [Eingeweide] an. Glaubt nur, es war das gräulichste Spektakel, so je ersehen ward.

Etliche riefen Sankt Barbara, etliche zum Ritter St. Jörgen, etliche Sankt Schonemein, andre unsre Liebfrauen von Cunault, von Loreto, von der guten Mär, von Lenou und von Rivière. Einige gelobten sich zum Sankt Jakob, andre zum heiligen Schweißtuch gen Chambéry, (doch brannt's drei Monat hernach so glatt weg, dass man auch nicht ein Fäslein davon hat retten mögen), etliche gen Cadouin, andre zum Sankt Johann von Angely, zu Eutropius von Saintes, zum heiligen Mexme von Chinon, Sankt Martin von Candes, Sankt Clouaud von Sinais, zu den Reliquien von Javrezay und tausend andern guten kleinen Heiligenmännlein. Etliche starben, ohn zu sprechen, andre sprachen, ohn zu sterben; etliche starben sprechend, andre sprachen sterbend. Welche schrien mit lauter Stimm: Beicht! Beicht! *confiteor, miserere! In manus.* Es war ein solch Geschrei der Zermetzelten, dass der Prior des Klosters mit all seinen Mönchen selbst hinauszog, und als sie die armen Leut im Garten so tödlich blessiert und zerbläuet sahen, hörten sie ihrer etlich Beicht. Während aber die Priester sich mit Beichten Zeit und Weil vertrieben, liefen die kleinen Mönchlein dahin, wo Bruder Jan war, und fragten ihn, worin sie ihm behilflich sein könnten.

Da befahl er ihnen, alle die abzumurksen, die auf der Erd lägen. Worauf sie ihre großen Kappen auf den nächsten Rebhalter warfen, und stracks anhuben, die von ihm bereits Zerbläuten vollends zu würgen und abzutun. Und wisst ihr auch mit was für G'wehr? Mit saubern Kneiflein: das sind die kleinen Taschenmesser, womit die Kinder bei uns zu Land die Nüss schälen. Hierauf pflanzt' er sich mit seinem Kreuzstock in die Bresch, die der Feind gemacht hätt. Etliche Mönchlein schleppten die Fahnen und Banner in ihre Zellen, Hosenbändel draus zu machen. Und wenn die, so gebeichtet hatten, durch selbige Bresch davonziehen wollten, drosch sie der Mönch mit Streichen darnieder und sprach dabei: die haben gebeichtet und bereuet und haben den Ablass davon; sie fahren grad wie eine Sichel gen Himmel, ebenen Pfads wie der Weg auf Faye. Also ward dann durch seine Mannheit der ganze Heereshaufen erlegt, der in den Garten eingefallen, an dreizehntausendsechshundertzweiundzwanzig, ohn Weiber und kleine Kinder, wie sich allzeit von selbst versteht. Nimmer hat sich der Klausner Maugis mit seinem Pilgerstab so tapfer wider die Sarazenen gehalten, von denen man in den Geschichten der vier Haimonskinder liest, als unser Mönch mit seinem Kreuzstock wider die Klosterfeind hantiert'.

Achtundzwanzigstes Kapitel

Wie Pikrocholus die Clermaldsburg mit Sturm einnahm, und wie schwer und ungern Grandgoschier sich zum Kriegführen anließ

Während der Mönch sich, wie gedacht, mit denen im Garten herumscharmützelt, zog Pikrochol mit seinem Volk in großer Eil über die Furt von Vede und stürmt' die Clermaldsburg, allwo er nicht den mindesten Widerstand fand. Und weils schon Nacht ward, ging er zu Rat, in selbiger Stadt mit seinem Volk Quartier zu schlagen und seine scharfe Cholera [colère pungitive; stachelnde Wut] was abzukühlen. Des Morgens früh nahm er die Wäll und das Schloss im Sturm, befestigt' es gut und versah es mit der benötigten Ammunition [Munition], in Hoffnung daselbst einen Halt zu haben, so man ihn etwa wo andersher überfallen sollte. Denn der Ort war fest, sowohl durch Kunst als von Natur, nach seiner Lag und Haltsamkeit.

Aber wir wolln sie nun da lassen und wieder auf unsern guten Gargantua zu reden kommen, der in Paris den edeln Wissenschaften und den athletischen Leibesübungen obliegt; und auf seinen Vater, das liebe alte Biedermännlein Grandgoschier, das nach dem Abendbrot bei einem schönen, lustigen, hellen Feuer ihm die Schellen [couilles; Eier, Hoden] wärmt und, während er harrt, dass die Kastanien platzen, mit einem angebrannten Stecken, womit man das Feuer schürt, etwas auf den Herd malt und seinem Weib und Hausgesind allerlei artige Geschichten von alten Abenteuern erzählte.

Um diese Stund erschien vor ihm der Hirten einer von der Rebhut, namens Plackart und erzählt ihm ausführlich, welch üblen Unfug Pikrocholus der König von Lerné in seinem Land und Gebiet verübt, und wie er den ganzen Gau verheeret, geplündert und gebrandschatzt hätt, ausgenommen den Klostergarten von Seuillé, welchen Bruder Jan Klopfleisch zu seinem großen Ruhm verteidigt; und wie ernannter König itzund zu Clermaldsburg wär, wo er sich samt seinem Volk aufs Beste verschanzet.

Holo, holo [holos/hélas]! ruft Grandgoschier da aus. Was ist dies, liebe Leut? Träumt mir, oder ists wahr, was man mir sagt? Pikrocholus, mein alter Stamm- und Bundesfreund seit ewigen Zeiten, kommt mich zu befehden her? Was treibt ihn dazu an? Was reizt ihn? Was bewegt ihn? Wer hat ihm also zugeraten? Ho, Ho, ho, mein Gott! mein Heiland! hilf mir, rat, erleucht mich, was hier zu tun! Ich protestier, ich schwör vor dir, so wollest du mir gnädig sein, als ich ihm jemals ein Leids getan, noch seine Leut geschädigt oder in seinen Staaten ein Unbill verübt hab. Sondern im Gegenteil hab ich ihm mit Gab und Gunst, mit Rat und Tat, überall treulich beigestanden, wo ich sein Bestes nur absehen mocht. So er nun solcherweis mich kränket, muss es vom bösen Geist herkommen. Guter Gott, du kennest mein Herz, denn dir kann nichts verborgen bleiben. Wäre er etwa toll geworden, und du hättest mir ihn daher geschickt, ihm das Gehirn zurechtzusetzen, o so verleihe mir Kraft und Weisheit, ihn unter das Joch deines heiligen Willens durch gute Zucht zurückzubringen! Ho, ho, ho, meine lieben Leut, ihr guten Freund und treuen Diener, muss ich euch dann noch hier bemühn und um Beistand bitten? Ach! mein Alter sollt hinfüro nur Ruh erfordern, und all mein Lebtag hab ich mir nichts so eifrig gewünscht als Frieden zu haben: aber ich seh nun, es muss wohl sein, dass ich itzunder noch meine armen schwachen müden Schultern mit der Last des Harnisch beschweren und in die zitternde Hand den Speer und die Axt zu Schutz und Schirm meines armen Volkes nehmen muss. Die Billigkeit erheischet es; denn von ihrer Arbeit werd ich erhalten, ihr Schweiß ernähret mich samt meinen Kindern und Hausgesind. Dennoch will ich keinen Krieg anfangen, ich hab dann noch zuvor erst alle Weg und Mittel zum Frieden versucht. Des resolvier [entschließ] ich mich.

Demnach berief er seine Räte und hielt ihnen das Geschäft so vor, wies stund. Da ward beschlossen, man sollt einen klugen Mann an Pikrochol senden, zu erforschen warum er sich so plötzlich aus seiner Ruh erhoben und in ein Land einbräch, daran er keinerlei Recht hätt. Weiter sollt man den Gargantua und seine Leut aufrufen lassen, dass sie des Landes in solcher Not zu wahren und es zu schirmen kämen. Welches alles dem Grandgoschier gefiel, und er befahl, ihm nachzukommen. Fertigt' also auf der Stell den Basker, seinen Lakaien, an Gargantua ab, in aller Schnell ihn abzurufen, und schrieb ihm wie folget.

Neunundzwanzigstes Kapitel

Inhalt des Briefs den Grandgoschier dem Gargantua schrieb

Wiewohl der Eifer deiner Studien erfordert hätt, dass ich noch in langer Zeit dich nicht von dieser deiner philosophischen Ruh abziehen sollte, so hat dennoch das Vertrauen in unsre alten Freund und Bündner gegenwärtig die Sicherheit meines Alters hintergangen. Und weil nun dies des Schicksals Schluss ist, dass ich von denen, derer ich mich zumeist getröstet, betrübt soll werden: zwingt mich die Not zum Schutz der Land und Leut die durch natürliches Recht dein eigen sind, dich heim zu rufen. Denn gleichwie äußerliche Wehr unmächtig ist, wo guter Rat nicht im Hause wohnet, so bleibt auch das Studieren vergebens und der Rat unnütz, wenn er nicht zur rechten Zeit durch Tugend vollstreckt und ins Werk gesetzt wird. Mein Zweck ist nicht Beleidigung, sondern Sühn; nicht Überfall, sondern Verteidigung; nicht Eroberung, sondern Verwahrung meiner treuen Untersassen und Erblandschaften, in welche Pikrocholus ohn allen Grund noch Anlass feindlich eingebrochen und noch tagtäglich sein wütigs Treiben mit freien Leuten unerträglichem Unfug fortsetzt.

Ich hab mich verbunden geacht und hab ihm zu Begütigung seiner cholerischen Tyrannei alles erboten, was ich nur dacht, dass ihm genehm wär, auch bei ihm zu mehren Malen durch gütliche Botschaft erkundigen lassen, worin, durch wen, und wie er sich für beleidigt hielt: hab aber nichts als frechen Trutz von ihm zur Antwort erhalten können, und dass er nur mein Land begehrt', weil es ihm anstünd. Daraus ich dann ersehen hab, dass ihn dermalen der ewige Gott in die Gewalt seines Eigendünkels und freien Willens gegeben hat, welcher nicht anders als bös sein kann, wenn er durch göttliche Gnad nicht stets regieret wird, und ihn mir zur Beschwer gesendet, damit er soll bei Gutem erhalten und zur Erkenntnis geführet werden. Deshalb, geliebter Sohn, des ehesten, so dir nur möglich, alsbald nach Lesung dieses Schreibens, komm fördersamst zurück zum Beistand, nicht so wohl meiner, welches du gleichwohl, kindlicher Lieb nach schuldig bist, als der *Deinigen*, die du von Rechts wegen beschützen und schirmen magst. Mit geringst möglichem Blutvergießen wollen wir die Sach zu schlichten suchen, und wo nur tunlich auf kürzerem Weg, durch Handstreich und durch Kriegeslisten alle Seelen erretten und fröhlich in ihre Heimat ziehen lassen.

Vielgeliebter Sohn, der Friede Christi unsers Erlösers sei mit Dir. Grüße von mir Gymnastes, Eudämon und Ponokrates. Den zwanzigsten September. Dein Vater Grandgoschier.

Dreißigstes Kapitel

Wie Ulrich Gallet an den Pikrocholus abgesandt ward

Sobald der Brief diktiert und pitschiert [petschiert; mit einem Petschaft versiegelt] war, hieß Grandgoschier den Ulrich Gallet, seinen Requetenmeister [requête; Gesuch, (schriftlicher) Antrag, Ansuchen, Eingabe], einen weisen, bescheidenen Mann, dessen Tugend und guten Rat er in mancherlei und strittigen Fällen erprobt hätt, zum Pikrochol gehen, ihm vorzustellen, was sie beschlossen. Der Ehrenmann Gallet reist' auch noch zur selbigen Stund ab, ging über die Furt und erkundigt' sich beim Müller, wie es um den Pikrochol stünd. Der antwortete, dass ihm sein Volk weder Hahn noch Henn gelassen und sich in Clermaldsburg gesetzt hätt und dass er ihm nicht wollt raten, weiterzugehen wegen der Patrouillen; denn die wären hundstoll. Dies glaubt' er unschwer und blieb die Nacht beim Müller.

Morgens früh verfügt er sich mit der Trommet ans Schlosstor und fordert' die Wache auf, dass man ihn mit dem König zu seinem Besten reden ließe.

Als dies dem König angesagt ward, gab er schlechterdings nicht zu, dass man das Tor ihm auftät, sondern ging selbst auf den Wall und sprach zu dem Gesandten: Was gibt es Neues? Was willst du sagen? Da trug der Legat sein Sach vor wie folget.

Einunddreißigstes Kapitel

Des Gallets Red an Pikrocholus

Keine gerechtere Ursach zur Betrübnis kann dem Menschen begegnen, als wenn er von daher, wo er mit Recht auf Gunst und guten Willen gezählt hat, nur Überlast und Schaden erfährt. Und nicht ohn Ursach (obschon mit Unrecht) haben viele, denen dergleichen widerfahren, solche Unbill für minder erträglich als ihr eigen Leben erachtet und, sofern sie weder mit Gewalt noch sonst durch andre Hilf es bessern können, sich selber dieses Lichtes beraubt.

Ist derhalb nicht zu wundern, wenn der König Grandgoschier, mein Herr, ob deinem tollen feindlichen Einfall groß Missfallen hegt und schier im Geist erschüttert ist. Ein Wunder wär es, wenn ihm der unerhörte Mutwill, den du und dein Volk an seinem Land und Leuten verübt, nicht zu Herzen ginge, darin auch nicht ein einzig Beispiel von Grausamkeit unerzeigt ist blieben. Welchs ihm schon an sich selbst so weh tut, aus herzlicher Lieb, die er von jeher zu seinen Untertanen hegt, dass keinem Sterblichen weher tun könnt: aber noch über Menschenermessen weit mehr weh tut, ihm dergleichen Schmach und Trutz von dir und den Deinigen zu erfahren, die ihr seit aller Zeit und Gedächtnis, du und deine Väter, mit ihm und allen seinen Vorfahren eine Freundschaft geschlossen hattet, so ihr als heilig bis daher untereinander unverbrüchlich hieltet, pflogt und bewahrtet: dergestalt, dass nicht allein er und die Seinigen, sondern selbst die barbarischen Völker in Poitou, Bretagne, Maine und die über den Kanarischen Inseln und Isabella drüben wohnen, ebenso leicht das Firmament zu erstürmen und den Abgrund über die Wolken zu erhöhen vermeinet haben, als abzufallen von euerm Bund; auch ihn bei ihren Unternehmen dermaßen respektieret haben, dass sie aus Furcht des einen Teiles, niemals den andern zu erbittern, zu reizen oder zu schädigen sich erdreistet.

Ja, was noch mehr: diese geheiligte Freundschaft ist so weit durch die Welt erschollen, dass wenige Völker heutzutag auf dem ganzen Festland und den Inseln des Weltmeers wohnhaft sind, die nicht eifrig darein miteingeschlossen zu werden getrachtet, auf jeden euch beliebigen Beding, weil sie den Bund mit euch so hoch als ihre eignen Land und Staaten schätzten. Also dass seit Menschengedenken kein Fürst und keine Partei jemals so frech noch trutzig gewesen ist, die es gewagt hätt, ich will nicht sagen in eure Länder, sondern in eurer Bundesfreund Länder einzufallen. Und wenn sie auch einmal aus übereiltem Rat was Neues wider sie anfangen, haben sie doch, sobald sie den Namen und Titel eures Bundes gehört, ihr Unternehmen fahren lassen. Welche Tollheit treibt dich dann nun an, alle Bündnis zu brechen, alle Freundschaft darnieder zu treten und mit Verhöhnung allen Rechts sein Land mit Krieg zu überziehen, der du noch weder von ihm noch den Seinen irgend beschädiget, erzürnt noch beschweret bist? Wo ist Treu? Wo ist Recht und Gerechtigkeit? Wo Menschlichkeit? Wo ist Furcht Gottes? Meinst du, dass solche Schmach den himmlischen Geistern und Gott dem Höchsten verborgen sein könnt, dem unsrer Taten gerechten Vergelter? So du es meinest, betrügst du dich: denn es kommt alles vor sein Gericht. Ist es etwan ein verhängtes Schicksal oder Einfluss der Gestirn, die deine Ruh und Wohlfahrt wollten zu Grunde richten? Also kommen alle Ding an ihr End und Ziel; und wann sie die oberste Spitz erreicht, müssen sie wieder hinunterstürzen, denn sie können in solchem Stande nicht lange verharren. Dies ist das End derer, die ihr Glück und Gedeihen nicht nach Vernunft und Mäßigkeit brauchen mögen.

Wäre es aber so vorbestimmt, und müsst anitzt [»von jetzt an«] dein Glück und Ruh ein End nehmen, soll es zum Schaden meines Königs gereichen, desjenigen, welcher dich eingesetzt hat? So dein Haus einfallen muss, soll es in seinem Einsturz auf den Herd dessen fallen, der es gemehret hat? Dies wär so weit über alle Schranken der Vernunft, so ganz und gar gemeinem Verstand zuwider, dass es mit Menschenbegriffen kaum möcht zu fassen sein. Wirds auch kein Fremder glauben wollen, bis ihn nicht die augenscheinlich beglaubigte Tat lehrt, dass denen nichts teuer noch heilig ist, die, ihren verkehrten Gelüsten zur Frohn, sich Gottes und der Vernunft entsagen.

Wo deinem Land und Leuten von uns ein Unrecht geschehn wär, wo wir deinen Widersachern Gunst oder Vorschub geleistet, dir in deinen Händeln nicht beigestanden, durch unsre Schuld dein Ehr und guten Namen hätten schmälern lassen, oder besser zu sagen, wo der Lügengeist dich zu plagen erpicht, durch trügliches Blendwerk und sinnbetörende Hirngespinst dir in das Ohr geraunet hätt, als wenn wir irgendetwas unsrer alten Freundschaft Unziemliches an dir verübt, so musstest du zuvor die Wahrheit erforschen, dann uns des erinnern, und hätten wir nach deinem Wunsch dich so vergnügt, dass du mit uns zufrieden solltest gewesen sein. Aber, heiliger Gott! Was ist dein Vorsatz? Willst du so als meineidiger Tyrann das Reich meines Herrn verwüsten und plündern? Hast du ihn so feig und blöd gefunden, dass er nicht wollt, oder so machtlos an Volk, Geld, Rat und Kriegskunst, dass er nicht könnt sich zur Wehr setzen wider dein bösliches Ungetüm? Zieh ab von Stund an und sei längstens bis morgen wieder in deinem Land, ohn allen Tumult noch Gewalt unterwegs. Und zahl eintausend Bisanten [Byzantius nummus; besant, bezant oder besan, »hyperpère ou hyperpérion«; byzantinische Münzen] in Gold für den Schaden, den du im Land verübt hast. Die eine Hälfte, die zahlst du morgen, die andre zum nächsten Maien-Idus [Mitte Mai; Iden], und lässest einstweilen uns hier zu Geiseln die Herzöge von Schwindelhirn, Arlottern und Kleinitz, nebst dem Fürsten von Schäbigsheim und dem Vicomte van der Filzlaus.

Zweiunddreißigstes Kapitel

Wie Grandgoschier um des Landfriedens willen die Wecken zurückerstatten ließ

Hiermit schwieg der brave Mann Gallet. Aber Pikrocholus erwiedert auf seine ganze Rede nichts weiter als: Versuchts, versuchts, kommt her und holt sie: sie haben lange Schieber, sie werden euch Wecken backen lehren. – Also kehrt er wieder heim zum Grandgoschier, den er barhäuptig auf seinen Knien in einem Winkel seines Kämmerleins liegen fand, Gott bittend dass er Pikrochols Koller erweichen und ihn in Gutem wollt zur Vernunft bringen. Als er den braven Mann wiedersah, frug er ihn: Ha, mein Freund, mein Freund! Was bringst du für Zeitung? – Da ist, sprach Gallet, keine Ordnung mehr: denn dieser Mann ist gar von Sinnen und Gott verlassen. – Aber doch, spricht Grandgoschier, mein Freund! was Ursach dieses Frevels gibt er an? – Er hat mir, sprach Gallet, überhaupt keine Ursach dargetan, ohn dass er im Koller etlich Wort von Wecken fallen ließ. Ich weiß nicht, ob man irgend seinen Weckenbäckern ein Leids getan hat? – Dennoch, spricht Grandgoschier, will ichs zuvor erst hören, eh ich was weiters unternehm. Befahl also dem Handel näher nachzufragen: da ergab sich, dass seinen Leuten etliche Wecken genommen worden, und Marcket mit einem Klippel [Knüppel] einen Streich aufs Haupt erhalten hätt. Wär aber gleichwohl alles richtig bezahlet worden, und hätt ernannter Marcket zuerst dem Forgier mit seiner Geisel die Bein zerhauen: auch war sein ganzer Rat der Meinung, dass er notwendig sich wehren müssen. – Demungeachtet, sprach Grandgoschier, weil es an nichts als etlichen Wecken liegt, will ich versuchen, ihn zufriedenzustellen, denn es will mir gar nicht ein, einen Krieg darum anzufangen. Erkundigt' sich demnach, wie viel man ihnen Wecken genommen hätt, und als er hört', vier bis fünf Dutzend: befahl er deren noch selbige Nacht fünf Karren voll zu backen, den einen mit lauter Wecken von guter Butter, gutem Eigelb, gutem Safran und edlem Gewürz, die man dem Marcket zustellen sollte. Auch für seinen Schaden gab er ihm siebenhunderttausendunddrei Philippstaler, den Baderlohn für den Verband seiner Wunden zu zahlen, und noch dazu den Meierhof Pomardière zu freiem Erblehn ihm und den Seinen. Welches alles auszurichten und zu vollziehen Gallet gesandt ward, der unterwegs bei dem Weidicht einen Haufen großer Schilf- und Rohrzweig abhaun und alle Karren und Kärrner damit ringsum bestecken ließ. Er selber hielt auch ein solches Rohr in der Hand, damit er sagen wollte, dass sie nichts weiter als Frieden begehrten, und ihn zu erkaufen anhero [hierher] kämen.

Als sie nun an das Schlosstor kamen, verlangten die von Grandgoschier mit dem Pikrocholo zu reden. Aber er ließ sie nimmer ein, noch wollt er draußen mit ihnen sprechen, sondern ließ ihnen sagen, er hätt Geschäft und sollten nur ihre Sach beim Hauptmann Starenstör anbringen, der eben auf der Mauer ein Geschütz postiert'. Zu diesem also sprach der Ehrenmann: Herr, den Zwist auf einmal zu schlichten und jeder Ausred, dass ihr nicht wieder in unser altes Bündnis trätet, euch zu berauben, erstatten wir euch hie die Wecken, darum der Streit ist. Fünf Dutzend nahm ihrer unser Volk: sie wurden zwar sehr wohl bezahlt. Allein, wir halten den Frieden so hoch, dass wir fünf Karrn voll euch wiedergeben, von denen dieser hier für Marcket sein soll, der sich am meisten beschweret. Und überdies, ihn gänzlich zu vergnügen, sehet da siebenhunderttausendunddrei Philippstaler, die bring ich ihm, und für den Schaden, den er etwan verlangen möcht, tret ich ihm noch den Meierhof zu Pomardière ab, ihm und den Seinen zu ewigem Freilehn und Eigentum. Da sehet die Verschreibung darüber. Und in Gottes Namen lasset uns von nun an Frieden halten! Zieht fröhlich heim in euer Land, steht diesen Platz ab, da ihr doch kein Recht dran habt, wie ihr selbst bekennet: und Freund' wie zuvor. – Der Starenstör zeigt' alles dem Pikrochol an und hetzt ihn immer ärger auf in seinem Sinn. Die Lümmel, sprach er, haben einmal rechtschaffen Furcht. Der arme Weinschlucker Grandgoschier, er macht bei Gott! noch in die Hosen. Es ist sein Stärk nicht, Krieg zu führen, wohl aber die Krüg zu leeren, weiß er. Meine Meinung wär, man behielt dies Geld und die Wecken hier und förderten im übrigen fleißig unser Schanzwerk und gutes Glück. Was! denken sie einen Gimpel zu körnen, dass sie mit Wecken euch ätzen wollen? Aber da sieht man, was es ist: die gute Behandlung und die große Vertraulichkeit, die ihr zeither ihnen stets erwiesen, machen euch zum Gespött vor ihnen. Schmier den Schelmen, so schiert er dich: schier den Schelmen, so schmiert er dich. – Sa, sa, sa! sprach Pikrocholus, beim heiligen Jack [Jakob]! sie sollens finden. Tut wie ihr sagt. Eins aber wollt ich euch dennoch raten, sprach Starenstör. Wir sind hie eben nicht sonderlich verproviantiert und mit Magenpflaster fast mager beschlagen. Wenn Grandgoschier uns belagern sollte, wollt ich von Stund an nur alle Zähn mir ausziehn lassen bis auf drei, und euerm Volk desgleichen; damit kämen wir unserm Brotsack nur noch allzu zeitig auf den Grund. Ei was! antwort Pikrocholos, werden Futter vollauf han. Sind wir um Fressens willen hie, oder Streitens? – Um Streitens willen, freilich wohl, spricht Starenstör, aber voller Wanst doch besser tanzt: und wo Hunger regiert, da bleibt die Stärk aus. – Genug geschwätzt! schrie Pikrocholus. Greift alles auf, was sie mitgebracht. – Da nahmen sie Geld, Wecken, Karren und Ochsen und schickten sie ohn ein Wort wieder heim, als nur, sie sollten nicht wieder so nahe kommen aus Ursach, die man ihnen morgen bedeuten würd. So zogen sie dann unverrichter Sachen wieder zum Grandgoschier und erzählten ihm alles, mit dem Bescheid, es sei keine Hoffnung mehr übrig, sie zum Frieden zu bringen außer mit offenem Krieg und Gewalt.

Dreiunddreißigstes Kapitel

Wie etliche Schranzen des Pikrocholus ihn durch übereilten Rat in die äußerste Gefahr brachten

Nach ausgepfändeten Wecken erschienen vor dem Pikrocholo der Herzog von Kleinitz, Graf Bravo und Hauptmann Dünnschiss, und sprachen zu ihm: Gnädigster Herr, heut machen wir euch zum glücklichsten, streitbarsten Prinzen, der je gelebt hat seit dem Tod Alexanders von Mazedonien. – Bedeckt euch, sprach Pikrocholus, bedeckt euch. – Dank, Herr, sagten sie, wir tun nur unsre Schuldigkeit. Das Mittel ist dieses: Ihr lasset einen Hauptmann hie in Garnison mit kleiner Schar zur Deckung des Platzes, der uns fest genug dünkt, teils von Natur, teils auch durch eure Verschanzungen. Euer Kriegsheer teilt ihr in zwei Teil, wie ihr selbst am besten zu tun verstehet. Das eine Teil davon fällt über diesen Grandgoschier und sein Volk her: schlägt ihn aufs Haupt im ersten Anschuss. Da findet ihr Geld im Überfluss, denn der Filz hats bei der Schwere. Filz sagen wir, weil ein adlig Herz, ein rechter Fürst niemals auch nur einen roten Heller haben muss. Taler sparen ist Filzenhandwerk.

Das andere Teil ziehet derweil auf Aunis, Saintonge, Angoumois und Gaskognien, auf Périgord, Médoc, Landes. Ohn Widerstand gewinnen sie Städte, Vesten [Festungen], Schlösser. Zu Bayonne, Saint-Jean-de-Luc und Fontarabien [Fontarabie] nehmt ihr alle Schiff, damit ihr gegen Galizien und Portugal streift und alle meeranstößige Land bis Ulisbona [Lissabon] plündert, wo ihr Zufuhr jedes Kriegsbedarfes für einen Eroberer schon finden werdet. Hol mich St. Velten, Spanien ergibt sich euch, denn es sind eitel arme Letzköpf [Querköpfe, mit verkehrten Gedanken]. Nun fahrt ihr durch die Sibyllische Eng [zwischen dem Dschebel Musa und dem Felsen von Gibraltar] und richtet da zwo Säulen auf, viel stattlicher als des Herkules, zu ewigem Denkmal eures Names, und wird derselbe Pass [die Meerenge] darnach das Pikrocholinen-Meer geheißen.

Habt ihr das Pikrocholinenmeer erst hinter euch, so steht auch schon Barbarossa dort und will euer Sklave sein. – Ich nehm ihn zu Gnaden an, sprach Pikrocholus. – Wohl, aber er muss sich taufen lassen, sagten sie. Erstürmet dann die Königreiche Tunis, Hippo, Algier, Bona, Corona, kühnlich die ganze Barbarei. Geht weiter, so fallen euch in die Hand Mallorca, Minorca, Sardinien, Korsika samt den übrigen Inseln des ligustischen und balearischen Meeres. Wendet euch links und schaltet frei über das ganze Narbonische Gallien, Allobrogien, Provence, Genua, Lucca, Florenz, und Gott gnad dir alsdann, Rom. Der arme Junker Papst ist schon des Tods vor Schrecken. – Bei meiner Treu, ich werd ihm nicht lang den Pantoffel lecken, antwortete Pikocholus.

Jetzo ist Welschland euch untertan, da habt ihr Neapel, Kalabrien, Apulien, Sizilien, alles im Sack und Malta mit. Ich wollt nur, dass sich die schnakischen Herrn Weilandritter von Rhodos euch ein wenig widersetzten, dass man ihnen den Harn beschaun könnt. – Doch ging ich auch, sprach Pikrochol, gern gen Loreto. – Nix da, nix, das kommt auf dem Rückweg, sagten sie. Von da ab nehmen wir Candien [Kolonie der Republik Venedig auf Kreta], Zypern, Rhodos und die Kykladischen Inseln und werfen uns auf Morea [romanischer Name des Peloponnes]. Wir habens schon, Sankt Trinian! Gott schütz Jerusalem: denn der Sultan kann sich nicht messen mit eurer Macht. – So werd ich, sprach er, den Tempel Salomonis bauen. – Nein, sagten sie, noch nicht! Verziehet noch ein wenig. Seid doch nur niemals so jähling in euern Unternehmungen.

Wisst ihr, was Kaiser Octavian sagt, *Festina lente?* Ihr müsst zuvor Kleinasien, Karien, Lycien, Pamphylien, Cilicien, Lydien, Phrygien, Mysien, Betunien, Charazien, Satalien, Samagerien, Castamena, Luga, Savasta, bis an den Euphrat haben. – Werden wir, frug Pikrocholus, auch Babel und den Berg Sinai sehen? Es ist zur Zeit, antworten sie, noch nicht vonnöten. Heißt es nicht, satt sich abgeplackt, wenn man das hirkanische Meer durchschifft hat, die beiden Armenien und die drei Arabien beritten? – Mein Treu! sprach er, wir sind vertan. Ach, arme Leut! – Wie so denn? frugen sie. – Was werden wir trinken in dieser Wüst? denn wie man sagt, ist Kaiser Julianus mit seinem ganzen Heer drin Dursts gestorben? – Wir han dem allen schon Rat erfunden, versetzten sie. Im Syrischen Meer habt ihr neuntausendundvierzehn große Schiff, mit dem besten Wein beladen, den die Erd trägt. Die sind in Joppen [Jaffa] bereits gelandet. Dort haben sich zweihundertundzwanzigtausend Kamel und sechzehnhundert Elefanten eingefunden, die ihr auf einer Jagd bei Sigeilme, als ihr nach Libyen kamt, gefangen. Und außerdem habt ihr auch noch die ganze Karawan von Mekka erbeutet. Brachten die euch nicht Wein satt? – Aber er war doch matt, sprach er, wir hatten drum kein kühl Getränk. – Ei, dass mich doch bald was anders biss! antworten sie, ein Held, ein Landzwinger, einer der nach der ganzen Weltherrschaft aus ist und trachtet, kanns nicht immer gemächlich haben. Dankt Gott, dass ihr mit euerm Volk gesund und frisch bis zum Tigris seid kommen.

Aber, sprach er, was tut derweil unser ander Heer, das den armen filzigen Schlucker, den Grandgoschier geschlagen hat? – Sie feiern auch nicht, sagten sie; werden ihnen alsbald begegnen. Sie haben die Bretagne, Normandie, Flandern, Hennegau, Brabant, Artois, Holland, Seeland [Zeeland, Provinz in den südwestlichen Niederlanden] für euch erobert und über den Leib der Schweizer und Landsknecht weg den Rhein überschritten: auch hat ein Teil davon Luxemburg, Lothringen, Champagne, Savoyen bis gen Lyon bezwungen, an welchem Ort sie eure Besatzungen, kehrend von ihren Seevictorien, im mittelländischen Meer gefunden; und haben sich, nachdem sie Schwaben, Württemberg, Bayern, Österreich, Mähren und Steiermark bewältiget, wieder in Böhmen zusammengeschlagen. Sind darauf mit aller Macht vereinigt auf Lübeck, Norwegen, Schweden, Rügen, Dazien, Esterlingen, Gotland, Grönland bis an das Eismeer geflogen, wonach sie die Orkadischen Inseln erobert, auch Schottland, Engelland und Irland unterjochet haben: sind von da das Sandmeer und die Sarmaten durchschifft und haben Preußen, Polen, Litauen, Russland, Walachei, Siebenbürgen, Ungarn, Bulgarien, Türkei besiegt, gebändigt, sind bereits in Konstantinopel. – Macht nur, sprach Pikrochol, dass wir bald zu ihnen kommen: denn ich will auch Kaiser von Trapezunt sein. Solln wir nicht all diese Türkenhund und Mahometisten erwürgen? – Ei, was Teufel anders? antworten sie: und ihre Land und Güter schenkt ihr dann denen, die euch redlich gedienet, – Wie billig, sprach er, von Rechts wegen. Ich schenk euch Carmanien, Syrien und ganz Palästina. – Ha, riefen sie, da tut ihr wohl dran, gnädigster Herr! Wir danken schön. Gott woll euer Wohlfahrt allzeit mehren.

Damals war auch ein Alter vom Adel mit zugegen, in mancherlei Wagnis und Kriegesläuften wohl erfahren, namens Echephron, der sprach, als er die Reden hört': Ich sorg fast sehr, dass all dieser Anschlag werd ausfallen wie der Schwank vom Milchtopf, daran sich der Schuster im Traum bereichert, drauf als der Topf in Scherben brach, nichts zu schmausen hatte. Worauf zielt ihr doch mit diesen stolzen Eroberungen? Was wird das End all dieser Kreuz- und Querzüg sein? – Wird sein, antwort Pikrocholus, dass wir, wenn wir heimkommen, uns gemächlich zur Ruh begeben. – Und wenn ihr etwan, frug Echephron, zufälligerweis nicht wieder kämet? denn der Weg ist weit und gefährlich; wärs nicht besser, dass wir uns von Stund an zur Ruh begäben, eh wir in Gefahr uns wagten? – O, um Gott! schrie Bravo, seht mir doch den armen Fasler! Ich mein, wir hockten uns lieber gar auf die Ofenbank und brächten da unser Zeit und Weil bei den Frauen mit Perlenfädeln und Spinnen zu, wie Sardanapalus. »Wer nichts wagt, hat weder Pferd noch Maul, spricht Salomon«. – »Und wer zu viel wagt, verlieret Pferd und Maul, erwiderte Malcon«, protestiert Echephron. – Basta, vorwärts! schrie Pikrochol: ich fürcht mich nur vor dieses Grandgoschiers Legion Teufeln, wenn sie etwa, derweil wir in Mesopotamien stäken, uns in die Schlepp kämen. Da rat zu. – Gar wohl, gar wohl, antwortet Dünnschiss. Ihr schickt den Moskowitern nur ein klein Depeschlein zu, das stellt euch in einem Umsehn vierhundertfünfzigtausend erlesenes Kriegsvolk auf die Bein. O, wenn ihr mich zu euerm Leutnant setzen wolltet, ich fress euch ein Dukaten für n'e Laus auf. Ich mord, ich tob, ich schmeiß, ich zerreiß, schlag tot ohn Gnod! – Auf! schrie Pikrochol, macht euch fertig, und wer mich lieb hat folge mir!

Vierunddreißigstes Kapitel

Wie Gargantua von Paris aufbrach sein Land zu retten, und wie Gymnastes unter die Feind geriet

Um eben die Stund war Gargantua, der flugs nach Lesung des Briefes seines Vaters aus Paris gereist war, auf seiner großen Mähr bereits über die Nonnenbrück gegangen, er selbst, Gymnastes, Ponokrates und Eudämon, die ihm auf Postpferden folgten. Sein übriger Anhang kam in gesetzten [üblichen, regulären] Tagereisen und führet ihm all seine Bücher und philosophisch Heergerät nach. Als er gen Parillé kam, zeigt ihm der Sennenmeyer von Gouguet an, wie Pikrocholus sich in Clermaldsburg verschanzt und den Hauptmann Kuttler mit vieler Mannschaft vorausgeschickt hätt, den Forst von Vede und Vaugaudry zu überrumpeln: und dass sie bis zur Billardskelter das Huhn im Topf ergatterten: der Mutwill wär schier unerhört und kaum glaublich, den sie im Land verübten: also dass er ihm Schrecken einjagt' und nicht gleich wusst, was er beginnen noch sagen sollt. Aber Ponokrates riet ihm, beim Herren von Vauguyon erst einzusprechen, der von jeher ihr alter Bundesfreund gewesen war, und ihnen in allen Stücken bessern Bescheid könnt geben: ritten also gleich zu ihm hin und fanden ihn auch wohl gesonnen, ihnen zu helfen. Und war sein Rat, dass er etliche seiner Leut auf Erspähung des Landes ausschicken sollt, zu erforschen, wie der Feind sich hielt, damit man nach gegenwärtigem Stand der Dinge einen Zuschnitt machen könnte. Gymnastes erbot seine Dienste dazu, ward jedoch für sicherer befunden, dass ihn einer begleiten sollt, der alle Steg und Schleifweg, auch Gewässer der Gegend wohl innen hätt. So ritt er dann mit Vorleck, dem Knappen des von Vauguyon aus, und spionierten unerschrocken nach allen Seiten, während Gargantua mit seinen Leuten sich etwas letzt', ein wenig futtert', auch seiner Mähr ein Mäßlein Haber aufschütten ließ, das vierundsiebzig Wispel [Hohl- und Getreidemaß, meist von 24 Scheffeln] und drei Scheffel hielt. Gymnastes ritt mit seinem Gesellen so lang herum, bis er die Feind ansichtig ward, die ganz zerstreut und außer Ordnung alles raubten und stahlen, was ihnen vor die Hand kam: und sobald sie ihn sahen, rannten sie haufenweis auch schon herbei ihn auszuziehen. Er aber rief ihnen entgegen: Liebe Herren, ich bin ein armer Teufel! Ich bitt euch, habet Mitleid mit mir. Ich hab noch etlich Taler hie, die wolln wir miteinander versaufen: es ist *aurum potabile:* auch dieses Ross hie mag man verkaufen, euch meinen Willkomm zu bezahlen. Ist dies getan, so behaltet mich bei euch. Denn der Mensch lebt nicht, der Hühner besser mausen, spicken, sieden, braten, ja, wills Gott, transchieren und schnabulieren könnt als ich, der ich hier vor euch steh. Und für mein Proficiat [es möge nützen! wohl bekomms!] trink ich hie aufs Wohlsein aller guten Gesellen. Damit zog er sein Feldflasch aus, und ohn auch nur die Nas zu färben, tät er draus einen ziemlich derben.

Die Lümmel gafften ihn an und sperrten die Gurgeln schuhweit auf, ja hingen die Zungen wie Windhund lang, in Hoffnung nach ihm auch zu trinken; aber da kam ihr Hauptmann Kuttler just hergeloffen und wollt auch sehen, was wär. Dem bot Gymnast sein Fläschlein und sprach: Nehmt Hauptmann, trinket frisch daraus! habs schon kredenzt, es ist Gewächs von der Faye Moniau [Wein von La Foye-Monjault]. – Was! schrie Kuttler, ich glaub der Kumpan da will uns foppen. Wer bist du? – Ein armer Teufel sprach Gymnast. – Ho, ho, spricht

Kuttler, armer Teufel! So du das bist, ist es billig, dass du weiter trabest, denn arme Teufel gehn überall frei ohn Zoll und Geleit. Ist aber nicht bräuchlich, dass arme Teufel so wohl beritten sein; darum, Herr Teufel, steigt nur ab und her mit dem Klepper, und wenn er nicht gut zu reiten ist, so reit ich euch selber, mein Herr Teufel; denn solche Teufel reit ich gern.

Fünfunddreißigstes Kapitel

Wie Gymnastes den Hauptmann Kuttler nebst anderm Volk Pikrochols säuberlich abfing

Wie sie dergleichen Reden hörten, kam etlichen unter ihnen der Schreck an und bekreuzigten sich mit allen Händen, vermeinend, es wär ein verkappter Teufel. Und einer davon, Traut-Hänsel mit Namen, der Freimauser Hauptmann, zog alsbald sein Horasbüchel aus dem Latz und schrie laut: Hagios ho theos! Bist du von Gott, so rede: bist du des andern, hebe dich hinweg! Er hub sich aber drum nit. Dies hörten etliche von der Rott und stahlen sich ab aus der Gemeinde; Gymnast sah alles wohl und merkt' sichs. Tät demnach, als wenn er jetzt vom Pferde wollt heruntersteigen, und während er so von der Steigseit hing, macht er behänd die Bügeltour mit seiner Bastardkling an der Hüft, schlupft' unten durch, schnellt' in die Luft und stand mit gleichen Beinen im Sattel, den Steiß dem Pferdskopf zugekehrt. Sprach dann: Mein Kasus geht den Krebsgang. Drauf macht' er in selbiger Position, wie er stund, die Gambada [gambade; Luftsprung] auf einem Fuß, schwenkt sich links um und traf genau seinen vorigen Stand bei einem Haar. – Ha! sagt' Kuttler, den tu ich euch für heut nicht nach, und das aus Ursach. – Quark! sprach Gymnast, ich hab gefehlt: der Sprung soll nicht gelten. – Itzt macht' er mit großer Kraft und Geschmeidigkeit die Gambad wie zuvor, setzt' dann den Daumen der rechten Hand auf den Sattelbogen und schwang sich mit dem ganzen Leib in die Luft, dass er mit voller Last auf dem Muskel und Nerven des Daumens schwebt', und dreht' sich also dreimal um. Beim vierten Mal überschlug er sich mit dem ganzem Leib ohn anzustoßen, hupft' zwischen des Pferdes Ohren, steift den ganzen Leib auf dem linken Daumen in der Luft und schlug in solchem Stand ein Mühlrad: klatscht mit der flachen Hand jetzt mitten auf den Sattel und gab sich dabei einen solchen Schwung, dass er auf die Kruppe zu sitzen kam, wie die Jungfern.

Als dies getan war, schob er den rechten Fuß über den Sattel und setzt' sich in Reiterpositur aufs Kreuz. Doch, sprach er, es ist besser, ich setz mich zwischen die Sattelbogen; stemmt sich also mit beiden Daumen vor sich aufs Kreuz, überschlug sich kopfüber in Luft und saß ganz strack in den Sattelbogen. Drauf mit einem Schneller erhob er sich wieder ganzen Leibes in die Luft und stand so mit geschlossenen Beinen zwischen den Bogen: da rädelt' er wohl hundertmal herum, die Händ kreuzweis ausstreckend, und schrie dazu mit heller Stimme: Ich ras, hui Teufel! ich ras, ich ras, hui Teufel, halt mich, halt Teufel, halt!

Während er also voltigiert', sprachen die Lümmel in großer Bestürzung einer zum andern: Beim heiligen Kindsdreck: Es ist ein Kobold oder so ein verkappter Teufel. *Ab hoste maligno libera nos, domine!* und nahmen querfeldein Reißaus und blickten immer hinter sich, wie der Hund mit dem Flederwisch.

Wie Gymnast seinen Vorteil sah, springt er vom Pferd ab, zieht vom Leder und fegt mit schweren Hieben unter die allerflottesten drein, streckt sie zu ganzen Haufen, wund, zerbläut, zerfetzt, zerschroten darnieder; es setzt sich ihm nicht einer zur Wehr, vermeinten all, es wär ein ausgehungerter Teufel, teils wegen der erschrecklichen Sprüng, die er tät, teils auch der Reden halber, die Kuttler mit ihm führt', als er ihn einen armen Teufel hieß. Gleichwohl versuchts der Kuttler von hinten, mit seinem Landsknechtdegen ihm den Schädel zu spalten; er war aber so wohl bestahlhauptet, dass er von dem Streich nichts als den Prall spürt'; kehrt sich also flugs herum, schoss einen Springstock auf ihn ab, und während sich Kuttler von oben wollt decken, zerschlitzt' er ihm mit einem Hieb den Magen, Grimmdarm und halbe Leber, dass er zur Erde fiel und im Fallen mehr denn vier Häfen voll Supp und unter der Suppen die Seel mit von sich gab.

Sechsunddreißigstes Kapitel

Wie Gargantua das Schloss an der Furt Vede zerstört', und wie sie über die Furt gingen

Als er ankam, erzählt' er, wie er die Feind getroffen hätt, und den an ihrer ganzen Schar von ihm allein vollführten Streich: beteuert', es wären eitel Dieb, Strauchhähn und Räuber, die gar nichts verstünden vom Kriegshandwerk, und sollten sich nur frisch an sie machen, denn es würd ihnen ein leichtes sein, sie wie das liebe Vieh zu schlachten. Demnach bestieg Gargantua, in Begleitung seiner obigen Freund, die große Mähr, und unterwegs traf er einen gewaltigen hohen Baum an, den man gewöhnlich Sankt Martinsbaum nannt, weil er aus einem Pilgerstab gewachsen war, den vor Zeiten der heilige Martin dorthin gepflanzet. Da sprach er: Sieh da, was mir fehlt! Dieser Baum soll mir zum Spieß und Pilgerstecken dienen. Damit riss er ihn leichtfertig aus der Erden, streift' die Äste herunter und putzet' ihn zu seinem Vergnügen. Unterdessen stallt' seine Mähr', sich die Blas zu leeren, aber so überflüssig, dass auf sieben Meilen eine Flut draus ward und alle Brunz' in die Furt von Vede lief. Die schwemmt' es so gewaltsam wider den Strom an, dass des Feinds Geschwader mit Mann und Maus elendiglich daselbst ersoffen, außer etlichen, die ihren Weg links über den Berg genommen hatten.

Als Gargantua vor dem Forst von Vede ankam, warnt' ihn Eudämon, dass im Schloss noch etliche Feind verborgen lägen. Welchs zu erfahren Gargantua, so laut er konnt, rief: Seid ihr drinnen oder nicht? Wenn ihr drinnen seid, so seids gewesen! Seid ihr nicht drin, bedarfs nicht der Wort. Ein Bengel aber von Schützenmeister hinter der Schießscharte richtet eine Kanone auf ihn und traf ihn grausam an die rechte Schläf'; es tat ihm aber nicht weher, als wenn er ihn mit einer Zwetschen beworfen hätt. Was ist dies? sprach Gargantua, werft ihr uns hie mit Traubenkernen? Der Herbst soll euch noch teuer kommen: denn er meint' nicht anders, die Stückkugel wär ein Traubenkern gewesen. – Diejenigen, die sich im Schloss mit dem Rapiamus [Schnappen wir's uns; Schnappsack] erlustierten, liefen, als sie den Lärm hörten, auf Türm und Bollwerk und gaben aus Falkonetten [Feldgeschütze von kleinem Kaliber] und Büchsen mehr als neuntausendfünfundzwanzig Schüsse auf ihn ab, zielten ihm all nach dem Kopf und hagelten so hageldicht, dass er ausrief: Ponokrates, mein Freund! die Fliegen da blenden mich: o, lang mir doch einen Zweig von diesen Weiden her, sie zu verscheuchen! denn er sah die bleiernen Kugeln und die Steine aus dem Wurfgeschütz für Kühfliegen an. Ponokrates bedeutet ihn aber, dass es die Fliegen aus den Kanonen im Schlosse wären, die man ihm zuschösse. Da rannt er mit seinem großen Baum wider das Schloss an, zermalmt' mit schweren Stößen Türm und Bollwerk und schleift' alles dem Boden gleich, dergestalt, dass alle darinnen zerschmettert und erschlagen wurden.

Von da weiter kamen sie zur Mühlenbrück und fanden dort die ganze Furt so gehäuft voll Leichen, dass sie den Mühlgang verstaueten. Dies waren aber eben die in der Mähr-Harnflut Ersoffenen. Gingen also zu Rat, wie sie drüber kämen, in Betracht der Stauung dieser Kadaver. Gymnastes aber sprach: Sind die Teufel hinüberkommen, will ich auch wohl hinüber. – Die Teufel, sagt Eudämon, sind 'nüber kommen, als sie die verdammten Seelen holten. – Nun beim Sankt Trinian! rief Ponokrates, so muss ich notwendig auch hinüber. Ei! sprach Gymnast, das mein ich auch, oder ich will unterwegs bleiben. Gab damit seinem Pferd die Sporen und setzt' rasch über, ohn dass das Pferd einmal vor den Toten gescheuet hätt. Denn er hätt es nach Aeliani Lehr gewöhnt, weder Seelen noch Leichnam zu fürchten: nicht dass er die Leut (wie Diomedes die Thrazier) umbracht, oder wie Ulysses, nach Homers Bericht, die Leiber seiner Feind den Pferden unter die Füß warf: sondern er legt' ihm ein Gespenst in sein Heu und ließ es gewöhnlich darüber traben, wann er ihm seinen Haber gab. Die andern dreie folgten ihm ohn Anstoß nach, bis auf Eudämon, dessen Pferd mit dem rechten Fuß einem großen feisten Schelmen, der da rücklings ersoffen war, bis ans Knie in den Wanst einbrach und ihn nicht wieder herausziehn konnte. Musst auch so lang drin stecken bleiben bis Gargantua mit seinem Stab die übrigen Kutteln des Schelmen vollends in Grund bohrt': da dann das Pferd den Schenkel 'rausrenkt'. Und so war (was wunderbar in der Hippiatrie [Rossarzneikunst] zu merken) dies Pferd von einem Überbein, das es an selbigem Fuß hatt, bloß durch die Anrührung der Gedärm dieses groben Schliffels [Schurke; ungeschliffener, plumper Mensch] geheilt und aus dem Grund kurieret worden.

Siebenunddreißigstes Kapitel

Wie dem Gargantua, als er sich strählet', die Stückkugeln aus den Haaren fielen

Nicht lange darauf, nachdem sie das Ufer der Vede erstiegen, kamen sie in Grandgoschierens Schloss an, der ihrer mit großem Verlangen harrte. Herzten und drückten einander zum Willkomm mit offenen Armen; euer Leblang habt ihr nicht frohere Leut gesehen. Denn *Supplementum Supplementi Chronicorum* sagt, es wäre Gurgelmilte vor Freuden darüber gestorben: was dran ist, weiß ich nicht meines Orts und kümmer mich auch fast wenig weder um sie noch sonst eine. So viel aber ist lautere Wahrheit, dass, nachdem sich Gargantua mit frischen Kleidern angetan und mit seinem Strähl (der, hundert Stab lang, mit ganzen Elefantenzähnen bezahnt war) strählt', ihm auf jeden Zug über sieben Ballen Kugeln aus den Haaren fielen, so darin bei Demolierung des Vedischen Forstes hangen geblieben. Welchs, als sein Vater Grandgoschier sahe, meint' er, es wären Läus und sprach zu ihm: Ei, ei! mein lieber Sohn, bringst du die Sperber von Montaigu uns so weit her? Ich dacht nicht, dass du dorten hausiertest. – Da antwort ihm Ponokrates: Gnädigster Herr, denkt nicht, dass ich ihn in dies Läuskollegium, welches den Namen Montaigu führet, getan hätt, lieber hätt ich ihn unter die Pracher [Bettler] von Sankt Innozenz geben wollen, wegen der schmählichen Unfläterei und Grausamkeit, die ich allda gesehn hab. Denn weit besser hält man die Sträfling unter den Mauren und Tartaren, die Mörder im peinlichen Gefängnis, ja wahrlich die Hund in euerm Haus, als diese armen Tropfen in selbem Collegio. Und wär ich König zu Paris, der Teufel hol mich, wo ichs nicht ansteckt' und Prinzipal und Regenten zumal mit Feuer verbrennte, die solchen Abscheu vor ihren Augen verüben lassen. – Damit hub er eine der Kugeln auf und sprach: das sind Kanonenschläg, die euer Sohn Gargantua beim Forst von Vede verräterisch von euern Feinden aufs Haupt erhalten.

Aber sie habens wohl bezahlt; denn das Schloss hat sie all im Einsturz miterschlagen, wie die Philister durch Simsons List, und wie die Achtzehn, auf die der Turm in Siloah fiel, von denen Lucä [Lukas] am dreizehnten geschrieben stehet. Mein Rat wär, wir setzten ihnen nach, derweil das Glück noch mit uns ist. Denn die Gelegenheit hat all ihr Haar vorn auf der Stirn; ist sie entwischt, könnt ihr sie nicht mehr zurückrufen. Am Hinterhaupt, da ist sie kahl und kehrt nimmer wieder. – Wahrlich itzunder, sprach Grandgoschier, kann dies nit sein, denn ich will euch diesen Abend gastieren und heiß euch schönstens hier willkommen.

Auf diese Wort fing man das Nachtessen an zu rüsten, und briet zum Überschuss sechzehn Ochsen, drei Stärken [Sterken; junge Kühe], zweiunddreißig Kälber, dreiundsechzig säugende Geislein, fünfundneunzig Hammel, dreihundert Milchferkel im feinen Most, zweihundertzwanzig Rebhühnel, siebenhundert Schnepfen, vierhundert Kapphähn von Loudun und Cornouaille, sechstausend Küchlein und ebenso viel Tauben, sechshundert Poularden, vierzehnhundert Häslein, dreihundertdrei Trappen und siebzehnhundert junge Kapaune. Von Wildbret konnt man so bald nichts haben als elf Keuler [Keiler; wilde Eber] , die der Abt von Turpenay schickt', und achtzehn Stück Rotwild, welche der Herr von Grandmont herschoss, nebst hundertzwanzig Fasanen, die der Herr von Essars schickt' und etlichen Dutzend Ringeltauben, Wasservögeln, Krickenten, Rohrdommel, Regenpfeifer, Fluder [Vogel], Frankolin, Böllinen, Antvögel, Kibitze, Flornen, Löffelgans, Möwen, Reigel, Rohrhähn, Sichler, Störch, Grieltrappen, Oranen, Flambart (ist Phoenicopterus [Flamingo]), Scholucher [großer Wasservogel], Kalekutische Hennen, vollauf Kuskusu und Suppen, die Hüll und Füll. Es hätt nicht Not: zu leben gab es da überflüssig und ward anständig zugericht durch Brühschleck, Quirlwein und Potporuri, Grandgoschiers Mundköch. Jonas, Michel und Spülglas löschten den Durst aufs Beste.

Achtunddreißigstes Kapitel

Wie Gargantua sechs Pilger im Salat aß

Die Sach erheischt, dass wir berichten was mit sechs Pilgern sich begab, welche von St. Sebastian bei Nantes kamen und selbige Nacht, in Furcht vor den Feinden, zu einem Unterstand sich in das Bohnenstroh im Garten unter Kohl- und Lattichstauden verkrochen hatten. Gargantua spürt' ein wenig Durst und frug, ob man nicht Lattich haben möcht, einen Salat zu machen.

Und als er hört' dass es im ganzen Land die schönsten und größten da hätt, denn sie waren so groß wie die Nuss- oder Pflaumenbäum, ging er für Lust selbst hin und bracht in seiner Hand so viel davon mit, als ihm gut deucht'; und zu gleicher Zeit bracht er auch die sechs Pilger mit, die sich vor großer Furcht und Angst weder zu reden noch zu husten trauten.

Wie er den Lattich nun am Brunnen flüchtig abwusch, sagten die Pilger mit leiser Stimm zueinander: Ei, ei, was da zu tun? Wir ersaufen hie unter dem Lattich. Sollen wir reden? Reden wir aber, so tötet er uns gewiss als Kundschafter. Während sie also noch ratschlagten, warf sie Gargantua mitsamt dem Lattich in einen Küchennapf, so groß wie die Tonn zu Cisteaux, und aß sie mit Essig, Öl und Salz zu seiner Erfrischung vorm Abendbrot. Und hätt bereits fünf Pilger verschlungen: der sechste lag noch im Napf verborgen unter einem Lattichblatt, bis auf den Pilgerstab, der drüber hervorguckt. Als den Grandgoschier sah, sprach er zu dem Gargantua: Ich glaub da ist ein Schneckenhorn. Iss nit. – Warum? spricht Gargantua: sie sein gesund diesen ganzen Monat. Ergriff damit den Stab und hub den Pilger daran zugleich mit auf und aß ihn lustig. Tät darauf einen schauderhaften Zug Zirbelwein, bis das Nachtessen fertig wäre.

Die so verschluckten Pilgersleut wandten sich, so gut ihnen möglich, aus den Mahlsteinen seiner Zähn und meinten, man hätt sie ins unterste Gewölb eines Kerkers hinabgestoßen. Als aber Gargantua den großen Trunk tät, dachten sie nicht anders, denn sie müssten ihm all im Maul ersaufen; auch hätt sie der Strom des Weins beinah in den Abgrund seines Magens geschwemmt: doch halfen sie sich mit ihren Stäben und sprangen damit, nach Art der Michler [miquelots / michelots; Wallfahrer zum » Mont-Saint-Michel«] so lang, bis sie am Rand der Zähn aufs Trockne kamen. Aber zum Unglück schmiss einer von ihnen, wie er mit seinem Pilgerstab das Land sondiert', ob sie festen Boden gewonnen hätten, so heftig in die Grub eines hohlen Zahnes und traf den Nerv des Kiefers, dass dem Gargantua sehr weh geschah, und vor wütendem Schmerz laut aufschrie. Doch dem Übel zu steuern, ließ er ihm seinen Zahnkriebel

[Stocher] bringen, ging hinaus an den Walnussbaum und hub euch die lieben Pilgervöglein da aus dem Nest.

Denn den einen erhascht' er beim Bein, den andern bei den Schultern, den dritten beim Bettelsack, den vierten bei der Sparbüchs, den fünften beim Skapulier; und den armen Schelm, der ihn angebort hätt, ergrapscht' er gar durch den Hosenlatz: doch war es ihm zum großen Glück; denn er stach ihm damit einen Schankerschwären auf, der ihn schon seit sie durch Ancenis kamen, gepeinigt hätt. So flohen die entnisteten Pilger im vollen Trott über Heck und Zaun, und das Zahnweh legt' sich. Zu gleicher Zeit kam auch Eudämon, ihn zum Essen abzurufen, denn alles wär fertig. So will ich dann, sprach er, auf den Schrecken mein Übel abschlagen. Und fing damit so überflüssig zu harnen an, dass das Wasser den Pilgern den Weg verschlug und sie das große Mühlwehr durchwaten mussten. Von dannen weiter am Busch entlang, gerieten sie auf gleicher Straß all miteinander, bis auf einen, Fournillier, in ein Zuggarn, welches daselbst den Wölfen gestellt war. Entkamen aber wieder daraus durch die Geschicklichkeit ermeldeten Fournilliers, der die Strick und Schnüre zerriss. Hieraus erlöset, lagen sie dieselbige Nacht in einem Schuppen, unweit Couldray, und wurden da über ihr Unglück getröstet durch die guten Wort eines unter ihnen, namens Renndichmüd, der ihnen dartät, dass diese Abenteuer schon im Psalm von David verkündiget worden: *Cum exsurgerent homines in nos, forte vivos deglutissent nos,* als man uns in dem Salat mit Salz aß. *Cum irasceretur furor eorum in nos, forsitan aqua absorbuisset nos,* als er den großen Zug tät. *Torrentem pertransivit anima nostra,* als wir das große Mühlwehr passierten. *Forsitan pertransisset anima nostra aquam intolerabilem,* seines Harnes, der uns den Weg verhieb. *Benedictus Dominus qui non dedit nos in captionem dentibus eorum. Anima nostra, sicut passer, erepta est de laqueo venantium,* als wir ins Wolf-Garn fielen. *Laqueus contritus est,* durch Fournillier, *et nos liberati sumus. Adjutorium nostrum etc.*

Neununddreißigstes Kapitel

Wie der Mönch vom Gargantua herrlich traktieret ward,
und von den schönen Tischreden, die er führt'

Als nun Gargantua bei Tisch saß, und die ersten Bissen hinunter hätt, fing Grandgoschier den Anlass und die Ursach des Krieges zwischen ihm und Pikrochol zu erzählen an, und kam auf den Punkt vom Bruder Jan Klopfleisch, wie selbiger in Verteidigung des Klostergartens victorisiert [gesiegt] hätt, und erhub seine Taten über die Taten des Camillus, Cäsar, Scipio, Pompeius und Themistokles. Da begehrt' Gargantua, dass man sogleich nach ihm schicken sollte, mit ihm des weiteren Rats zu pflegen. Auf ihr Geheiß ging sein Hofmeister zu ihm und führt' ihn auf Grandgoschiers Maultier lustig mit seinem Kreuzstock daher. Als er ankam, da gabs nichts als Herzen und Küssen, tausend Umfangens, tausend Willkommen und Zärtlichkeit. He, Bruder Jan, mein Freund! Bruder Jan, mein großer Vetter! Bruder Jan, in des Teufels Namen, die Akkollad [feierliche Umarmung], mein Freund! Umärmelt mich auch! Sa sa, Cujonel [couillon; Dussel, Blödmann, Dämlack]! ich erdrück dich vor Lieb. Und Bruder Jan walzt' hin und her, nie hat man einen so höflichen, galanten Menschen gesehen. Sa, sa, spricht Gargantua, setz ihm einen Schemel hier neben mich, auf diese Eck! – Ist mir gar recht, antwortete der Mönch, weils euch so lieb ist. He, Bub! Wasser! schenk, mein Sohn, schenk her, das wird mir die Leber kühlen. Gib her, dass ich mich gurgel! – *Deposita cappa,* sprach Gymnastes, tut erst die Kutt ab. – Da sei Gott für! mein Junkherr, spricht der Mönch, es ist in *Statutis ordinis* ein Kapitel, dem würd der Handel nicht gefallen. – Ei Quark, Quark, sprach Gymnast, für euer Kapitel. Die Kutt erdrückt euch die Achseln, tuts ab. – Lass, spricht der Mönch, lass mirs, mein Freund, denn bei Gott, ich sauf nur besser drin, sie hält mir den Bauch ganz warm und lustig: wenn ichs fahren ließ, die Herren Buben schnitten nur Hosenbändel draus, wie mirs einmal zu Coulaines ergangen. Zudem hätt ich auch weder Hunger noch Durst ohn Kutt: setz ich mich aber in diesem Rock zu Tisch, bei Gott! so sauf ich dich nieder samt deinem Gaul. Und nur frisch auf! Gott woll' die Gesellschaft vor Schaden trösten. Ich hab zwar wohl zu Nacht gespeist, werd aber drum nicht minder schlingen; ich hab einen Magen, der ist gepflastert und hohl, wie Sankt Bendixens Stiefel. Allzeit steht er offen, wie eines Advokaten Schnappsack. Von allem Fisch, außer Schleie – nehmt Rebhuhnflügel, oder Nonnenbein. Heißt das nicht dudeldick gestorben, wenn man *stante pene* stirbt? Unser Prior isst gern das Weiße an den Kapaunen. – Darin, sprach Gymnastes, gleicht er just nicht den Füchsen, denn die fressen von den Kapaunen, Hühnern und Küchlein, die sie fangen, niemals das Weiße. – Warum? spricht der Mönch. – Weil sie, antwort Gymnast, keine Köch han, die's ihnen kochen, und wenn sie nicht kompetentlich gekocht sind, bleiben sie rot, und werden nicht weiß. Die Röt des Fleisches zeiget an, dass es nicht sattsam gesotten ist; ausgenommen die Hummer und Krebs, die man zu Kardinälen erst siedet. – *Feste Dieu* [Fête-Dieu] *Bayard!* rief hier der Mönch aus, unser Klostersiechwart muss also einen sehr schwachgesottenen Kopf han, denn die Augen sind ihm so rot, als wie ein ellern Schaff. Dies Hasenbeinel ist gut gegen Podagra [Gicht].

Aber *ad vocem!* (wie'd Faust aufs Aug) warum sind Jungfernbeinel stets frisch? – Dies Problema, sprach Gargantua, steht weder im Aristoteles, noch im Alexander von Aphrodis, noch im Plutarch. – Es geschieht, spricht der Mönch, aus dreierlei Gründen, wodurch ein Ort natürlich erfrischt wird. *Primo,* weil das Wasser fein nach der Läng daran abläuft. *Secundo,* weil es ein schattiger, dunkler und finsterer Ort, da nimmer keine Sonn hinscheint. Und drittens, weil er beständig durchs Wetterloch des Bisenwindes [Nord(ost)wind; Wirbelwind], der Hemdenzephyr, auch überdies des Hosenlatzes durchlüftet wird. Und holla, frisch auf! Bub zum Zapfen! Schlap, schlap, schlap. O, des grundgütigen Gottes, der uns den edlen Trunk erschafft! Gott tröst mich, wenn ich zu Christi Zeiten gelebt hätt, die Juden hätten ihn nimmer im Ölberg greifen sollen. Und der Teufel schneid mich, wo ich nicht den Herrn Jüngern die Spannadern glatt zerschnitten hätt, dass sie so hasenherzig liefen, nachdem sie doch gut zu Nacht gespeist und ihren lieben Meister in der Not verließen. Ich hass ärger denn Gift einen Menschen, der flieht, wo er die Kling sollt führen. Hum! dass ich nicht König in Frankreich bin, auf achtzig oder hundert Jahr! bei Gott, ich wollt die Läufer von Pavia stutzen wie Pudelhund. Dass das Quartalsfieber drunter schlag! Solltens nicht eher da g'storben sein, als ihren lieben guten König also in Nöten stecken lassen? Ists nicht besser und ehrlicher, standhaft zu sterben in gutem Strauß, als schändlich fliehend am Leben bleiben? Junge Gäns wirds heuer nit setzen. Ha, mein Freund! lang mir doch von dem Spanferkel. Diavol [diavolo; Teufel]! ist auch kein Most mehr dran. Die weichen Eier sind hart geworden. *Germinavit radix Jesse.* Ich will des Todes sein, wenn ich nicht Durstes sterb. Dieser Wein ist nicht der bösest. Was für Wein tranket ihr zu Paris? Ich sei des Teufels, wo ich da nicht einmal über sechs Monat lang freie Herberg und offene Tafel gehalten hab. Kennt ihr den Bruder Claudi von Saint-Denis nicht? O, des schmucken Gesellen! Aber was hat ihn für 'ne Muck gestochen, dass er jetzt, ich weiß nicht seit wann, nichts weiter als studieren treibt? Ich studier gar nicht, für mein Teil. In unserm Kloster wird halt nimmer studiert, aus Furcht vorm Ohrenfluss. Unser seliger Abt sagt', ein gelehrter Mönch wär wie ein ungestalt Meerwunder anzusehen. Bei Gott, mein gnädigster Herr und Freund, *magis magnos clericos non sunt magis magno sapientes.* Ihr habt euer Leben lang nicht so viele Hasen, als es dieses Jahr gibt, gesehen. Ich hab weder Habicht noch Falkenmännlein auftreiben können, wo ich auch darnach aufstellt'. Monsieur von Bellonnière hätt mir zwar einen Sperber verheißen, aber neulich schrieb er mir, er hätt den Keuch [Asthma] kriegt. Die Rebhühner fressen uns heuer die Ohren noch ab.

Ich hab keine Freude am Streichgarn, denn ich verschlag mich nur dabei. Wenn ich nicht allzeit lauf und hetz, ist mir nit wohl. Wiewohl mein Kutt brav Haar lässt, wenn ich so über Zäun und Sträuch spring. Ich hab einen edeln Windhund erhalten: schenk ihn dem Teufel, wenn ihm ein Has entgeht. Ein Lakai wollt ihn dem Herrn von Maulevrier zuführen: so legt' ich ihn nieder und nahm ihn mit. Tat ich übel daran? – Mitnichten, sprach Gymnast, mitnichten, Bruder Jan! in drei Teufels Namen, mitnichten! – Drum halt dich nur fein an den Teufel, weil er warm ist, versetzt' der Mönch. Potz heiliger Gott! was hätt der Hinker damit getan! Bei des Herrn Leichnam! es ist ihm lieber, wenn man ihm ein gut Joch Ochsen schenkt. – Wie? sprach Ponokrates, Bruder Jan! ihr flucht? – Ich tus nur, mein Red damit zu schmücken, antwortet der Mönch. Es sind halt Färblein Ciceronischer Rhetorik.

Vierzigstes Kapitel

Warum die Mönche weltflüchtig sind,
und warum man an etlichen längere Nasen find als an andern

So wahr ich ein Christ bin, sprach Eudämon, ich sinn mich schier zum Narren über die gute Lebensart dieses Mönchs. Denn er macht uns hie all fröhlich und guter Ding. Wie kommts dann aber, dass man die Mönch nur Freudenstörer zu schelten pflegt und sie aus aller guten Gesellschaft stößt, wie die Immen [Bienenschwarm] Hornissen von ihren Stöcken jagen? *Ignavum fucos pecus,* spricht Maro, *a praesepibus arcent.* – Darauf antwort' Gargantua: Es ist nichts wahrer, als dass die Kutt und die Gugel allen Abscheu, Fluch und Verwünschungen der Welt auf sich ziehen, gleichwie der Wind Cäcius [Kaikias; Gott des Nordostwindes] die Wolken anzeucht. Die peremptorische Ursach ist, weil sie den Dreck der Welt essen, das ist ihre Sünde. Drum stößt man sie als Unflatnager in ihre heimlichen Privet [»Klöchen«], das sind ihre Klöster und Abteien, von der politischen Gemeinschaft abgesondert, wie die Privet in unsern Häusern. Wenn ihr aber wisst, warum ein Aff in einem Haus allzeit gefoppt und vexieret ist, werd ihr auch einsehen, warum die Mönch in aller Welt bei Alt und Jung verabscheut sind. Der Aff, er hütet nicht das Haus wie der Hund; er zeucht nicht den Pflug wie der Ochs; er bringt weder Woll noch Milch wie das Schaf, trägt auch keine Lasten wie das Pferd. Sein ganzes Tun ist nur alles bescheißen und verderben. Daher er dann von jedermann verspottet und geschlagen wird.

So auch ein Mönch, (ich red hier nur von den müßigen Mönchen) er ackert nicht wie der Bauer; er hütet des Landes nicht wie der Kriegsmann; heilet die Kranken nicht wie der Arzt; er lehret und prediget nicht dem Volk wie ein guter evangelischer Pfarrer und Schulmeister, führet dem Staat keine Waren noch Notdurft zu wie der Handelsmann. Da habt ihr die Ursach, warum sie allen ein Gräuel und Gespött sind. – Aber gleichwohl, sprach Grandgoschier, beten sie doch für uns. – Nichts weniger, antwort Gargantua. Wohl aber molestieren sie mit ihrem Glockengepimpel die ganze Nachbarschaft. – Freilich, sprach der Mönch, eine Mess, eine Metten, eine Vesper wohl eingelitten, ist halb gelesen. – Mammeln [marmonnent; murmeln, brummen, brummeln] Legenden und Psalmen her, die schwere Meng, und verstehens nicht; zählen ein Schock Paternoster ab, mit langen Ave Marias gespickt, und denken nicht dran und wissens nicht. Dies heiß ich Gotts Gespött getrieben, nicht Gotts Gebet. Aber der Himmel erbarm sich ihrer, wo sie für uns beten und nicht viel mehr aus Furcht, um ihre fetten Bissen und Suppen zu kommen. Alle rechten Christen aller Ständ, Ort und Zeiten beten zu Gott, und der Geist betet mit ihnen und spricht für sie, und Gott erhöret sie zu Gnaden. Ein solcher nun ist hier unser guter Bruder Jan; derhalb wünscht ihn auch jeder sich zum Gesellen. Er ist kein Gleisner, geht nicht zerrissen; brav, resolut, lustig ist er, ein guter Kumpan. Er arbeit, schafft, beschirmt die Unterdrückten, tröstet die Traurigen, hilft den Angefochtnen, nimmt sich des Klostergartens an. – Ich tu wohl mehr, versetzt' der Mönch: denn wenn wir im Chor unsre Metten und Begängnis abtun, mach ich dazwischen Armbrustschnüre, schnitz Pfeil und Spannwinden, strick Netz und Garn zur Karnickeljagd. Müßig geh ich nimmer. Aber zu Trinken, holla, ho! zu Trinken, das Obst her! dies sind Kastanien vom Bois von Estrocs. Ein gut Maß neuen Weins darauf gesetzt, macht euch zu Furzschalmeien. Seid hier noch nicht recht eingemöstelt. Bei Gott, ich trink aus allen Pfützen wie eines Promotoren Gaul. – Bruder Jan, sprach Gymnastes zu ihm, tut aber doch dies Tröpflein ab, das euch da an der Nas henkt. – Ha ha, spricht der Mönch, sollt ich darum ersaufen, weil mir das Wasser bis an die Nas steht? Nein, nein *Quare? Quia* es wohl herausläuft, nicht hinein; denn ich habs wohl verpicht mit Wein.

O mein Freund, wer doch Winterstiefel von solchem Leder hätt, der möcht keck Austern fischen gehn, denn niemals werden sie Wasser ziehen. – Wie aber, sprach Gargantua, kommt es doch, dass unser Bruder Jan so ein schön Näslein hat? – Daher, antwortet Grandgoschier, weil es Gott also wohl gefiel, der uns nach seinem ewigen Ratschluss in solcher Form und Weis erschafft, als wie ein Töpfer sein Geschirr. – Daher, antwort Ponokrates, weil er der erst auf dem Nasenmarkt war; da las er ihm die schönst und größt aus. – Gebts weiter, sprach der Mönch: nach echter Claustralphilosophik ists daher kommen, dass meine Säugamm weiche Dütten [Brüste] hatte: wann sie mich säugt, da drückt' sich meine Nas ein, wie in Butter, und wuchs und lief drinnen auf, wie ein Teig in der Mulden. Die harten Dütten der Ammen machen den Kindern nur stumpfe Schafsnasen. Aber lustig, lustig! *Ad formam nasi cognoscitur ad te levavi.* Ich ess mein Lebtag kein Konfekt. Zum Zapfen, Bub! *Item* Röstschnitten!

Einundvierzigstes Kapitel

Wie der Mönch den Gargantua in Schlaf bracht
und von seinen Horis und Brevier

Nach geendeter Mahlzeit ratschlagten sie von dringenden Sachen und fanden für gut, dass man um Mitternacht auf Streif ausreiten sollt, dem Feind nachzuspüren, was er für Wacht und Ordnung hielt: mittlerweil aber etwas auszuruhn, damit man desto frischer wär. Gargantua aber konnt nicht schlafen, wie er sich auch legt' und krümmt'. Da sprach der Mönch zu ihm: Ich schlaf nimmer nach Herzens Wunsch als in der Predigt, oder beim Beten: ersuch euch also: lasst uns hier beide miteinander die sieben Bußpsalmen vornehmen, ob ihr nicht bald einschlafen werdet. Die Erfindung gefiel dem Gargantua sehr wohl; fingen also den ersten Psalm zu beten an, und bei dem Vers *Beati quorum* waren sie nebeneinander entschlafen. Aber der Mönch verfehlt' niemalen vor Mitternacht sich zu ermuntern: so gar war er der Mettenstund im Kloster gewohnt, und wie er wach war, ließ er auch niemanden weiterschlafen, sondern fing aus voller Kehle das Lied zu intonieren an: Ho Reinald, wach auf, erwache! O Reinald, ermuntere dich!

Und als sie nun all auf den Beinen waren, sprach er: Ihr Herren, man sagt, die Frühmetten fängt an mit Husten und das Nachtessen mit Trinken. Lasst uns umdrehn, fangen wir itzo unsre Metten mit Trinken an, und heut Abend, wann das Essen kommt, wolln wir dafür eins husten, was hast, was kannst. – Wie? spricht Gargantua, sogleich trinken auf den Schlaf? das wär der Vorschrift der Ärzt zuwider, man muss sich den Magen zuvor fein säubern von allem Abgang und Überlast. – Das heiß ich mal gearztet, sprach der Mönch. Es fahren mir doch gleich hundert Teufel zu Leib, wo's nicht mehr alte Säufer auf Erden, denn alte Ärzte gibt. Ich hab mit meinem Hunger und Durst den Pakt getroffen, dass er sich allzeit mit mir muss legen, und halt darüber den Tag lang pünktlich: wenn ich dann aufsteh, ist er auch wieder auf mit mir. Säubert ihr euch nur immerzu eures Kaates [Kotes; merda, lutum], solang ihr Lust habt; ich muss zu meinem Gezerr schaun. – Was für ein Gezerr? was meint ihr damit? frug Gargantua. – Ei, mein Brevier, antwort der Mönch: denn wie die Falkenierer etwan ihren Vögeln, ehe sie sie atzen, ein Hühnerfüßel zu zerren geben, ihnen das Phlegma aus dem Hirn zu purgieren und Lust zum Fraß zu machen, so ich des Morgens, wenn ich dies kleine holdselige Brevierlein in die Hand nehm, laxier ich mir die ganze Lung und bin flugs wieder zum Trinken geneigt.

Auf welche Weis, frug Gargantua, betet ihr diese edeln Horas? – Nach der Weis von Fécan, spricht der Mönch, drei Psalmen, drei Lektionen, und wer keine Lust hat, der lässt's gar bleiben. Ich unterwerf mich niemals den Stunden: die Stunden sind des Menschen halben, und nicht der Mensch für die Stunden gemacht. Darum mach ichs mit meinen Horasgebetlein wie mit den Steigriemen, kurz oder lang, nachdem mirs g'fällt. *Brevis oratio penetrat coelos, longa potatio evacuat scyphos.* Wo steht das g'schrieben? – Mein Treu, ich weiß nit, spricht Ponokrates, aber traun, du bist Goldes wert, liebs Kuttenmännel! – So schlag ich Euch nach, sprach der Mönch. Aber *venite, apotemus!* [kommt, lasst uns trinken!]

Da wurden Karbonädel [Braten] die Füll und schöne Primsuppen zugericht, und trank der Mönch nach Herzenswunsch. Etliche taten ihm Bescheid, die andern enthielten sich. Zogen darauf alle ihre Wehr und Rüstung an und sie wappneten auch den Mönch, wider seinen Willen; denn er wollt kein ander Geschmeid als seine Kutt vor dem Magen und in die Faust den Kreuzstock. Aber es half nix, er ward geharnischt, von Kopf bis Fuß, ein langer Fochtel [Säbel] ihm umgehangen, und sie setzten ihn auf ein stattlich Reichsross. Gleichergestalt Gargantua, Ponokrates, Gymnast, Eudämon und fünfundzwanzig der Wildesten von Grandgoschierens Hofgesind, all' schwer gewappnet, die Speer in Fäusten, beritten wie Sankt Jörg, und jeder einen Schützen hintenauf.

Zweiundvierzigstes Kapitel

Wie der Mönch seinen Gefährten Mut einspricht,
und wie er an einem Baume hing

So ziehn die edeln Streiter dann auf ihre Abenteuer aus, mit gutem Vorsatz zu erspähen, wo sie den Feinden zu Leibe gehen, oder wovor sie sich hüten müssten, wenn der Tag der großen schrecklichen Schlacht käm. Und der Mönch spricht ihnen Mut ein und ruft: Seid nur ohn Furcht und Sorgen, Kinder! Ich führ euch sicher. Gott mit uns, und Sankt Benedikt!

Hätt ich die Kraft wie den Mut, potz Chrisam [Salböl; Sinnbild für Gesundheit, Freude, Kraft, Glück; damit Gesalbte verbreiten den »Wohlgeruch Christi«, das Evangelium]! Ich wollt sie euch wie einen Antvogel [Ente] rupfen. Ich fürcht mich vor nichts als dem groben Geschütz: doch weiß ich einen Segen dafür, unser Klosterküster lehrt' mir ihn; der schützt den Mann vor allen Kugeln; aber er wird mir eben nix helfen, denn ich setz keinen Glauben darauf. Aber mein Kreuzstock soll Teufel tun. Bei Gott! wenn einer unter euch wär, der etwan Duckenmachen [in Deckung gehen, abhauen] wollt, ich sei des Teufels, wo ich ihn nicht an meiner Statt zum Mönch mach und ihm mein Kuttenhalfter umzäun. Es ist ein Arzenei darin für feige Leut. Habt ihr nicht von des Herrn von Meurles Windhund gehört, der gar ins Feld nicht taugen wollt, bis er ihm eine Mönchkutt an den Hals hing? Bei des Herrn Leichnam, von Stund an entwischt' ihm weder Has noch Fuchs, und was mehr ist: alle Betzen [canicula; bicce; bitch; Hündinnen] im ganzen Land belegt' er, und war zuvor doch kreuzlahm, *de frigidis et maleficiatis.*

Der Mönch ritt, während er diese Worte im Zorn sprach, unter einen Nussbaum unfern des Weidichts: da spießt' ihm ein dicker Nusszanken durch das Helmvisier. Nichtsdestoweniger stach er grimmig sein Pferd an, welches sporenscheu war und vorwärts bäumt'. Da lässt der

Mönch, der sein Visier loshaken will, den Zügel gehen und hängt sich mit der Hand an die Äst, derweil das Pferd unter ihm durchläuft. Solchergestalt blieb der Mönch am Nussbaum hangen, schrie Hilf und Mordio und protestiert' Verräterei. Eudämon ward ihn zuerst gewahr und rief den Gargantua: Herr, Herr! kommt und seht da den Absalom hängen! Gargantua kam, beschauet sich die Art und Contenance des Mönchs, wie er da hing, und sprach zum Eudämon: Dem Absalom vergleicht ihr ihn? Das trefft ihr schlecht: denn Absalom hing an den Haaren, aber dieser beschorene Mönch hier henkt an den Ohren. – In Teufels Namen, helft mir, schrie der Mönch: ists itzund Spottens Zeit? Ihr mahnt mich an die Dekretalienprediger [Dekretale; Entscheid des Papstes, Teil des Kirchenrechts]; die lehren auch, wenn einer seinen Nächsten in Todesnöten sieht, soll er bei Straf des dreizackigen Bannstrahls ihn viel eher zur Beicht ermahnen und an den Gnadenstand, als ihm helfen.

Wenn ich nur solche G'sellen einmal im Wasser zappeln seh, hart am Ersaufen, will ich ihnen auch anstatt der Hilf und Handreichung einen lieben langen Sermon *de contemptu mundi et fuga saeculi* [über die Verachtung und Abkehr von der Welt] halten und wenn sie dann stocksteif sind, aus der Patsch ziehen. – Halt doch still, mein Schätzel, sprach Gymnast, wart bis ich komm, ich will dich langen [aller quérir, (runter)holen], du artiger kleine Monachus [monachós; Einsiedler, Mönch]!

Monachus in claustro	[*Mönchlein in Klausur,*
Non valet ova duo:	*Giltst zwei Eier nur:*
Sed, quando est extra,	*Aber, draußen fleißig,*
Bene valet triginta.	*Wertvoll um die dreißig.*]

Ich hab wohl mehr als fünfhundert henken sehn, aber keinen, der mit so feinem Anstand gebaumelt hätt wie du, und stünds mir auch nur halb so wohl, so wollt ich baumeln mein Leben lang. – Habt ihr einmal bald ausgepredigt? ruft der Mönch, so helft mir dann um Gottes willen, wenn ihrs nicht um des Andern [des Teufels] willen wollt. Bei dem Kleid, das ich trag, es soll euch *tempore et loco praelibatis* teuer zu stehen kommen.

Da sprang Gymnast von seinem Gaul, stieg auf den Nussbaum, hub den Mönch mit einer Hand bei den Achselbändern und hakt' mit der andern sein Visier vom Zanken los; ließ ihn zur Erden fallen und sich darnach. Sobald der Mönch unten war, riss er sich sein ganzes Waffengeschmeid vom Leib und schmiss es Stück für Stück ins Feld, nahm seinen Kreuzstock und setzt' sich wieder auf sein Pferd, das ihm Eudämon unterdes gefangen hatt. So ritten sie lustig ihres Weges immerfort auf das Weidicht zu.

Dreiundvierzigstes Kapitel

Wie Gargantua auf des Pikrocholus Vortrab stieß,
und wie der Mönch den Hauptmann Vorneweg umbracht,
darauf von den Feinden gefangen ward

Pikrocholus kam auf den Bericht derer, die dem Gemetzel, in welchem Kuttler entkuttelt ward, entronnen waren, vor schwerem Zorn schier außer sich, als er vernahm wie die Teufel sein Volk überfallen hätten, und hielt Conseil [Rat] die ganze Nacht, darin Frühträubel und Starenstör beschlossen, sein Heer wär mächtig gnug, dass er damit alle Teufel der Höll, wenn sie kämen, ins Bockshorn jagen könnte. Welches Pikrochol zwar gänzlich nicht glaubt', doch auch darein kein Misstraun setzt'. Schickt' also unter Kommando des Grafen Vorneweg sechzehnhundert Reiter aus, das Land zu erforschen, allesamt auf leichten Pferden zum Scharmützel, mit Weihbrunn alle wohl eingesprengt, und, als Feldzeichen, jeder von ihnen mit einer Pfaffenstol beschärpet auf alle Fäll, wenn die Teufel kämen, beide durch Kraft des Gregoriuswassers [mit Salz, Asche und Wein vermischtes Weihwasser] als auch der Stolen, sie auszutreiben und zu verscheuchen. Selbige ritten also vor, bis Vauguyon, bis an das Siechenhaus, trafen aber nirgends auch nur eine redende Seele an, derhalb sie wieder auf der Höh zurückritten und bei Couldray im Hirtenhäuslein und Schuppen die fünf Pilger fanden, welche sie weidlich verschnürt und geknebelt als Spione mit sich führten, alles Schwörens, Klagens und Flehens, so sie erhuben, ungeachtet. Von da gen Seuillé hinunterreitend, wurden sie vom Gargantua gehört, und der sprach zu seinen Leuten: Gesellen, hier kommt ein Trupp heran, und sind an Zahl weit über zehnmal mehr denn wir. Sollen wir einhaun? – Teufel, was sonst? antwort der Mönch; schätzt ihr die Leut nach der Zahl, und nicht nach Tugend und Tapferkeit? Ruft drauf: Ho Teufel, haut ein! haut ein! Welches, als die Feind es vernahmen, meinten sie nicht anders, es wären wahrhafte Teufel, und fingen an mit verhängtem Zaum davonzustreichen, bis auf den Vorneweg, der seinen Speer einlegt' und im vollen Ritt dem Mönch hart auf die Brust rannte. Aber sowie er auf die schreckliche Kutt anprallt', bog sich das Eisen um, wie wenn ihr mit einem dünnen Wachsstock wider einen Amboss schlüget. Darauf gab ihm der Mönch mit seinem Kreuzstock zwischen Hals und Halskraus aufs Akromienbein [Schulterknochen] ein so mörderlichs, dass er ihn ganz verdutzt, und aller Besinnung und Bewegung beraubt unter die Füß seines Gaules streckte.

Und wie er die Stolen sah, die er als Schärp umhatt, sprach er zu dem Gargantua: Es sind eitel Priester, das ist nur erst ein Anfang zum Mönch: beim heiligen Jan! ich aber bin ein ganzer Mönch: ich will sie Euch wie die Mucken plätzen. Jagt' damit im gestreckten Galopp hinterdrein bis er die letzten ertappt', und senset sie der Kreuz und Quer wie Roggen zusammen. Unterdessen frug Gymnast den Gargantua, ob sie ihnen nachsetzen sollten. Aber Gargantua sprach: Mitnichten. Denn nach rechter Kriegsart soll man niemals den Feind zur Verzweiflung treiben; weil solche Not ihm die Kraft nur mehrt und den Mut erfrischt, der schon erloschen und kleinlaut war: auch für gehetzte hällige [hingeneigte] Leut kein besser Heil ist, als keine Hoffnung des Heils zu wissen. Wie viel Victorien sind den Siegern von den Besiegten schon aus den Händen entrungen worden, wenn sie sich nicht mit Billigkeit begnügen wollten, sondern bis zur Internezion [internition; Blutbad, Gemetzel] und zum letzten Mann ihre Feind haben aufreiben wollen, dass auch nicht einer überblieb, der die Zeitung brächt. Tu allzeit deinem Feind Tür und Tor auf und bau ihm eine güldene Brücken, dass er nur fortkomm. – Aber, sprach Gymnast, sie haben den Mönch. – Den Mönch? Ei, haben sie den? antwort Gargantua, nun auf Ehr! Es soll ihr eigener Schade sein. Aber dass wir auf alle Fäll gleich zuspringen können, lasset uns noch nicht von hinnen, sondern still hier harren: denn ich glaub jetzt deutlich zu sehen, wes Geistes unsre Feind sind, und dass sie auf gut Glück vielmehr als mit Verstand gebahren [sich betragen]. – Während diese nun unter den Nussbäumen hielten, jagt' der Mönch immer vorauf und schlug ohn Gnad tot, alles, was er antraf, bis er einen Reiter ereilt', der einen von den armen Pilgern hinter dem Sattel mit sich führt', und wollt ihm eben den Garaus machen; da schrie der Pilger: Ha, Herr Prior! mein Freund, Herr Prior, helft mir! ich bitt euch! Als die Feind es hörten, ritten sie zurück, und wie sie niemanden als den Mönch da sahen, der diesen Spuk macht', beluden sie ihn mit Hieben wie einen Esel mit Holz; aber er spürt' gar nix davon, zumal, was auf die Kutten fiel, so eine harte Haut hatt' er. Drauf gaben sie ihn zwei Schützen zur Bewachung, drehten die Pferd um, und als sie sahen, dass niemand wider sie ankam, meinten sie, Gargantua wär mit seinem Geschwader geflohen. Rannten demnach so rasch sie konnten auf die Nüssbäum zu, ihnen nach; und ließen dort den Mönch allein mit seinen beiden Wächtern, den Schützen. Gargantua aber hört' das Getümmel und Pferdegewieher und sprach zu den Seinen: Ihr Gesellen, ich hör die Spur unsrer Feinde und erkenn auch schon etlich aus dem Schwarm, der wider uns ansprengt.

Lasset uns hier zusammenschränken, die Straß in Reih und Glied einnehmen: so wolln wir sie empfangen, ihnen zum Schaden und uns zur Ehr.

Vierundvierzigstes Kapitel

Wie der Mönch sich seiner Wächter entledigt, und wie des Pikrocholi Fürtrab zerstreut ward

Wie sie der Mönch so außer Ordnung davonstieben sah, mutmaßt' er wohl, dass sie über Gargantua und sein Volk herfallen wollten, und betrübt' sich aus der Maßen sehr, dass er ihnen nicht beistehen sollte. Darauf beschaut er sich seine beiden Wächter und sah ihnen an den Mienen an, dass sie dem Haufen gern nachgerannt wären, auch von der Beut etwas zu erfischen, und allzeit nach dem Tal zu schielten, da sie hinuntergeritten waren. Zu dem syllogisiert [schlussfolgert] und sprach er bei sich selbst: dies Volk hier weiß nicht viel vom Kriegsbrauch, denn sie haben nicht einmal einen Eid von mir genommen, noch meinen Fochtel [Säbel] mir abbegehrt.

Zückt' also plötzlich genannten Fochtel und hieb dem Schützen zur rechten Hand die Venas jugulares [Drosselvenen] und die sphagitidischen Halsarterien nebst der Gurgel mitten durch, bis an die beiden Adenen: dann zog er den Streich zurück und zerschlitzt ihm zwischen dem zweiten und dritten Wirbel das Spinal-Mark. Da fiel der Schütz bocksteif zur Erden. Und der Mönch warf seinen Gaul linksum und strich auf den andern, der, als er seinen Gesellen tot, und den Mönch im Vorteil sah, mit lauter Stimm ihn anrief: Ha! Herr Prior, ich ergeb mich! mein Herr Prior, mein Freund! mein Herr Prior! – Und der Mönch dagegen ruft wieder: Mein Herr Posterior! mein Freund! mein Herr Posterior! Jetzt kriegt ihrs auf eure Posteriora. – Ha, mein Herr Prior! sprach der Schütz, mein Herzblatt, mein Herr Prior! Gott mach euch doch nächster Tag zum Abt! Bei meinem Chorrock, den ich trag, antworte der Mönch, und ich will dich zum Kardinal machen! Ranzioniert [Kriegsgefangene loskaufen oder austauschen] ihr die Geistlichen? Ich will dir stracks mit dieser Hand den roten Hut aufsetzen. – Und der Schütz in einem fort: Mein Herr Prior, Herr Prior, Herr zukünftiger Abt, Herr Kardinal, ach mein Herr Alles. Ha, ha, hes, nicht doch mein Herr Prior, mein lieber gnädigster Herr Prior, ich ergeb mich! – Und ich geb dich hiemit allen Teufeln, sprach der Mönch, und hieb ihm den Kopf ab auf einen Streich, der ihm über den Ossibus petrosis den Schädel zerspaltet', auch die beiden Ossa Bregmatis und Commissuram sagittalem nebst einem großen Teil des Kronbeins mitwegnahm, da ihm dann zugleich die beiden Meninges zerschnitten wurden und die zwei hintersten Hirnventrikel weit aufgetan: und blieb der Schädel hinten am Perikranfell über den Achseln hängen in Gestalt eines Doktorhütleins, oben Schwarz, inwendig rot. Da fiel der Mann maustot zur Erden. Auf solche Tat gab der Mönch seinem Pferd die Sporen und ritt dem Pfad nach, welchen die Feind einschlugen, die den Gargantua und seine Gesellen am Heerweg trafen und durch das unglaubliche Gemetzel, das dort Gargantua mit seinem großen Baum, Gymnast, Ponokrates, Eudämon und die andern verführten, bereits an Zahl so verringert waren, dass sie hurtig zu flüchten begannen, schier wie verrückt und besinnungslos vor Furcht und Grausen, als ob sie des Todes leibhaftiges Bild und Gespenst mit offenen Augen sähen. Und wie ihr einen Esel seht, dem eine Junonische Bräm im Steiß sitzt, oder wann eine Flieg ihn sticht, ohn Weg noch Steg hin und wieder rennen, seine Bürde abschütteln, Zaum und Riemen zerreißen, er hat keine Ruhe noch Odem, und niemand weiß, was ihn bewegt, denn niemand siehet was ihn anficht: also sinnlos floh auch dies Volk, und wussten keine Ursach der Flucht, nichts trieb sie als ein panischer Schrecken, der ihre Seelen überfiel. Da nun der Mönch sah, dass ihr Sinn allein aufs Fersengeben stund, sprang er von seinem Ross und stieg auf einen großen Felsen am Weg, nahm seinen langen Fochtel und schlug mit runden Volten ohn Fint noch Schonung unter diese Flüchtigen drein, deren er so viele erschlug und darnieder fällte, bis ihm sein Fochtel in zwei Stücke sprang. Alsdann gedacht er bei sich selbst, dass nun des Mords und Totschlags genug wär und dass man auch etliche müsst laufen lassen, die Zeitung zu bringen. Nahm also von einem der Erschlagenen eine Axt in die Faust und stellt sich wieder auf seinen Felsen zum Zeitvertreib, die Feind laufen zu sehen, und wie sie über die Leichnam stürzten. Doch mussten sie ihm all ihre Piken, Degen, Speer und Büchsen lassen: auch demontiert' er die, so die Pilger gebunden führten, händigt' den Pilgern ihre Pferde aus, und behielt sie nebst Starenstören, welchen er gefangen nahm, vor dem Hag bei sich.

Fünfundvierzigstes Kapitel

Wie der Mönch die Pilger einbracht,
und wie ihnen Grandgoschier gute Lehren gab.

Nachdem dies Scharmützel beendigt war, zog Gargantua mit den Seinen, außer dem Mönch, nach Haus und sie erschienen mit grauendem Tag vor Grandgoschier, der Gott für sie in seinem Bett um Heil und Sieg bat. Und als er sie alle frisch und gesund sah, umarmt' er sie herzlich und fragt' gleich. wie es um den Mönch stünd. Gargantua aber antwort ihm, dass zweifelsohn die Feind den Mönch hätten. So wird er ihnen, sprach Grandgoschier, keinen Segen bringen. Wie auch wahr war, und ist daher noch das Sprichwort im Brauch: Einem den Mönch stecken. – Alsobald befahl er, den Imbiss aufs Beste zu rüsten, damit sie sich erfrischen sollten. Und als alles nun bereit war, rief man den Gargantua; es tät ihm aber so leid, dass sich der Mönch nicht sehen ließ, dass er weder essen noch trinken mocht. Urplötzlich kommt der Mönch daher und ruft schon von der Hoftür: Frischen Wein! Ho, frischen Wein, Gymnast, mein Freund! – Gymnastes lief hinaus und sah, dass es Bruder Jahn war, der fünf Pilger nebst Starenstören gefangen brachte. Gargantua ihm also flugs entgegen, sie empfingen ihn aufs Freundlichste und führten ihn zum Grandgoschier, der ihn nach all seinen Fahrten frug. Der Mönch erzählets ihm auch alles, wie er gefangen worden wär, wie er der Schützen sich entledigt, und das Gemetzel, so er am Heerweg verübt, auch wie er die Pilger ertappt und den Hauptmann Starenstör einbracht hätt. Darauf huben sie all mitsammen fröhlich zu bankettieren an.

Indes erkundigt' sich Grandgoschier bei den Pilgersleuten, von wannen sie wären, woher sie kämen, wohin sie wollten. Renndichmüd antwort' ihm für alle: Herr, ich bin von Saint-Genou in Berry, dieser hier von Paluau, dieser von Onzay, dieser von Argy und jener dort von Villebrenin. Wir kommen von Saint-Sébastien bei Nantes und ziehen jetzt allgemach wieder heim, denn wir machen keine große Tagmärsch. – Aber, frug Grandgoschier, was wollt ihr bei Saint-Sébastien tun? – Wir hatten uns, sprach Renndichmüd, wegen der Pest dahin gelobt. – Ach arme Leut! sagt Grandgoschier, meint ihr die Pest komm von Saint-Sébastien? – Ei freilich, antwort Renndichmüd, unsre Prediger lehrens uns. – Ja? sprach Grandgoschier, lehren euch wirklich die falschen Propheten solch Lügenzeugs? Lästern sie dergestalt die Gerechten und Heiligen Gottes, dass sie sie den Teufeln gleichzustellen wagen, die dem Menschen nur Böses antun? Wie Homer schreibt, dass durch Apollo die Pest ins griechische Lager sei kommen, und wie die Poeten ein ganz Geschwader Vejoven [Unheil bringende Anti-Jupiter] und schädliche Götter erlügen. So predigte auch einmal zu Sinais ein Kuttner, dass Sankt Anton das Feuer in die Bein schickt', Sankt Eutropius Wassersucht, Sankt Gildas Narrren und Sankt Genou das Zipperlein macht'. Aber ich statuiert' an ihm, wie sehr er mich einen Ketzer schalt, ein solch Exempel, dass seit der Zeit auch nicht ein Kuttenzipfel mehr in meinem Land sich hat blicken lassen. Und nimmt mich wunder, wie euer König in seinem

Reich solch Ärgernis nur predigen lässt; denn man sollt sie härter bestrafen als die durch Zauber und andre Künst die Pest ins Land ziehen. Die Pest, die tötet nichts als den Leib, aber diese Gauner und Leutbetrüger vergiften die Seelen. – Während er annoch so sprach, trat auch der Mönch ganz keck herzu und frug sie: Nu, woher des Landes, ihr armen Gäuch? – Von Saint-Genou, antworten sie. – Und wie lebt, sprach der Mönch, Abt Tranchelion, der gute Zecher? Wie schmeckts den Mönchen? beim Kreuz Gottes, während ihr auf der Romfahrt wallet, kehren sie euch die Weiber herum. – Hin han, sprach Renndichmüd, vor meiner hab ich kein Sorg nit, denn wer die am Tag sieht, wird sich den Hals nicht drum brechen, dass er bei Nächten zu ihr komm. – Da lauft ihr schief an, sprach der Mönch, und wenn sie so schwarz als Proserpina wär; bei Gott sie kriegt doch die Saccad [Rucken und Stoßen], wo Mönch im Gau sind. Ein guter Tischler bohrt alle Bohlen. Ich will die Räud han, wo ihr nicht, wenn ihr heimtkommt, eure Weiber gesegneten Leibes findet; denn wo ein Klosterturm auch nur den Schatten hinwirft, da verfängts.

Dies wär ja, sprach Gargantua, schier wie mit dem Nilwasser in Ägypten, wo ihr dem Strabo und Plinius *Libr.* VII. *Cap.* 3 glaubt. Was werden da erst gute Bissen und Kleider und Leiber wirken? – Nun so gehet dann, sprach Grandgoschier, ihr armen Leut, in des allmächtigen Gottes Namen, der euer steter Geleitsmann sei; und seid hinfort nicht so geschwind zu diesem faulen unnützen Wandern. Steht euerm Haushalt vor, ein jeder schaff das Seine dazu er berufen ist, zieh seine Kinder und tu, wie ihn der liebe Apostel Sankt Paulus lehret.

So ihr dies tut, werden Gott und seine Engel und Heiligen euer Schild sein, und keine Pest noch sonst ein Übel euch schaden dürfen. – Darauf führt sie Gargantua in den Saal, mit Speis und Trank sie zu erquicken, aber die Pilger taten nichts weiter als zu seufzen und sprachen zum Gargantua:

O wie glückselig ist doch das Land, das einen solchen zum Herrn hat! Seine Reden, die er uns itzund hielt, haben uns mehr belehrt und erbauet als alle Predigten daheim. – Das ist es, sprach Gargantua, was Plato *Lib.* V. *de repub.* meinet, dass alsdann ein Regiment wohl würd bestellt sein, wenn entweder die Könige philosophieren, oder auch die Philosophen regieren würden. Drauf ließ er ihnen in ihre Taschen zu essen und Wein in ihre Flaschen tun und gab auch einem jedem ein Pferd zum Ausruhn auf der übrigen Reise, nebst etlichen Karolis [Münzen] zur Zehrung.

Sechsundvierzigstes Kapitel

Wie Grandgoschier den gefangenen Starenstör glimpflich behandelt

Auch Starenstör ward Grandgoschieren vorgestellt und über Pikrochols Tun und Treiben von ihm vernommen, was er mit seinem stürmischen Einfall bezweckt'. Da antwort er, es wär sein Vorsatz und Entschluss, das ganze Land zu erobern, wenn er könnt, wegen der seinen Weckenbäckern erwiesenen Schmach. – Dies heiß ich zu viel unternommen, sprach Grandgoschier, wer zu viel fasst, hält wenig fest. Die Zeit ist nicht mehr, da man also die Land zum Schaden seines nächsten Christenbruders erobern konnte. Diese Nachahmung der alten Herkules, Alexander, Hannibal, Scipio, Cäsar und solcher läuft dem evangelischen Bekenntnis zuwider, welches befiehlt, dass jeder sein eigen Land und Herrschaft bewahr, regier, erhalt und schütz und nicht feindselig nach andern stehn soll. Und was die Sarazenen und die Barbaren weiland Tapferkeit hießen, das heißen wir heutzutage Raub und Gewalt. Besser hätt er daran getan, er wär in seinem Haus geblieben und hätt es königlich bestellt, statt dass er hier meines überfällt und feindlich plündert. Denn durch gute Bestellung hätt ers gemehrt; durch Plünderung meiner wird er zerstört. Ziehet hin in Gottes Namen; dient guter Sach, stellt euerm König die Fehler vor, die ihr nun einseht, und ratet ihm nimmer zu euerm eignen Nutzen; denn mit dem gemeinen gehet auch das eigne zu Grunde. Was eure Ranzion betrifft, schenk ichs euch gar, und will auch, dass man euch Pferd und Waffen wiedergeb. Also muss man mit alten Freunden und Nachbarn handeln, in Erwägung, dass dieser unser Span [Streit] im Grunde kein wahrer Krieg ist.

Wie dann Plato *Lib.* V. der Republik, es auch nicht Krieg genannt wollt wissen, sondern Aufruhr, wenn die Griechen wider einander die Waffen kehrten: und wo durch Unfall solches dennoch geschehen wär, befiehlt er, dass sie fein säuberlich verfahren sollten. Wollt ihrs ja Krieg nennen, ist er's doch nur oberflächlich, obenhin, er dringt nicht in den innersten Schrein unsrer Herzen; denn unter uns ist keiner an seiner Ehr gekränket und wird in Summa nichts weiter begehrt als ein Versehen unsrer Leut, ich mein der euern wie der unsern, beizulegen. Welches ihr, wenn ihrs auch wusstet, hättet sollen hingehen lassen, in Betracht die streitenden Parteien mehr verächtlich denn erheblich waren, zumal wenn man sich anerbot, ihren Beschwerden genugzutun, wie ich getan hab. Gott wird unsers Zwistes gerechter Schiedsmann sein, zu dem ich fleh, er woll mich eher durch Tod aus diesem Leben fordern und all mein Gut vor meinen Augen verderben, als dass ich oder mein Volk ihm sollt in Nichts zuwider sein. – Nachdem er diese Wort gesprochen, rief er den Mönch und frug ihn vor allen: Bruder Jan, mein guter Freund, habt ihr den hier anwesenden Hauptmann Starenstör gefangengenommen? – Herr, spricht der Mönch, er steht hie selbst, auch ist er alt und verständig genug: es ist mir lieber, ihr hört's von ihm, denn aus meinem Mund. – Darauf antwortete Starenstör: Ja, Gnädigster, er ist's in Wahrheit, der mich gefangen hat, und ich geb mich ihm frei zu seinem Gefangenen. – Habt ihr, frug Grandgoschier den Mönch, ihn ranzioniert? – Nein, spricht der Mönch, mich kümmert dies nicht. – Wie viel, sprach Grandgoschier, wollt ihr für ihn zum Lösegeld? – Nix, nix, antwort' der Mönch, ich tu's nit darum. – Alsobald ließ Grandgoschier dem Mönch im Beisein des Starenstör zweiundsechzigtausend Saluts [Goldmünzen] für diesen Fang auszahlen: welches währenddem geschah, dass man dem Starenstör den Imbiss auftrug. Grandgoschier fragt ihn daneben, ob er bei ihm bleiben wollt oder lieber zu seinem König wieder heimziehn. Starenstör antwortet', er wollt tun was er ihm riete. – Nun, sprach Grandgoschier, so zieht heim zu euerm König, und Gott sei mit euch. – Schenkt' ihm darauf einen schönen Vienner Degen mit güldener Scheid von schönem getriebenen Laubwerk und eine güldene Halskett, siebenhundertzweitausend Mark schwer, mit edeln Steinen eingelegt, auf hundertsechzigtausend Dukaten an Wert geschätzt, und zehntausend Taler zum Ehrenpräsent. Nach diesen Gesprächen stieg Starenstör zu Pferd. Ihm gab Gargantua zu seiner Bedeckung dreißig Schwergewappnete mit und zwei Schock Schützen unter Gymnastens Befehl, auf dass sie ihn bis ans Tor der Clermaldsburg geleiteten, wenn's Not hätt. Kaum war der weg, gab der Mönch dem Grandgoschier die zweiundsechzigtausend Saluts, die er empfangen zurück, und sprach: Herr, itzo ists nicht Zeit dergleichen Gaben zu spenden. Wartet bis zum End des Kriegs, denn man weiß nicht, was vorfallen möcht, und ein Krieg ohn gute Barschaft hat kurzen Atem und ein schwach Zugloch. Der Feldzüg Nerven, das sind die Batzen. – Nun, so will ich's, spricht Grandgoschier, dir ehrlich auf die Letzt vergelten, und allen denen, die mir treu gedienet haben.

Siebenundvierzigstes Kapitel

Wie Grandgoschier seine Scharen versammelt',
und Starenstör Frühträubeln erschlug,
dann auf Pikrocholus Befehl erschlagen ward

Um eben die Zeit schickten auch die von Bessé, Marché Vieux [Altmarkt], von Bourg Saint-Jacques, Rivière, Rainneau, Parillé, Roches-Saint-Paul, Vaubreton, Pautillé, Cravant, Bréhemont, Bourdes, Villaumère, Grandmont, Pont-de-Clam, Huymes, Ligré, Husse, Panzoust, Saint Louant, Coldreaulx, Véron, Chosé, Coulaine, Varennes, Bourgueil, von der Insel Bouchard, Croulay, Narsay, Cande, Montsoreau und noch mehr umliegenden Orten ihre Gesandten zum Grandgoschier, anzeigend, wie sie die vom Pikrochol an ihm verübte Unbill erfahren und ihm an Volk und Geld und anderen Kriegsbedarf, was nur in ihren Kräften stünd, aus altem Bündnis zu Dienst entböten. Das Geld belief sich laut begleitenden Katastern auf einhundertvierunddreißig Millionen und dritthalb Goldgulden.

Des Volkes waren: fünfzehntausend schwere Reiter, zweiunddreißigtausend leichte Pferd, neunundachtzigtausend Arkebusiere [Schützen mit »Hakenbüchsen«], hundertvierzigtausend Ebenteurer [avanturier; Abenteurer], elftausendzweihundert Kanonen, Doppelkanonen, Basilisken, Spirolen [Kammergeschütze; »Vögler«]. Schanzgräber siebenundvierzigtausend, sämtlich verproviantiert und besoldet auf sechs Monat und vier Tag. Welches Anerbieten Gargantua weder abschlug noch auch gänzlich annahm.

Sondern bedankt sich in hohem Maße bei ihnen, vorgebend, er wollt diesen Krieg mit guter Art schon dahin schlichten, dass so viele redliche Leut zu bemühen, nicht Not tun würde. Auch fertigt' er nur einen ab, der ihm die Scharen, die er gewöhnlich in seinen Vesten zu Devinière, Chaviny, Gravot und Quinquenais hielt, in guter Ordnung zuführen musst, an Zahl zweitausendfünfhundert Schwerbewaffnete, sechsundsechzigtausend Fußknecht, sechsundzwanzigtausend Schützen, zweihundert grobe Feldstück, zweiundzwanzigtausend Schanzer und sechstausend leichte Pferd, all in Banden und Fähnlein gemustert, so wohl versehen mit ihren Furieren, Zahlmeistern, Fahn- und Waffenschmieden und anderm nötigen Heerestross, so wohl erfahren in der Kriegsübung, so wohl gewappnet, so ihren Fahnen gewärtig und folgsam, so flugs gehorchend auf Wort und Wink ihrer Hauptleut, so behände zum Anlauf, so strack zum Sturm, so klug im Treffen, dass sie mehr einer harmonischen Orgel und wohlgestelltem Uhrwerk glichen als einer Armee oder einem Heereszug.

Starenstör, sobald er zurückkam, stellt' dem Pikrocholo sich vor und erzählt' ihm nach der Läng, was er getan und gesehen hätt. Riet ihm zuletzt nachdrücklichst, mit Grandgoschieren sich zu vergleichen, welchen er als den treuesten Menschen von der Welt gefunden hätt, beifügend, dass es weder billig noch nützlich wär, seine Nachbarsleut, von denen man lauter Liebes und Gutes genossen hätt, also zu kränken. Und, was die Hauptsach wär, würden sie aus diesem Handel nimmer ohn merklichen Schaden und Unglück entkommen, denn des Pikrochols Macht sei nicht von der Art, dass nicht Grandgoschier sie leichtlich möcht ins Bockshorn jagen. – Er hatt dies Wort noch nicht ausgesprochen, da fiel Frühträubel ihm überlaut in die Red und rief: Das ist fürwahr ein unglückseliger Fürst, der Diener hat, die sich so leicht bestechen lassen, wie ich's am Starenstör hier seh; denn sein Mut, merk ich, ist so umgewandelt, dass er sich lieber mit unsern Feinden verräterischerweis zum Krieg wider uns verbunden hätt, wenn sie ihn nur behalten wollten. Wie aber die Tugend von jedermann, so Freund als Feind, gelobt und wert gehalten wird, also wird auch die Schelmerei gar bald erkannt und verdächtiget. Ja, gesetzt, dass sich die Feind auch ihrer zu ihrem Vorteil gebrauchten, haben sie doch stets vor Schelmen und Verrätern Abscheu.

Auf solche Wort zog Starenstör unwillig seinen Degen vom Leder und durchstach damit Frühträubeln, ein wenig über der linken Brustwarz; daran er unverzüglich starb. Zog dann die Wehr aus dem Leib und sprach freimütig: Also fahre hin, wer treue Diener verleumden will. Pikrocholus entbrannt' darüber in jähem Zorn und sprach, als er den bunten Degen und schön verzierte Scheiden sah: Hat man dir darum die Kling gegeben, dass du in meiner Gegenwart mir böslich meinen so guten Freund Frühträubel solltest ums Leben bringen?

Darauf befahl er seinen Hatschierern [Leibgardisten], ihn in Stücke zu hauen, welches auch auf der Stell so gräulich vollstreckt ward, dass das ganze Gemach mit Blute gepflastert war:

und ließ darnach Frühträubels Leichnam mit allen Ehren bestatten, aber den Körper des Starenstör in den Graben über die Mauern werfen.

Die Zeitung [Nachricht] dieser Frevel ward im ganzen Heer ruchbar, und viele fingen wider Pikrochol zu murren an, bis endlich einer, namens Rebenklau, zu ihm sprach: Herr, ich weiß nicht, was noch zuletzt aus diesem Handel werden soll; ich seh wohl, euer Volk ist nicht besonders guten Mutes. Es ist ihnen kein Hehl [unverborgen], dass wir hie schlecht mit Verpflegung versehen, auch schon an Zahl durch zwei bis drei Ausfäll' um vieles vermindert sind.

Zudem stößt euern Feinden viel und mächtige Verstärkung zu: wenn wir erst einmal belagert würden, seh ich nicht ab, wie unser aller Untergang zu vermeiden stünd. – Ei Quark, Quark! sprach Pikrocholus, ihr seid wie die Älchen von Melun, schreit, eh man euch schindet. Lasst's nur kommen.

Achtundvierzigstes Kapitel

Wie Gargantua den Pikrocholus in Clermaldsburg angriff, und dessen Heer aus dem Felde schlug

Gargantua führt' das Obercommando des ganzen Heers: sein Vater blieb in seiner festen Burg daheim und macht' ihnen Mut durch gute Wort und Verheißung reichlicher Gaben für die, so tapfer fechten würden. Darauf rückten sie gegen die Furt von Vede vor und setzten mit Hilfe leicht gefertigter Kähn und Brücken hinüber in einem Strich. Besichtigten da die Gelegenheit der Stadt, die hoch und sicher lag: da ward die Nacht über Rats gepflogen, was zu tun wär. Gymnastes aber sprach zu Gargantua: Gnädigster Herr, es ist Art und Natur der Franzosen, dass sie nichts taugen als in erster Hitz und Anlauf; da sind sie ärger als Teufel; lässt man sie aber erst ruhen, dann sind sie weniger denn Weiber. Mein Rat wär, dass ihr euer Volk itzt auf der Stell, sobald es nur ein wenig verschnauft und gefuttert hat, Sturm laufen ließet. – Der Rat gefiel ihm; führt' also sein ganzes Heer ins Feld und stellt' das Hilfsvolk gegen die Halden. Der Mönch nahm mit sich sechs Fähnlein Fußknecht und zweihundert Kürisser [Kürassiere; schwere Reiter], mit denen setzt' er auf das behändeste über das Moor, und gewann die Höhen über dem Brunnen bis auf die Straß gen Loudun. Inzwischen lief der Sturm an; Pikrochols Volk wusst nicht, ob's besser wär auszufallen und sie zu empfangen, oder die Stadt ohn Wank zu behaupten. Gleichwohl brach er wütig hervor mit einem Banner Reiterei seines Hofgesindes, und ward allda zum Willkomm mit schwerem Geschütz empfangen, das wider die Höhen hagelte, welchem mehr Spielraum zu gewähren, die Gargantuisten talwärts zogen. Die in der Stadt verteidigten sich, so gut sie konnten, aber die Schüsse gingen überall hin und trafen keinen. Etliche von dem Banner, die dem Geschütz entkamen, rückten tapfer gegen unser Volk, aber schafften wenig, denn sie wurden alle zwischen die Reihen gedrückt, und da zu Boden gestreckt. Dies spürend, wollten sie wieder rückwärts, aber der Mönch hatt' ihnen inzwischen den Pass verrannt; da gaben sie sich ohne Halt noch Ordnung in die Flucht. Es wollten zwar etliche sie verfolgen, aber der Mönch hielt sie zurück, besorgend, dass sie auf der Jagd nach den Flüchtigen ihre Stellung verlören, und die aus der Stadt derweil auf sie anstürmen möchten. Verging eine gute Weil, und als kein Feind sich blicken ließ, schickt' er den Herzog Phrontistes dem Gargantua, ihn zu ermuntern, dass er vorrückt', die Höhen linker Hand zu besetzen, damit dem Pikrocholus die Flucht durch dieses Tor verhauen wär. Welches Gargantua eilig tat und vier Schwadronen der Legion Sébaste hinschickt'; aber sie hatten den Berg noch nicht sobald erreicht, als sie mit dem Pikrocholus und seinem Schwarm Bart gegen Bart zusammenstießen.

Da hieben sie denn derbe drauf. Gleichwohl ward ihnen von denen auf den Mauern auch ein ziemlicher Schaden zugefügt mit dem Wurfgeschütz und der Artillerie. Sobald dies Gargantua inne ward, eilt' er ihnen mit großer Macht zu Hilf, und seine Stücke fingen dermaßen auf den Teil der Mauern zu spielen an, dass die ganze Kraft der Stadt dahin entboten ward. Als nun der Mönch dies Teil, das er belagert hielt, von Volk und Wachen entblößt sah, rückt' er heldenmütig gegen die Burg und ließ nicht ab, bis er oben stund nebst etlichen der Seinigen, des Glaubens, dass mehr Furcht und Schrecken die stiften, die sich in ein Treffen plötzlich mengen, als die nach bestem Vermögen schon drin kämpfen. Gleichwohl macht' er eher nicht Lärm, als bis seine ganze Schar auf den Mauern droben stund, ohne die zweihundert Kürisser, die er draußen ließ für alle Fälle.

Drauf erhub er mit seinen Leuten ein mörderlich Geschrei, sie erschlugen ohne Widerstand am selbigen Tor die Wachen, eröffneten's den Kürissern, und rannten in vollem Ungestüm alle miteinander nach dem Tor gen Morgen, wo das Gemetzel war, und warfen alle feindlichen Haufen von hinten darnieder.

Da nunmehr die Belagerten an allen Enden ihre Stadt von den Gargantuisten erobert sahen, ergaben sie sich dem Mönch auf Gnad und Ungnad. Der Mönch nahm ihnen ihre Wehr und Degen ab, logiert' und sperrt' sie sämtlich in die Kirchen ein, nahm aber zuvor alle Kreuzstöck' 'raus und stellt' an die Pforten Wächter, die niemand herausließen. Öffnet' ihnen dann das Tor gen Osten und zog dem Gargantua zu Hilf hinaus. Pikrochol aber meint', die Hilf käm ihm aus der Stadt, und wagt' sich tolldreist weiter denn zuvor heran, bis Gargantua ausrief: Bruder Jan, mein Freund, Bruder Jan! Zur guten Stund bist du gekommen. – Da, als Pikrochol und sein Volk nun einsah, dass alles ohne Rettung verloren, rissen sie aus nach allen Winden. Gargantua setzt' ihnen nach bis gen Vaugaudry, mit Mord und Totschlag. Dann aber ließ er zum Rückzug blasen.

Neunundvierzigstes Kapitel

Wie den Pikrocholus auf der Flucht das Unglück ereilt',
und was Gargantua nach der Schlacht tat

Pikrocholus entfloh also verzweifelnd nach der Bouchardsinsel, und auf dem Weg gen Rivière stolpert' und fiel ihm seine Mähr, darob er sich so schwer entrüstet', dass er in seinem Koller sie mit seinem Degen niederstach. Und weil er niemanden fand, der ihm wieder zu Pferd half, wollt er aus einer Mühlen in der Näh einen Esel nehmen. Aber die Müller zerdroschen ihn mit Knütteln breiweich, zogen ihm die Kleider aus und hingen ihm einen armseligen Kittel zur Bedeckung über. Also zog der arme Cholerikus fürbass auf Port-Huault, setzt' da über Wasser und erzählt' den Leuten sein Unglück. Da ihm denn eine alte Runkunkel wahrsagt,' dass ihm sein Königreich wiedererstattet werden würd, wenn die Katzraben [à la venue des coquecigrues; am St. Nimmerleins-Tag; ad calendas graecas] kämen. Seit der Zeit weiß man nicht, wo er hinaus ist kommen. Doch hab ich gehört, dass er itzunder ein armer Lidlöhner [gagne-denier; Tagelöhner] zu Lyon sei, cholerisch wie zuvor, und immerfort horcht' er bei allen Fremden herum, ob die Katzraben noch nicht kommen wollten: weil er bei ihrer Ankunft, nach der Prophezeiung der alten Hex, steif und fest hofft, in seine Staaten wiedereingesetzt zu werden.

Nach Abzug des Feindes zählt' Gargantua zuvörderst sein Volk und fand, dass dessen nur wenig auf dem Feld geblieben war, nämlich etliche Fußknecht aus dem Fähnlein des Hauptmanns Tolmeros und Ponokrates, der einen Büchsenschuss ins Wams gekriegt hätt. Darauf ließ er sie sich abfüttern, bandenweis, einen jeden nach seinem Fähnlein; gab auch seinen Kriegszahlmeistern Befehl, die Mahlzeit ihnen gutzutun und zu bezahlen, in der Stadt sich alles Unfugs zu entalten, dieweil sie sein wär, und nach dem Essen auf dem Burgplatz zu erscheinen, da man den Sold ihnen auf sechs Monat' auszahlen würde. Wie auch geschah.

Ließ dann auf dem gedachten Platz jene, die von Pikrochols Partei noch überblieben, vor sich fordern und redet' im Beisein all' seiner Fürsten und Hauptleut zu ihnen wie folgt:

Fünfzigstes Kapitel

Die Strafpredigt, die Gargantua den Überwundenen hielt

Unsre Ahnherrn, Väter und Vorvordern, solang wir denken können, sind immer der Meinung und Neigung gewesen, dass sie ihrer gewonnenen Schlachten Triumphgedächtnis und Ehrenmal lieber mit Siegestrophäen und Zeichen in die Herzen der Überwundnen durch Gnad, als in die eroberten Länder durch Baukunst haben stiften wollen. Denn sie achteten der Menschen lebendige durch Freundlichkeit gewonnene Erinnrung höher als die stummen Überschriften der Bögen, Säulen und Pyramiden, welche dem Verderbnis der Luft und eines jeden Missgunst bloßstehen. Wohl noch entsinnen mögt ihr euch der Langmut, die sie in dem Treffen bei Saint-Aubin-du-Cormier zum Sperberbaum und bei der Zerstörung von Parthenay den Bretonen erwiesen. Habt auch gehört und hörend bewundert, wie glimpflich sie mit den Barbaren von Spagnola [Haiti] verfahren sind, die den Meergau von Olonne und Talmondais verheert, geplackt und geplündert hatten. Der ganze Himmel ward des Frohlockens und Lobes voll, so ihr und eure Väter damals erhoben habt, als der kanarische König Alpharbal, seines Glückes Nimmersatt, in das Land Onix wütend einfiel, alle Armorischen Inseln und angrenzende Gauen mit Seeraub heimsucht'. Er ward in gerechtem Krieg zersprengt, besiegt, gefangen von meinem Vater, dessen Schirm und Erhalter Gott sei. Aber was mehr? Statt dass andre König und Kaiser, ja selbst solche, die sich Katholische schelten lassen, ihn elend gehalten, hart eingekerkert, aufs äußerste ranzionieret hatten, hielt er ihn fürstlich, brüderlich, losiert' [kaufte ihn los] ihn zu sich in seinen Palast und schickt' ihn voll unglaublicher Barmherzigkeit in sicherm Geleit, beladen mit Gaben, mit Ehrengeschenken, mit Gunstbezeugungen aller Art wieder heim. Was war das End davon? Kaum war er in seine Staaten kommen, ließ er alle Fürsten und Ständ des Reichs einberufen, schildert' ihnen die Freundlichkeit, die er bei uns erfahren, und bat sie darauf bedacht zu sein, dass, wie die Welt an uns ein Beispiel ehrlicher Billigkeit gesehen hätt, sie auch an ihnen nun ein gleiches billiger Ehrlichkeit finden möchte. Da ward einmütig beschlossen, dass man uns all ihr Land, Gebiet und Herrschaft übertragen wollt', damit zu schalten nach unserm Gefallen. Alpharbal kehret, in eigner Person stracks mit neuntausendachtunddreißig großen Lastschiffen zu uns zurück, beladen nicht nur mit seines Hauses erblichem Krongut, sondern fast allen Schätzen des Landes. Denn als er eben, mit West-Nord-Ostwind, abfahren wollt und seinen Schiffen die Segel aufzog, da warf ein jeder zu Hauf in selbe Gold, Silber, Kleinod, Edelstein, aromatisch Rauchwerk, Spezerein, Gewürz, Meerkatzen, Pelikane, Zibets, Psittich, Bisamtier, Dornschwein. Wer nicht, was er nur Bestes in Leib und Leben hatt, dazuwarf, ward gar für keiner ehrlichen Mutter Sohn geachtet. Wie er nun ankam, wollt er meinem Vater die Füße küssen; dies ward nicht ziemlich befunden noch gestattet, vielmehr wurd' er von ihm gesellig umfangen. Er präsentiret' seine Geschenk, man nahms nicht an, als übermäßig; bot sich selbst samt seinen Nachkommen zu freiwilligen Knechten an; man gabs nicht zu, denn es schien nicht billig. Übergab nach dem Beschluss der Stände sein Land und Staaten nebst Verreichung der drüber errichteten Instrument und Cessionstraktate, ratifiziert, signiert, besiegelt von allen darin Beteiligten. Dies ward ihm rundweg abgeschlagen und die Kontrakte ins Feuer geworfen. Das Ende war, dass mein Vater anfing vor Wehmut zu jammern und helle Tränen über die wohlgemeinte Einfalt der Kanarier vergoss und durch schickliche Wort und erlesene Sprüch' die Wohltat, die er ihnen erwiesen, herabsetzt', denn er hätt ihnen, sagt' er, auch nicht eines Knopfes Wert Gutes getan, und so er auch ehrlich an ihnen gehandelt, sei er, also zu tun, verbunden. Aber desto höher erhub es Alpharbal. Was war nun der Schluss? Statt zwanzighunderttausend Talern, die wir von ihm als Lösegeld nach höchster Streng tyrannisch hätten erpressen und seine ältesten Söhn als Geiseln dafür behalten mögen, haben sie sich zu immerwährend steuerpflichtigen Nachbarn bekannt und jegliches Jahr zwo Millionen lötigen Goldes zu vierundzwanzig Karat uns zu entrichten verbunden. Sind uns im ersten Jahr allhie bar ausbezahlt. Das andre Jahr zahlten sie freiwillig dreiundzwanzighunderttausend; das dritte sechsundzwanzighunderttausend; das vierte, drei Millionen Taler: und sind also gutwillig immer höher gestiegen, dass wir ihnen ein mehreres Steuern zu verbieten gezwungen sein werden. Dies ist die Natur der Dankbarkeit. Denn die Zeit, die alle Ding anfrisst und mindert, mehret dagegen und häuft die Wohltat; weil ein vernünftigen Menschen gern erwiesener offener Freundesdienst in edlem Gedächtnis und Erinnrung allzeit fortwächst. Wollen also mitnichten aus der angestammten milden Art unsrer Väter schlagen, sondern hiermit euch los und ledig, frank und frei wie zuvor erklären.

Überdies soll man jedem zum Abzug in den Toren drei Monat zahlen, dass ihr wieder in eure Heimat und Freundschaft kommen könnt, und mein Marschall Alexander mit sechshundert Reisigen und achttausend Fußvolk soll euch sicher geleiten, damit euch die Bauern kein Leids tun. Gott sei mit euch. Vom Grund des Herzens ist mir leid, dass nicht Pikrocholus hie zugegen: denn ich hätt ihn gemahnen wollen, dass dieser Krieg nicht mir zur Lust, noch Hoffnung, mein Gut und Namen zu mehren erhoben worden. Aber weil er verschollen ist und man nicht weiß, wie oder wo er abhanden kommen, will ich, dass seinem Sohn sein Reich unangetastet verbleiben soll. Welcher, da er noch allzu jung (denn er ist noch nicht gar fünf Jahr alt), von den ältesten Landesfürsten und klugen Männern des Königreichs erzogen und guberniert soll werden. Und weil ein solch verlassen Reich gar leicht zu Grunde gerichtet wird, wenn man den Geiz und die Begehrlichkeit der Verweser desselben nicht im Zaum hält, will und verordn ich: Ponokrates soll mit dazu benötigter Vollmacht über all seine Lehrer und Pfleger Aufseher sein und um das Kind getreulich bleiben, bis er es selber zu regieren geschickt und tauglich befinden wird.

Ich bedenk, dass allzu weichlich schlaffe Nachsicht gegen die Übertreter, ihnen nur desto mehreren Anlass gibt, von neuem zu sündigen, bestärkt durch diesen schädlichen Trost der Vergebung.

Ich bedenk, wie Moses, der seiner Zeit der sanfteste Mann der Erden war, doch die Empörer und Meutenmacher im jüdischen Volk nachdrücklich bestraft hat. Ich bedenk auch den Julius Cäsar, der ein so gütiger Kaiser war, dass Cicero von ihm sagt, sein Glück hab nichts Erhabeners gehabt, als dass er konnt, und seine Tugend nichts Bessers, als dass er auch immer wollt einen jeden begnadigen und verschonen. Derselbige gleichwohl hat ihrer Orten die Unruhstifter hart gestraft.

Nach deren Beispiel will ich dann, dass ihr vor euerm Abzug mir zuvörderst diesen saubern Marcket aushändigt, dessen eitler Dummtrotz dieses Krieges erster Zunder und Samen gewesen; zweitens auch seine Gesellen, die Weckenbäcker, welche sich säumig finden lassen, ihm auf der Stell sein töricht Gehirn zurechtzurücken. Drittens endlich alle Rät, Hauptleut, Beamten und Dienerschaft des Pikrocholus, die ihn etwan zu solchem uns beschwerlichen Ausfall angereizt, darin bestärkt oder zugeraten.

Einundfünfzigstes Kapitel

Wie die siegreichen Gargantuisten nach der Schlacht belohnet wurden

Nach Beendigung dieser Red wurden dem Gargantua die von ihm begehrten Unruhstifter ausgeliefert, bis auf Bravo, Dünnschiss und Kleinitz, welche sechs Stunden vor Anfang des

Treffens entflohen waren, der eine bis zum Col de Laignel in einem Strich, der andre bis ins Val de Vire, der dritte bis gen Logroine, ohne Umsehn noch Odemholen unterwegs, und zwei Bäcker, die in der Schlacht geblieben waren. Gargantua tat ihnen weiter kein Leids, als dass er sie in seiner neu errichteten Buchdruckerei an die Pressen stellt' und den Bengel ziehn ließ. Gab drauf den Toten ein ehrenvolles Begräbnis im Nösstal und auf dem Hexenbrenner. Die Verwundeten ließ er heilen und pflegen in seinem großen Nosokomio [Hospital]. Demnächst gedacht er, was der Stadt und den Bürgern etwan zu Leid geschehen wär, und ließ ihnen allen ihren Schaden auf ihre eidlich erhärtete Aussage vergüten. Baut' auch ein festes Schloss daselbst mit guten Wachen wohl bemannet, damit es künftig auf plötzliche Überläuf besser gedeckt wär.

Beim Abschied dankt' er huldreich allen Söldnern seiner Legionen, die mit im Treffen gewesen waren, und schickt' sie in ihre Winterquartier und Garnisonen, ausgenommen etliche von der Decumanischen [Zehnten] Legion, die er im Streit sich tapfer hätt hervortun sehen, und die Hauptleut der Fähnlein, die er mit sich zum Grandgoschier nahm.

Unmöglich zu beschreiben wär, wie hoch erfreut der Biedermann war, als er sie kommen sah: er gab ihnen alsobald den köstlichsten, reichsten, auserlesensten, herrlichsten Schmaus, den man seit König Asveri Zeiten gesehen hat. Zum Schluss der Tafel verteilt' er ihnen Mann für Mann seine ganze Kredenz, die achtzehnhunderttausendvierzehn Bisantinen Goldes wog, an großen, antikischen Gefäßen, großen Häfen, großen Becken, großen Schalen, Kelchen, Känteln, Kandelabern, Körben, Schifflein, Blumentöpfen, Zuckertellern und anderm mehr dergleichen Geschirr von lauter massivem Gold; den Schmelz, die Edelstein und Arbeit daran nicht mitgerechnet, die den Goldwert nach aller Schätzung überstiegen. Weiter ließ er ihnen bar aus seiner Schatull einem jeden zahlen zwölfhunderttausend Taler. Auch noch überdem beschenkt' er jeden auf ewige Zeiten (außer im Fall sie ohn Erben stürben) mit einem seiner Schlösser und Lehen der Nachbarschaft, nachdem sie ihm am gelegensten waren. Dem Ponokrates schenkt' er Clermaldsburg, Gymnasten Couldray, dem Eudämon Montpensier, dem Tolmerus Rivau, dem Ithybolus Monsoreau, dem Akamas Cande, Chironakten Varennes, dem Sebastos Gravot, dem Alexander Quinquenais, dem Sophron Ligré, und so weiter mit seinen übrigen Lehnsgütern.

Zweiundfünfzigstes Kapitel

Wie Gargantua für den Mönch die Abtei Thelem erbauen ließ

Blieb jetzt allein der Mönch noch zu bedenken übrig, den Gargantua zum Abt von Seuillé machen wollt: aber er schlug es aus. Dann wollt er ihm die Abtei zu Bourgueil schenken, oder auch die zu Saint-Florent, welche ihm selbst die liebste wär, oder auch beide, wenn er sie gern hätt: aber der Mönch gestand ihm frei dass er von Mönchen weder Vogt noch Vormund sein möcht. Denn, sprach er, wie sollt ich andre regieren, der ich mich selbst nit regieren kann? Wenn es Euch aber bedeucht, als hätt ich Euch angenehme Dienste geleistet oder möcht sie in Zukunft noch leisten, so vergönnet mir eine Abtei nach meinem eigenem Sinn [als ein Modell einer idealen menschlichen Gesellschaft] zu stiften. Die Bitte gefiel dem Gargantua und er bot ihm sein ganzes Land Thelem [Thélème; Thelema/θέλημα; Wollen, Wille, Gebot, Verlangen, Gelüst, Intention; »Thélémites«] am Loirefluss, zwei Meilen vom großen Forst von Port-Huault gelegen, dazu an. Da bat er den Gargantua, dass sein Orden das Widerspiel aller andern sein dürft. So muss man, sprach Gargantua, erstlich schon keine Mauern darum ziehen; denn alle andern Abteien sind erschrecklich vermauert. – Freilich, spricht der Mönch, und von Rechts wegen. Wo Mauern sind, da ist hinten und vorn nur Murren und Knurren, Trauern, Versauern, Neid, einer macht wider den andern Meut [»Hetzjagd«; conspiration mutuelle;

gegenseitige Verschwörung]. – Ferner, weil es in etlichen Klöstern dieser Welt Brauch ist, dass wenn ein Weibsbild (ich mein ein frommes und sittsames) hineinkommt, man die Spur ihnen nachfegt, wo sie hingetreten sind, so ward angeordnet, dass, wenn zufällig ein geistlicher Bruder oder eine Schwester etwa dorthin käm, man hinwieder ihnen säuberlichst alle Schritt und Tritt nachfegen sollte. Und weil in den Stiftern dieser Welt alles nach Stunden eingeteilt, verschränkt und klausulieret ist, ward beschlossen, dass da weder Uhr noch Zeiger sein sollt, sondern ein jedes Geschäft nach Schick und Gelegenheit verrichtet würde. Denn, sprach Gargantua, der einzige Zeitverlust, den er wüsst, wär das Stundenzählen. Was hätt man davon? Und wär die größte Narrheit der Welt, sich nach dem Schall einer Glocken zu richten, statt nach des Geistes Stimm und Sinn.

Item, weil man derzeit niemand ins Kloster stieß, als blinde, lahme, höckrige, hässliche, missgeschaffne, unreimische [ungereimte, nicht bei Sinnen], törichte, verhexte, vertrackte Weiber, desgleichen nur die verkrüppelten, blöden, lendenlahmen, hauslästigen Männer: – *(Ad vocem!* fiel der Mönch hier ein: Ein Weib, das weder schön noch fromm ist, wozu nutzt es? – Ins Kloster zu stecken, antwortet Gargantua. – Recht, sprach der Mönch, und Hemden zu machen) … so ward verfügt, dass man da niemand als schöne, wohlgestaltete, wohlgeartete Frauen, und niemand als schöne, wohlgestaltete, wohlgeartete Männer aufnähm. Item, weil Männer in Frauenklöster nicht anders als heimlich kommen könnten, oder im Sturm, ward dekretiert, dass da kein Weib sein sollt, es wär denn ein Mann dabei, noch auch ein Mann, wo nicht ein Weib wär. Item, weil so Männer als Weiber, einmal ins Kloster aufgenommen, nach ihrem Probjahr lebenslang darin zu verharren gezwungen werden, ward festgesetzt, dass jeder Mann und jedes Weib da aufgenommen, wann's ihnen gut deucht', frei und gänzlich wieder heraus marschieren dürften. Item, weil die Ordensleut gemeinlich drei Gelübd' tun, nämlich Keuschheit, Armut und Gehorsam: so ward verfasst, dass man allda in Ehren möcht beweibt sein, dass ein jeder reich wär und in Freiheit leben sollt'. Hinsichtlich des rechtmäßigen Alters, nahm man die Frauen mit zehn bis fünfzehn, die Männer mit zwölf bis achtzehn Jahren.

Dreiundfünfzigstes Kapitel

Wie die Abtei der Thelemiten erbauet und fundieret ward

Zu Bau und Einrichtung der Abtei ließ Gargantua siebenundzwanzighunderttausendachthunderteinunddreißig [2 700 831] Langwollhammel [»moutons à la grande laine«/monnaie d'or marquée d'un agnus«; Goldmünzen] bar auszahlen, und jedes Jahr, bis alles ausgebaut wär, wies er von den Schifffahrtserlösen der Dive [kleiner Fluss, entspringt bei Montgaugier/Vienne, durchfließt den westlichen Teil des Mirebalais, mündet zwischen Montreuil-Bellay und Saumur in den Thouet; fantasierte Einnahmen aus Warenverkehr darauf, da früher kaum schiffbar] sechzehnhundertneunundsechzigtausend [1 669 000] Sonnentaler an, und ebenso viele Siebensterntaler. Zur Fundierung und zum Unterhalt derselben gab er auf ewige Zeiten dreiundzwanzighundertneunundsechzigtausendfünfhundertvierzehn [2 369 514] Rosenobel [nobles à la Rose; englische Goldmünzen] unablöslich amortisierte Grundrent, zahlbar jährlich an der Abteitür, und fertigt' ihnen gute Stiftbrief darüber aus. Des Gebäudes Figur war hexagonisch, dergestalt, dass auf jedes Eck ein dicker runder Turm zu stehen kam, sechzig Schritt im Durchschnitt ihres Umfangs, und an Dick und Umriss waren sie all einander gleich. Auf der Seit gen Mitternacht [septentrion; Norden] lief der Loirefluss, an dessen Ufer stund einer von den Türmen namens Arktike [Artice], von da gen Morgen ein andrer, namens Kalaer [Calaer]. Der folgende hieß Anatole. Der folgende Mesembrine [Mésembrine], der nächstfolgende Hesperie [Hespérie]: Der letzte Kryere [Crière]. Dreihundertzwölf Schritt betrug von einem Turm zum andern der Zwischenraum: zu sechs Etagen alles erbauet, die Keller im Grund miteingerechnet. Der zweite Stock war korbhenkelförmig gewölbt, die andern mit Flandrischem Gips in Lichtstockart bekleidet. Das Dach aus feinem Schiefer mit Bleirücken voller kleiner Tier- und Männerfigürlein wohl assortiert [passend abgestimmt] und überguldet, wie auch die Regentraufen, die aus der Mauer zwischen den Fensterbögen sprangen, diagonalisch mit Gold und Azur bemalt bis zu ebener Erden, wo sie in weite Röhren liefen, welche sämtlich unter dem Haus in den Fluss ausgingen.

Selbigs Gebäud war tausendmal prächtiger als Bonivet, Chambourg [Chambord] oder auch Chantilly, denn es waren darin neuntausenddreihundertzweiunddreißig Gemächer, jedes mit Hinterkammer, Klosett, Kapell, Garderob und Austritt in einen großen Saal versehen. Zwischen jedem Turm inmitten der Mauern des Hauses selbst war eine Schneckentrepp quer durch das Haus gebrochen; die Stufen derselben teils Porphyr, teils numidischer Stein, teils Serpentin, zweiundzwanzig Schuh lang; die Dick betrug drei Finger; der Satz von einer Treppenruh zur andern zu zwölfen gerechnet. In jeder Ruh waren zwo schöne antikische Bögen durch die der Tag einfiel, und kam man durch sie in ein durchbrochnes Gemach von gleichem Umfang mit der Treppen, stieg dann weiter bis über das Dach, wo sie in einem Pavillon zu Tag ausging. Nach allen Seiten trat man von dieser Schneckentrepp in einen großen Saal, und aus den Sälen in die Gemächer und Zimmer. Zwischen den Türmen Arktike und Kryere waren die schönen großen Libereien [librairies; Bibliotheken] in Griechisch, Lateinisch, Hebräisch, Französisch, Toskanisch, Hispanisch, nach den Sprachen in die verschiednen Stockwerke verteilt. Zumittelst war eine wunderbare Schneckentrepp, auf welche man von außen herein durch einen sechs Klafter [»toise«; altes französisches Längenmaß, 1,949 m] breiten Bogen passiert', und der war von solchem Umfang und Ebenmaß, dass sechs Reisige die Speer in den Hüften, bis aufs Dach des ganzen Hauses nebeneinander hinaufreiten konnten. Zwischen den Türmen Anatole und Mesembrine waren schöne geräumige Gallerien mit lauter alten Heldentaten, Historien und Erdbeschreibungen gemalt. Zumittelst war eben ein solches Tor und Stieg, wie auf der Wasserseiten berichtet worden, und über dem Tor mit großen alten Lettern geschrieben was folget:

VierundfünfzigstesKapitel

Aufschrift des großen Tors zu Thelem

Hie kommt nicht her ihr Gleisner und Zeloten,
Meerkaterpfoten, feiste Schleckerbrut,
Duckmäuserroten dämischer denn Goten,
Und Ostrogoten, Gog- und Magogsboten,
Lotterbigoten, Kuttner weich beschuht
Im Bettelhut, Maulbrocker von der Knut,
Arm Blut voll Wut, Wellbinder fauler Streich,
Kramt, Schinder, hie nicht aus eur Schelmenzeug …

Eur Schelmenzeug
Erfüllt mein Reich
Mir mit Gestank.
Wie falscher Sang
Verstimmt mein Geig
Eur Schelmenzeug.

Hie kommt nicht her Haischlund und Praktikant,

Vogt, Bazochant Blutegel der Gemeine,
Kein Pharisäer, Schreiber, Offiziant
Mit hohler Hand, der mir das arme Land
Gleich Hunden spannt und zauset an der Leine.
Hol er das Seine sich am Rabensteine,
Hang dort und greine! hie ist kein Exzess
Für eure Küch, hie braucht man nicht Prozess.

Prozess und Streit
Hie nicht gedeiht,
Wo wir uns letzen
Euch müssen hetzen
Die Läng und Breit
Prozess und Streit.

Hie kommt nicht her, Filz, Lollhart, Wucher-Pack
Mit Hellerplack, ihr, die ihr scharrt und schabt,
Kreckkater, Knauser, satt vom Nebelschmack,
Krummnack, Plattnasen, die an tausend Pack
In Topf und Sack nicht zur Genüge habt,
Euch nimmer labt, wenn man euch drin begrabt
Und voll begabt; dem Teufel in die Tatzen,
Ihr Memmen fahrt mit euern Hungerfratzen.

Fratzen von Solchen
Nicht Menschen, Molchen
Weiset von hier
Fort zum Barbier.
Denn wir erdolchen
Fratzen von Solchen.

Hie kommt auch nicht ihr tollen Köder her
Von ungefähr, Brummbär und Eifersüchter,
Ihr Spukgesichter kommet nimmermehr,
Kobolde, Werwölf, Hahnrei, Meuterheer,
Zu fürchten mehr als Krokodilgelichter;
Ihr räudgen Wichter bis ins Mark voll Gichter:
Für eure Trichter andre Tonnen sucht,
Grindkrustige voll Schund und Schandenzucht.

Zucht, Lust und Preis
Gehn sie im Gleis.
Im fröhlichen Bund
Sind all gesund,
Krönt ihren Fleiß
Zucht, Lust und Preis.

Hie aber kommt und tretet frei herein
Ihr Ritter fein, ihr edeln Herrn zumal!
Hie ist der Saal, wo man die Renten sein
Wohl mag verleihn, auf dass wir Groß und Klein
Erhalten sein bei tausend an der Zahl.

Ihr mein Spezial und meines Herzens Wahl,
Froh, kordial, freisam in Tat und Rat,
Mit einem Wort, erlesne Kamerad.

Kamrad erlesen,
Von munterm Wesen,
Mit lauterm Sinn
Freun sich hierin
An Ernst und Späßen
Kamrad erlesen.

Hie kommet her, die ihr des Herren Wort
Dem Feind zum Tort mit flinkem Geist verkündet.
Hie sollt ihr haben feste Burg und Hort,
Wenn Geistermord mit Glossen fort und fort
Die Gnadenpfort uns zuschließt und verspündet.
Kommt! gründet hie den Glauben, weckt und zündet!
Alsbald verschwindet, wann ihr schreibt und sprecht,
Was sich verschworen wider Gottes Recht.

Recht Gottes dauern
In heilgen Mauern
Wird sofortan.
Wo Weib und Mann
Den Feind belauern,
Muss Gottrecht dauern.

Hie kommt ihr hohen Frauen auch genaht,
Auf frischer Tat! Glück sei mit euerm Chor,
Ihr Schönheitsflor, der Himmelsäuglein hat;
So kerzengrad, sittsam in Mien und Tat:
Auf diesem Pfad sprießt Ehre nur hervor.
Für euch erkor der Meister dieses Tor
Und Haus zuvor. Was ihr euch wünscht und wollt
Erfrug er, und begabt' es reich mit Gold.

Mit Gold beschenket,
Nicht schmollt noch kränket
Man den, ders beut.
Den Edeln freut,
Wenn man sein denket,
Mit Gold beschenket.

Fünfundfünfzigstes Kapitel

Wie die Wohnung der Thelemiten war

In Mitten des Hofs war ein herrlicher Brunnen von schönem Alabasterstein; darauf standen die drei Grazien mit den Hörnern des Überflusses: und gaben das Wasser aus Brüsten, Ohren, Mund, Augen und andern Öffnungen des Leibes von sich. Der innere Bau des Hauses über dem Hofe stund auf mächtigen Pfeilern von Chalzedon und Porphyr mit schönen antikischen Bögen, innerhalb welcher schöne lange geräumige Gallerien waren, verziert mit Schildereien, mit Hörnern vom Hirsch, Rhinozeros, Einhorn, Flusspferd, mit Elefantenzähnen und andern Merkwürdigkeiten. Das Frauenquartier ging vom Turm Arktike bis zum Tor Mesembrine: im übrigen wohnten die Männer. Vor dem gedachten Frauenquartier, zu ihrer Augenweide waren zwischen den beiden ersten Türmen außerhalb, die Übungsplän, das Hippodrom, das Theater, die Schwimmplätz, nebst den prächtigen Bädern zu drei Böden, wohl versehen mit allem Bedarf, und mit Myrrhenwasser die Hüll und Füll. Auf der Flussseite war der schöne Lustgarten, und mitten darin das artige Labyrinth gelegen. Zumittelst der beiden andern Türme das »Jeu de Paume« [Spiel mit der Handinnenfläche; Vorläufer des Tennis] und Spiel der großen Bälle. Dem Turme Kryere gegenüber war der Fruchtgarten voller Obstbäum, all im Quincunx [en ordre quinconce; Fünferanordnung, auf Lücke gegeneinander versetzt] angepflanzet: hinter demselben das große Geheg von allen Arten Wildes wimmelnd. Zwischen den dritten Türmen war der Schießrain für Bogen, Büchs und Armbrust. Küchen und Kellnerei vor dem Turm Hesperie, zu einem Stock. Dahinter der Marstall: vor den Küchen die Falknerei von kunsterfahrnen Falkonieren versehen, und ward alljährlich von den Candiern, Sarmaten und Venetianern versorgt mit allen Sorten Mustervögeln, Adlern, Falken, Sperbern, Habichten, Sackern [Weihen], Laneten, Schweimern, Schmerlein und andern, so wohl dressiert und abgericht, dass sie, wann sie zur Lust vom Schloss ins Feld ausflogen, auf alles stießen, was ihnen vorkam. Die Jägerei lag ein weniges weiter nach dem Gehege zu.

Alle Zimmer, Säl und Gemächer waren nach den Jahreszeiten verschiedentlich tapeziert, die Böden all mit grünem Tuch bedeckt, die Betten von Stickerei.

In jeder Hinterkammer hing ein kristallener Spiegel in feines Gold gerahmt, ringsum mit Perlen eingefasst; und war so groß, dass man sich darin in Lebensgröß von Kopf bis Fuß beschauen konnte. Vor den Sälen des Frauenquartiers stunden die Haaraufputzer und Parfümierer, durch deren Händ die Männer gingen, wann sie die Frauen besuchen wollten. Dieselben besprengten alle Morgen die Zimmer der Frauen mit Rosenwasser, mit Engel- und Pomeranzblütwasser und reichten einer jeglichen das köstliche Räucherpfännlein dar, von allen Spezereien duftend und aromatischem Wohlgeruch.

Sechsundfünfzigstes Kapitel

Wie die Ordensbrüder und Schwestern von Thelem gekleidet gingen

Die Frauen in der ersten Zeit der Stiftung kleideten sich nach ihrem eignen Wohlgefallen und Belieben. Nachmals aber wurden sie mit ihrer freien Genehmigung reformiert, wie folgt: Sie trugen Hosen von Scharlach oder Granatfarb; selbige Hosen gingen genau drei Finger breit bis übers Knie, und war der Saum daran aufs schönst gestickt und ausgezackt. Die Hosenbändel waren von eben derselben Farb wie die Armbänder und beschlossen das Knie zu oberst und unterst. Die Socken, Schuh und Pantöfflein, von Karmesin- oder Violettsamt, krebsnasenförmig ausgeschlitzet.

Über das Hemd ward angezogen die schöne Vasquine [Korsett] von feinem Heidenkamelott: darüber warfen sie die Verdugale von Taft, weiß, rot, lohfarben, grau, etc. Darüber den Rock von Silbertaft mit Stickereien in feinem Gold, hohlnädlich verschlungen; oder auch, je nachdem ihnen gut und der Witterung gemäß schien, von Atlas, Damast, Samt, orangen, lohfahl, grün, aschgrau, bläulich, hellgelb, weiß, karmesinrot, Goldbrokat oder Silberstoff mit Besatz und Kantille nach den Festen. Die Roben waren nach der Jahreszeit, von Goldstoff mit Silberfrisur, von rotem Atlas mit Goldenkantill, von weißem, blauem, schwarzem oder bräunlichem Taft, von Seidensarsch, Seidenkamelott, Samt, Silberstoff, Silberbrokat, Franzgold, von Samt oder Atlas in den verschiedensten Mustern mit Gold durchfädelt. – An manchen Tagen im Sommer trugen sie statt den Roben schöne Marlotten mit Putz, wie oben, oder auch Bernen *à la Moresque,* von Violettsamt mit Goldfrisur auf Silberkantille, oder mit güldnen Schnüren, auf den Knötlein mit kleinen indianischen Perlen besetzt. Und immer den schönen Federstutz, nach den Farben der Ärmel-Aufschläg, wohl besetzt mit güldenen Flunkern. Im Winter Roben von Taft in obigen Farben, verbrämt mit Luchs, mit schwarzem Hermelin, Kalabrischem Marder, Zobel und anderm köstlichen Pelzwerk. Die Paternoster, Halsgeschmeid, Ring, Ketten waren von feinen Juwelen, Karfunkeln, Rubinen, Balasen [Balasrubine], Demanten, Saphiren, Smaragden, Türkisen, Granaten, Agathen, Beryllen, Perlen und auserlesenen Tropfen. Der Hauptschmuck war nach der Zeit: im Winter Französisch, im Frühjahr Spanisch, im Sommer Toskanisch, ausgenommen die Fest und Sonntag, da sie Französisch gingen, weil es ehrbarer ist und mehr nach keuscher Matronen Art.

Die Männer waren nach Ihrer Weis gekleidet: Hosen, zuunterst, von Stammet [geköpertes, dickes und starkes Wollenzeug] oder Tuchsarsch in Granaten, Scharlach, weiß oder schwarz: zu oberst von Samt in gleichen oder ähnlichen Farben, gestickt und gemützert nach ihrer Erfindung. Das Wams von Gold-, von Silberstoff, Samt, Damast, Atlas oder Taft in denselben Farben, ebenmäßig gestickt, staffiert, gemützert. Die Nestel [Schnürriemen, Schnürband; Bandschleife, Binde] von Seiden gleicher Farb; die Stift daran von feinem Goldschmelz. Die Schauben [langes, weites, bis auf die Füße gehendes Oberkleid] und Leibröck von Goldbrokat, Goldstoff, Samt, Silberbrokat, beliebig durchfädelt. Die Mäntel ebenso kostbar wie bei den Roben der Frauen. Die Gürtel von Seiden nach der Farb des Wamses. An der Hüft ein jeder sein schönes Schwert mit güldnem Griff, mit samtener Scheide von Farb der Hosen, die Spitz von Gold mit künstlicher Arbeit. Der Dolch desgleichen. Das Barett von schwarzem Samt mit vielen güldnen Spangen und Bollen besetzt; darüber die weiße Feder, zierlich geschärtelt mit güldnen Flindern [flimmernden Goldblättchen], daran hingen Berlocken von schönen Rubinen, Smaragden etc.

Aber so groß war die Einigkeit zwischen den Männern und Frauen, dass sie tagtäglich überein gekleidet gingen: und um hiegegen nie zu verstoßen, waren besondre Kavalier dazu angestellt, es jeden Morgen den Männern zu melden, welche Farb an selbigem Tag den Frauen zu tragen gefällig wäre. Denn alles und jedes ward nach der Frauen Belieben getan; und denkt nur nicht, dass mit so reichem, stattlichen Anzug je einer oder eine von ihnen irgend Zeit verloren hätt. Denn die Garderobemeister hatten sämtliche Kleider jeden Morgen so flink bei der Hand, und die Kammerfrauen waren so trefflich eingeübt, dass sie in einem Augenblick von Kopf bis Fuß gekleidet waren.

Und um sotane [derartig, so beschaffen, solch] Geschmeid und Anzüg in desto besserer Ordnung zu halten, stund in der Näh des Thelemer Waldes ein großes mächtiges Gebäud einer halben Meilen lang, fein hell und wohleingerichtet: darin wohnten die Goldschmiede, Juweliere, Sticker, Schneider, Sammetweber, Goldzieher, Tapeten- und Teppichwirker und arbeiteten da ein jeder in seinem Handwerk, lediglich für diese Ordensbrüder und Schwestern. Selbigen ward das Zeug und der Stoff von dem Herrn Nausikletus geliefert, der ihnen jedes Jahr sieben Schiff aus den Kannibalen- und Perleninseln mit Barren Goldes, roher Seiden, Perlen und Steinen beladen zufuhr. Wenn etliche Perlen veralten wollten und etwa den weißen Glanz verloren, erneuerten sie sie durch ihre Kunst wiederum damit, dass sie sie einem schönen Hahn zu fressen gaben, wie man den Falken Purganz eingibt.

Siebenundfünfzigstes Kapitel

Wie der Thelemiten Lebensart reguliert war

Ihr ganzes Leben ward nicht geführt nach Satzung, Regel noch Statuten, sondern nach eigner freier Wahl. Stunden vom Bett auf, wann ihnen gut schien; tranken, aßen, arbeiteten, schliefen, wann sie dazu das Verlangen ankam. Keiner weckt' sie, keiner zwang sie, weder zum Trinken noch zum Essen, noch zu sonst etwas. Denn so war es vom Gargantua eingerichtet. In ihrer Regel war nicht mehr als diese einzige Verpflichtung:

TU WAS DU WILLST.

Weil wohlgeborene, freie, wohlerzogene Leut in guter Gemeinschaft aufgewachsen, schon von Natur einen Sporn und Anreiz, der sie beständig zum Rechttun treibt und vom Laster abhält, in sich haben, welchen sie Ehre nennen. Diese, wenn sie durch niedrigen Zwang und Gewalt unterdrückt und knechtisch behandelt werden, richten nun den edlen Trieb, aus welchem sie frei nach Tugend strebten, auf Zerbrechung und Abwerfung dieses Sklavenjoches. Denn wir trachten allzeit nach dem Verbotenen, und uns gelüstet nach dem, was versagt ist. – Aus dieser Freiheit erwuchs in ihnen ein löblicher Wettstreit alles zu tun, wovon sie sahen, dass es dem einen angenehm war. Wenn einer oder eine sprach: Lasset uns trinken, so tranken sie alle. Sprach er: Lasset uns spielen, so spielten sie alle. Sprach er: Kommt ins Feld spazieren, so gingen alle gleich hinaus. Wollten sie auf die Vogelbeize oder Jagd, so setzten sich die Frauen auf schöne Zelter, das Prunkross zur Hand, und jede trug, zierlich behandschuht auf ihrer Faust einen Sperber, Habicht, oder Schmerling. Die Männer trugen die andern Vögel. So adlig waren sie all erzogen, dass unter ihnen auch nicht einer noch eine war, die nicht hätt lesen, schreiben, singen, musizieren, fünf bis sechs Sprachen reden und sowohl reimweis als in ungebundener Red darin diktieren können. Niemals hat man so wackre galante Ritter gesehen, so vollkommen zu Fuß und Ross, so rüstig und regsam, so wohl in allen Waffen bewandert, als es da gab.

Niemals hat man so stattliche Frauen, so artige, so wohlgelaunte, zur Hand, zur Nadel, ja zu jeder ehrlichen freien weiblichen Kunst geschicktere Frauen gesehen als da.

Daher dann, wann die Zeit erschien, dass einer auf seiner Freund Begehren oder sonst einem andern Grund, aus diesem Stift austreten wollte, er eine der Frauen mit sich nahm, die ihn etwa zu ihrem Getreuen erkoren hätt, und wurden dann zusammen vermählt, und hatten sie in Thelem treu und einig gelebt, so fuhren sie im Ehestand noch besser damit fort und liebten einander am letzten Tag ihres Lebens wie am ersten Hochzeitstag. – Ich will auch nicht vergessen, euch noch ein Rätsel hie beizuschreiben, das man im Fundament der Abtei auf einer großen ehernen Platten gefunden hat und lautet wie folget:

Achtundfünfzigstes Kapitel

Rätsel-Prophezei

Ihr armen Menschen, denen Heil vonnöten,
Ermuntert euch und merkt auf meine Reden!
Wenn uns zu glauben sicher ward vergönnt,
Dass durch Gestirn am Himmelsfirmament
Des Menschen Geist von selber mag gedeihn
Zur Wissenschaft Zukunft zu prophezein,
Und wenn man kann durch göttliche Gewalt
Vom Dermaleinst erkennen die Gestalt,
Bis auch entfernter Jahre Lauf und Schick
Ermessen wird mit scharfem Geistesblick:
Tu ich wer Ohren hat, zu wissen jeden,
Dass nächsten Winter, ohne mehr Verspäten,
Ja, eher noch, hie wo wir sind und stehn

Ein Menschenhäuflein wird zu Tag erstehen
Der Ruhe Feind, und ohne Sitzefleisch.
Am hellen Tage ziehn sie mit Geräusch
Frei um und wiegeln alles Volk im Land
Zu Rotten auf, Partei und Widerstand.
Und wenn man ihnen glaubt und folgsam ist,
Hetzt dies Geschlecht in offenbarem Zwist,
Was auch daraus entstehn mag und entstammen,
Die nächsten Freund und Vettern selbst zusamen.
Der kecke Sohn hält es für kleine Sünden,
Sich wider seinen Vater zu verbünden:
Die Hohen, selbst aus edelm Blut erzeugt,
Sehn von Vasallen sich bekämpft, verscheucht.
Gehorsam, Ehrerbietung, Dienerpflicht
Verlieren all ihr Ansehn und Gewicht:
Denn, ist ihr Wort, trifft jeden doch die Reih
Dass er erhöht, und dann erniedrigt sei.
Und wird ein solch Hantieren sein und Raufen,
Mishelligkeit und Hin- und -widerlaufen,
Dass keiner Zeiten wunderreiche Schrift
Von ähnlicher Verwirrung uns bericht.
Alsdann wird mancher ehrenwerte Mann,
Weil er im Jugendmut zu hitzig rann
Und solchem Trieb gefröhnet ungescheut,
Des Todes sein nach kurzer Lebenszeit.
Und wird auch keiner diesem Werk entsagen.
Wenn er erst einmal dran fand Behagen,
Bis er im Kampfgewühl mit Lärmen wild
Die Luft, das Land mit Schritten hat erfüllt.
Zu gleichen Teilen ehret man alsdann
Den Ehrvergessnen und den Ehrenmann,
Weil alles wird am Glauben und Verlangen
Der tollen Meng und dummen Einfalt hangen;
Davon den Gröbsten man zum Richter macht.
Weh uns! welch' grause Wassersflut erwacht!
Flut sag ich, und geschieht mit gutem Grund:
Denn diese Krankheit wird nicht eh gesund
Und wird davon die Erde nicht befreit,
Bis Wasser jählings herschießt weit und breit,
Das mitten in des Handgemenges Hitze
Die Härtesten erweiche und besprütze:
Und das mit Fug, weil also kampfgewohnt
Ihr blutig Herz auch nicht der Tiere schont.
Von armen Herden und unschuldgem Vieh
Verworfne Därm und Sehnen bringen sie
Den Göttern nicht zum Opfer, sondern weihn
Sie irdischem gemeinen Dienst allein.
Nun mögt ihr selbst erachten wie fortan

Das Ganze wohl im Gleise mag bestahn,
Und welche Ruh bei also blindem Wüten
Des runden Triebwerks Körper sei beschieden.
Die, denen er die höchste Huld erweist,
Die Reichsten bläun und martern ihn zumeist
Und werden allerweis und wegen ringen
Ihn einzufangen und ins Joch zu zwingen:
Bis dass der Arme, gar zu Fall gebracht,
Nicht Zuflucht weiß als Den der ihn gemacht.
Und was das Härteste zu seiner Pein:
Eh noch die Sonne wird im Westen sein,
Wird sich Verfinstrung über ihn ergießen,
Mehr denn bei Nacht und Sonnenfinsternissen,
Die ihm die Freiheit raubt auf einen Schlag,
Und höchste Himmelsgunst, den heitern Tag,
Ihn mindestens zur Wüste wird entstellen.

Doch lang vor dieser Not und Unglücksfällen
Wird ein so furchtbar Bidmen [Beben] jedermann
Ganz öffentlich an ihm verspüret han,
Dass Ätna damals minder ward bewegt
Als er auf Titans Sohn sich niederlegt',
Auch die Erschüttrung von Inarime
So jähling zu erachten nimmermeh,
Als die Gebirge voller Ärgernis
Typhöus [Typhon] abhub und ins Wasser schmiss.

Also in wenig Augenblicken scheitert
Sein Glück, so wird er hin und her geschleudert,
Dass wer ihn kurz zuvor ins Garn gebracht,
Der Folgemann ihn drum nicht streitig macht.
Dann ist die gute güldne Zeit nicht fern,
Da sich zu Ende neigt dies lange Zerrn;
Denn vor den Wasserströmen nur gedacht
Wird jeder auf den Rückzug sein bedacht.
Wiewohl, bevor sie auseinander gehn
Man offenbar in Lüften wird ersehn
Ein großes Feuer hitziglich entzündet,
Davor der Spuk und Wasserschwall verschwindet.
Und wird von solchen Händeln sein der Schluss,
Dass die Erwählten sich im Überfluss
Und Himmelsmanna alles Guten letzen,
Und dass man außerdem sie reich mit Schätzen
Begabt; die andern aber auf die letzt
Nackt auszieht, wie man recht und billig schätzt;
Damit, nach so gestillten Sturm und Drange
Ein jeder sein bescheiden Teil empfange.
Also gegeben. Ehret hoch den Mann
Er bis ans Ende treu beharren kann.

Nachdem dies Denkmal zu End verlesen, seufzt' Gargantua tief, und sprach zu den Versammelten: Es ist nicht von heut, dass man die treuen Bekenner des evangelischen Glaubens verfolget. Aber selig, wer sich nicht ärgert und, unzerstreuet und unverrückt durch seine fleischlichen Gelüste, stetig dem Ziel und Zweck nachjagt, den Gott durch seinen lieben Sohn uns vorgesteckt hat. Darauf sprach der Mönch: Was meint ihr denn in euerm Sinn, dass dieses Rätsel sagen und bedeuten wollt? – Was anders, sprach Gargantua, als den Verfall und die Erhaltung göttlicher Wahrheit? – Nun beim Sankt Goderan, rief der Mönch, dies stimmt zu meiner Auslegung schlecht: es ist des Propheten Merlin Stylus: tut ihr Allegorien und Verständnis drein, so tief ihr wollt, und grübel die ganze Welt darüber, so lang sie mag, ich, meines Teils, seh keinen andern Sinn dahinter, als eine Beschreibung des Ballspiels unter verblümten Redensarten. Die das Volk aufwiegeln, das sind die Partienmacher, welches gemeinlich gute Freund sind: und wenn sie die beiden Gäng gemacht, kommt der aus dem Spiel, der darin war, und der andre hinein. Man glaubt dem ersten, welcher sagt, ob der Ball über oder unter der Schnur gegangen. Das Wasser ist der Schweiß. Die Schnüre der Racketten [Raketen; Spinnrocken] sind gemacht aus Hammel- und Ziegendärmen. Das runde Triebwerk ist der Ballen oder Fangball. Nach dem Spiel erfrischt man sich bei einem guten Feuer und ziehet frische Hemder an, zecht auch und bankettieret gern, doch lustiger, die gewonnen haben. Und geht dann hoch her.

Zweites Buch

Pantagruel, der Dipsoden König,
in sein ursprünglich Naturell wiederhergestellt,
nebst dessen erschrecklichen Heldentaten und Abenteuern,
verfasst durch Meister Alcofribas Nasier,
Seligern, der Quintessenz Abstractor

Zehn-Reim

Meister Hugo Salel's an den Autor dieses Buches

Wenn man den Autor, welcher sich befliss
Mit Nutzen Süßigkeit zu mischen, preist:
Wird man dich loben: dessen sei gewiss.
Ich habs erkannt; dieweil Dein Sinn und Geist
In diesem Büchlein, was uns frommt, zumeist
So wohl geschildert hat mit heitern Mythen,
Dass mich bedünkt, ich sehe Demokriten
Und hör ihn lachen über unsre Streich.
Drum lass nicht ab! und bleibt Dein Lohn hienieden
Dir aus, er harret Dein im Himmelreich.

Gargantua, Prologue
(Gustave Doré, 1832-1883)

Des Autors Prologus

Sehr treffliche und mannhaftige Degen, edle freie gestrenge Herren und all ihr andern, die ihr euch gern jedweder Anmut und Tugend befleißigt: ihr laset, aßet und ermaßet unlängst die große unschätzbare Chronik des ungeheuren Riesen Gargantua und habt als wahre Gläubige daran so steif und fest geglaubt als an ein heiligs Evangelium oder unfehlbaren Bibeltext; auch manchmal euch die Zeit damit nebst den ehrsamen Frauen und Fräulein vertrieben, wann ihr ihnen, just müßig, daraus fein lange und schöne Geschichten erzähltet. Derhalben gebühret euch denn groß Lob und ein unsterblichs Ehrengedächtnis. Und wenn es meinem Willen nachging, sollt sich ein jeder seiner besondern Geschäft entschlagen, um sein Gewerb nichts kümmern, all sein sieben Sachen gar aus dem Sinn tun, um lediglich hierin zu leben mit äußerlich ganz unzerstreuten gesammelten Sinnen, bis mans zuletzt auswendig wüsst. Dass, wenn die Kunst zu Drucken etwa durch Zufall abkäm, oder künftig die Bücher all zu Grunde gingen, ein jeder es seinen Kindern haarklein einlernen möcht und von Hand zu Hand auf Erben und Nachfahren weiter pflanzen, wie eine heilige Kabbala. Denn es ist weit mehr Furcht darin, als sich ein ganzer Haufen grober Hachen [Burschen] und Grindköpf träumen lässt, die von diesen kleinen Fröhlichkeiten viel weniger verstehn als ein Vollidiot. Ich hab wohl manche hohe, gebietende Herrn gekannt, die, wenn sie auf die große Tierhatz oder Entenbeiz ausritten und sich begab, dass sich das Wild nicht auf dem Bruch betreten ließ, oder der Falk irr ward, und ihnen der Vogel vor ihren Augen entging, waren sie wohl wie ihr leicht einseht, unwirsch genug: doch ihre Hilf und Zuflucht gegen Erkältung einstweilen war dann die Rekapitulation der unschätzbaren Taten unsers Gargantua. Andre sind auf der Welt (und dies sind keine Flausen), die, vom Zahnweh hart geplagt, ihr ganz Vermögen ohn allen Nutzen an die Ärzt und Bader schon verschwendet hatten; sie haben kein kräftiger Mittel erfunden, als unsre zuvor genannte Chronik säuberlich zwischen zwei warmen Läpplein auf die schmerzhafte Stelle zu legen, mit etwas Güldenpulver besinapt [Sinapis; Umschläge mit frisch gemahlenen und zu Brei verrührten Samen des Weißen Senf]. Aber was soll ich erst von den armen Gichtbrüchigen und Venerischen sagen? O, wie oftmals haben wir sie gesehen, wenn man sie eben gesalbt und über und über eingeschmiert hatt', dass ihnen die Gesichter wie Schlösser an einem Fleischscharren [Macellum, Boucherie, Metzge, Fleischscharre] leuchteten und die Zähne im Hals klappten wie ein Spinett oder Orgelklavier, wenn man drauf spielt, und ihnen der Schaum vorm Mund stand wie einem Eber, den der Brack [Jagdhund] im Garne zaust! Was tätens dann? Ihr einziger Trost war, eine Seit aus obigem Buch verlesen zu hören. Und haben ihrer darunter gesehen die, welche sich zu hundert Pipen [Fässern] voll steinalter Teufel verschworen haben, wo sie aus Lesung dieses Buchs nicht merkliche Schmerzenslinderung schöpften, wenn man sie eben in *Limbo* [Limbus; Unterwelt, Vorhölle] hielt. Nicht mehr noch minder als die Weiber in Kindesnöten, wenn man ihnen das Leben der heiligen Margret vorliest. Ist dies ein Kleines? Zeiget mir, in welcher Fakultät, Sprach oder Wissenschaft ihr wollt, das Buch, das solche Tugend, Eigenschaft oder Vorzug hätt, und ich zahl die Darmschwemm. Nein, nein, ihr Herrn, es ist unvergleichlich, ohne Beispiel, hat seinesgleichen nicht. Ich behaupt's bis zum Feuer *exklusive*. Und die es etwan leugnen wollten, soll man für Lästrer, Prädestinierer, Betrüger und Leutebescheißer halten. Zwar find man schon noch in etlichen Büchern vom hohen Pferd, gewisse verborgne Proprietäten und Eigenschaften, darunter zu rechnen: Stürzebecher, der rasende Roland, Robert der Teufel, Fierabras, Wilhelm ohn Furcht, Huon von Bourdeaulx, Monteville, Matabrune: aber sie kommen diesem nicht bei, von dem wir hie reden. Auch hat die Welt durch unumstößliche Erfahrung den großen Gewinn und Nutzen erkannt, der ihr aus dieser Gargantuachronik erwachsen ist: denn die Buchdrucker haben in zween Monden mehr davon verkauft, als man neun Jahr lang wird Bibeln kaufen.

Derhalb ich dann (als euer untertäniger Sklav) auf Mehrung eurer Kurzweil bedacht, anitzo euch ein ander Buch von gleichem Schrot und Muster darbring, nur dass es noch etwas manierlicher und glaubhafter ausfallen wird als jenes. Denn denkt nur nicht (wo ihr nicht gar mit Vorsatz irren wollt), ich spräch davon wie die Juden vom Gesetz. Bin unter solchem Stern nicht geboren: und ist mir noch nimmer arriviert, dass ich je gelogen oder ichtes [etwas, irgendein Ding], das nicht streng wahr wär, beteuert hätt. *Agentes et consentientes,* ist zu sagen: wer kein Gewissen hat, der hat gar nix. Ich bericht davon, wie ein lustiger Onokrotalus, wollt sagen, wie ein Podromus der verliebten Martyr, und Not-Notarius ihrer Liebesnot. Ich schreib, wie Sankt Johann von der Apokalyps, *quod vidimus testamur:* nämlich, von den erschrecklichen Heldentaten und Abenteuern Pantagruels, dem ich, seit ich die Kinderschuh vertreten hab, bis diese Stund um Lohn gedienet; da ich dann mit seinem Urlaub einen Rutsch in mein Kühland auf Besuch gemacht hab, mich umzuschauen, wer noch etwan von meinen Leuten das Leben hätt. Drum, diesem Vorwort ein End zu machen: gleichwie ich mich zu meinem Teil mit Leib und Seel, mit Darm und Dung in hunderttausend Spraukörb voll ansehnlicher Teufel wünsch, wo auch nur ein einzig Wort in der ganzen Geschicht erlogen ist: so beiz euch wieder Sankt Tönigs [Antonius] Feuer, Sankt Asmus' Haspel zerwirr euch die Därm, der Klamm [Krampf, Zwang, Beklemmung], der Wolf schlag euch zu Leib, Blutscheiß, und Fiekbohn [Feigwarzen, venerische Geschwüre am After; Fiek, Eingeweidewurm?], rickrack zu! so dicht wie Haar an einer Kuh, gepfeffert mit Quecksilber, fahr euch in den Hintern immerdar, und ihr müsst wie Sodom und Gomorrha in Feuer und Schwefel zum Abgrund gehn, wo ihr nicht festiglich alles glaubet, was ich in gegenwärtiger Chronik euch nach der Reih berichten werd.

Zehn-Reim

des Autors fröhlichem Geist zu Ehren neu gestellet

Fünfhundert Zehn-Reim, tausend Dreh-
Und Wirbelsang-Rouladen
Anmutig wohl geraten
Von Marot oder Saingelais,
Ohn Säumen bar erlegt in Näh
Und Beisein der Dryaden,
Hymniden Dreaden,
Bezahlten nicht, noch Pantalais
Mit ganzen Ballen von Balladen
Den muntern klugen Rabelais.

Erstes Kapitel

Von Ursprung und Altertum des großen Pantagruel

Es wird kein unnütz noch überlei Ding sein, weil wir doch einmal Rasttag haben, euch an den ersten Quell und Ursprung daher uns der gute Pantagruel stammt, zu erinnern. Denn ich seh, es haben alle guten Historienschreiber in ihren Chroniken also gehalten, nicht nur die Griechen, Araber und Heiden, sondern selbst die Autoren der heiligen Schrift, und insonderheit der Hochwürdige Sankt Matthäus und Lukas. Gebührt euch demnach wohl zu merken, dass im Anfang der Welt (ich sprech von länger denn vierzig mal vierzig Nächten her, nach alt Druidischer Rechnungsart), bald nachdem Kain seinen Bruder Abel erschlagen und die Erd mit dem Blut des Gerechten getränket war, ein so ausnehmend fruchtbar Jahr in allem, was nur ihr Schoß gebieret, und sonderlich in Mispeln ward, dass man es, weil man denken konnt, das Jahr der großen Mispeln hieß, weil ihrer drei auf den Scheffel gingen. In selbigem Jahr hat man die Kalenden [erster Tag des altrömischen Monats] aus griechischen Breviariis [Breviarium; kurze Übersicht; Auszug aus einer Schrift] gefunden. Der März fiel in der Fasten aus, und die Hundstag waren im Maienmonat. Im Oktober, glaub ich, oder auch im September (dass ich nicht irr, denn davor will ich mich sorglich hüten) war die in den Annalen so berufene Woch, die man die Woch der drei Donnerstäg heißt, weil ihrer drei drein fielen von wegen der lüderlichen Bissexten [annus bissextus] oder Schalttäg, da die Sonn, *ut debitoribus,* was weniges zur Linken neigt', der Mond mehr denn fünf Klafter breit von seinem Lauf wich, und offenbar das Zittern am Firmament ersehen ward, welches Aplanes geheißen ist. Dergestalt, dass die mittelste von den Plejaden ihre Schwestern verließ und sich zum Gleicher neigt'; und der Stern, den man die Kornähr nennt, der Jungfrau untreu ward und nach der Waag zulief. Welches doch schauderhafte Fäll und so hartnüssig schwierige Materien sind, dass sie kein Sterngucker aufknacken mocht. Müssten auch etwas lange Zähn han, wenn sie bis da hinan reichen wollten.

Zieht nun das Fazit, dass die Welt nach selbigen Mispeln die Finger leckt'; denn sie waren lieblich von Ansehn und wunderköstlich in Geschmack. Aber gleichwie der Biedermann Noah, dem wir so hoch verpflichtet und gehalten sind für Anpflanzung des Rebstocks, von wannen uns dieser nektarische, köstliche, teure, himmlische, liebliche Göttersaft kommt, den wir das Traubenblut nennen, dennoch in dem Getränke sich betrog, weil er desselben große Tugend und Kraft nicht kannte: ebenso aßen auch Männer und Weiber zu jener Zeit mit großem Gelüst von dieser schönen und dicken Frucht, bekamen aber die unterschiedlichsten Zufäll darnach. Denn es befiel sie samt und sonders eine erschreckliche Geschwulst, wiewohl nicht all an einem und demselben Ort. Denn etliche schwollen an den Bäuchen: denen wurden die Bäuch so prall wie dicke Tonnen: von ihnen stehet geschrieben: *Ventrem omnipotentem,* und waren alles brave Leut und gute Schäker: aus dieser Rass entsprang Sankt Panzart [Zan Pantzar; Saint Pansart] und Karneval. Andre schwollen an den Schultern, und waren so bucklich, dass man sie Montiferi oder Bergträger nannt: ihr sehet deren noch auf der Welt in mancherlei Würden und Geschlechtern, auch stammt Aesöpel [Aesopus; Äsop] aus dieser Rass, von dem ihr die schönen Taten und Raten in Schriften habt. Andern schwoll der Läng nach das Glied an, welches der Laborator Naturae genannt wird, dergestalt dass es ihnen verwundersam lang, groß, kraus, grob, mastig und strotzig ward, nach der alten Weis: und konnten sich desselben, fünf bis sechs Mal um den Leib geschlagen, statt Gurtes bedienen: ja, wenn es eben auf dem Sprung stand, und ihm der Wind zum Gransen stieß, ihr hättet sie dem Ansehn nach für Leut mit eingelegtem Spieß nach dem Quintanpfahl rennend gehalten. Und deren Rass ist untergangen, wenn anders man den Weibern traun darf: denn die wehklagen in einem fort, dass man nicht mehr find diese großen etc., ihr wisst ja, wie das Lied weiter lautet.

– Andre wuchsen im Punkt der Geilen so überschwänglich, dass ihrer drei aufs Küchenmaß gingen: von denen kommen die Lotharinger Säck, die niemals im Latze bleiben wollen; sie schießen stracks zum Hosenboden.

Andre wuchsen in die Bein, und wenn ihr sie sähet, vermeintet ihr, es wären Kraniche oder Flambärt oder Leut, die auf Stelzen liefen. Die kleinen Chorbuben nennen sie in ihren Notenbüchlein Läufer.

Andern wuchs die Nas so dick, dass sie aussah wie ein Blasenhutschnabel [Blasenhut; Wölbung der Branntweinblase], ganz buntgesprenkelt pockenfunklich voll junger Nasen pullulierend [keimend, hervorsprossend, ausschlagend], ganz purpurn, um und um mit Schmelzwerk und Bollen beknospet, ja wappenrötlich bordiert [eingefasst, mit einer Borte besetzt]: wie ihr den Chorherrn Panzoult, und den Arzt Piedeboys in Angiers gesehen habt. Und von dieser Rass haben nicht viel auf Tisanen [tisane; Heiltrank aus Gerstenschleim; Kräutertee, Aufguss] gehalten, sind aber samt und sonders sehr dem Septembersäftlein hold gewesen. Naso und Ovidius haben daher ihren Ursprung, und alle von denen geschrieben stehet: *Ne reminiscaris.*

Andre wuchsen in die Ohren; die wurden ihnen dermaßen lang, dass sie sich aus dem einen Hosen, Wams und Kaftan machten, das andre wie einen spanischen Mantel trugen, und ich hab gehört, das Erbstück wär noch im Bourbonischen anzutreffen; daher man sie die Bourboner Ohren zu nennen pflegt. Die andern wuchsen am ganzen Leib: von denen sind die Riesen gekommen, aus deren Stamm Pantagruel.

Und der erste war Chalbrot.
Chalbrot zeugete Sarabrot.
Sarabrot zeugete Faribrot.
Faribrot zeugete Hurtaly. Der war ein starker Suppenesser und regiert' zur Zeit der Sündflut.
Hurtaly zeugete Nimrod.
Nimrod zeugete Atlas welcher des Himmels Einfall auf seine Achseln nahm.
Atlas zeugete Goliath.
Goliath zeugete Eryx, der das Becherspiel erfunden hat.
Eryx zeugete Tityus.
Tityus zeugete Eryon.
Eryon zeugete Polyphemus.
Polyphemus zeugete Cacus.
Cacus zeugete Aetion, welcher zuerst venerisch ward, weil er im Sommer kein kühl Getränk hätt, wie Bartachin meldet.
Aetion zeugete Enceladus.
Enceladus zeugete Cöus.
Cöus zeugete Typhöus.
Typhöus zeugete Alöus.
Alöus zeugete Otus.
Otus zeugete Aegeon.
Aegeon zeugete Briareus mit den hundert Händen.
Briareus zeugete Porphyrio.
Porphyrio zeugete Adamastor.
Adamastor zeugete Antäus.
Antäus zeugete Agato.
Agato zeugete Porus, mit welchem Alexander der Große Krieg führt'.
Porus zeugete Arantas.
Arantas zeugete Gabbara, welcher zuerst das Bescheidtun erfand.

Gabbara zeugete Goliath von Secundillen.
Goliath zeugete Offot, der eine mächtig gute Nasen hätt, am Spund zu zapfen.
Offot zeugete Artachees.
Artachees zeugete Oromedon.
Oromedon zeugete Gemmagog, Erfinder der Polakenschuh.
Gemmagog zeugete Sisyphus.
Sisyphus zeugete die Titanen, von denen Herkules abstammt'.
Herkules zeugete Enack, der sehr geschickt war, die Reitläus aus den Händen zu ziehen.
Enack zeugete Fierabras, den Olivier, der Pair von Frankreich, Rolands Wappenbruder, bezwang.
Fierabras zeugete Morgan, der in dieser Welt zuerst die Brill zum Knöcheln aufsetzt'.
Morgan zeugete Fracassus, von welchem Merlin Coccaius geschrieben, des Ferragu Vater.
Ferragu zeugete Muckenschnapp, welcher zuerst die Kunst erfand, die Rindszungen im Kamin zu räuchern. Denn vor ihm salzt' die Welt sie ein, wie die Schunken.
Muckenschnapp zeugete Bolivorax.
Bolivorax zeugete Longis.
Longis zeugte Jachloff; der hätt Geilen von Pappelholz, den Hahn von Spierling.
Jachloff zeugte Heufraß.
Heufraß zeugte Isenbrand.
Isenbrand zeugte Schluchsenwind.
Schluchsenwind zeugete Sausenbraus, welcher der Flaschen Erfinder war.
Sausenbraus zeuete Mirlangalt.
Mirlangalt zeugte Galaffer.
Galaffer zeugte Falurdin.
Falurdin zeugte Roboaster.
Roboaster zeugete Sortibrant von Conimbra.
Sortibrant zeugete Brushant von Mommiere.
Brushant zeugete Bruyer, welcher vom Dänen Oger, dem Fränkischen Pair, überwunden ward.
Bruyer zeugte Mambrin.
Mambrin zeugte Springbock.
Springbock zeugte Huckelback.
Huckelback zeugte Kernhahn.
Kernhahn zeugte Grandgoschier.
Grandgoschier zeugte Gargantua.
Gargantua zeugte Pantagruel, den Adligen, meinen Herrn und Meister.

Ich merk schon, es kommt euch, wenn ihr dies lest, ein sehr vernünftiger Zweifel an und ihr fragt: Wie mag dem also sein, sintemalen zur Zeit der Sündflut, die ganze Welt zu Grund ist gangen, bis auf den Noah und sieben Personen, die mit ihm in der Arche gewesen, darunter obiger Hurtaly nicht mitgenannt wird? Die Frag, in Wahrheit, ist wohl erdacht und ziemlich plausibel. Aber die Antwort wird euch genügen, oder mein Hirn ist übel verkielholt. Und weil ich zu derselben Zeit nicht mit dabei war, dass ichs euch nach Herzens Wunsch selbst sagen möchte, zitier ich euch einstweilen das Ansehn der guten Masoretengäuch [Überlieferer der hebräischen Bibel im Judentum] und schönen hebräischen Dudelsackspfeifer, welche bezeugen, dass allerdings genannter Hurtaly nicht mit beim Noah in der Arche gewesen sei; (auch wär er gar nicht hineingegangen, denn er war zu groß) sondern er hab rittlings oben drauf gesessen, ein Bein hüben, das andre drüben, wie ein Bub auf dem Steckenpferd, und wie der dicke Stier von Bern, der bei Marignan ums Leben kam, eine große Steinkanon statt Kleppers zu reiten pflegt' – es war ein gutes frommes Rössl von stillem Schritt, es stolpert' gar nit. – Solchergestalt schützt' er, nächst Gott, die Arche vor Gefahr, denn er gab ihr den Schwung mit den Beinen und drehet' sie mit seinem Fuß, wohin er wollt, wie man ein Schiff am Steuer lenket. Die drinen waren, schickten ihm durch einen Kamin zu leben genug, als erkenntliche Leut für das Gute, welches er ihnen erwies. Und parlamentierten zuweilen mitsammen, wie Ikaromenippus mit dem Jupiter [Icaromenippus oder die Luftreise] im Luziano [Lucian/Lukian von Samosata]. – Habt ihr auch alles wohl verstanden? Nun, so trinkt einen guten Schluck ohne Wasser drauf. Denn wo ihrs nicht glaubt, glaub ichs auch nicht, glaubs ein andrer.

Zweites Kapitel

Von der Geburt des gestrengen Pantagruel

Gargantua erzeugte in seinem fünfhundertvierundzwanzigsten Jahr seinen Sohn Pantagruel mit seinem Weibe Hängemunden, der Tochter des Amaurotenkönigs in Utopien, die im Kindbett starb, denn er war so unmäßig groß und stämmig, dass er nicht zur Welt konnt kommen, ohne seine Mutter also mit zu ersticken. Aber damit ihr die Ursach und Bedeutung seines Namens, der ihm in der Tauf erteilet ward, gründlich verstehen mögt, so sollt ihr wissen: es war im ganzen Land Afrika dasselbe Jahr so große Dürr, dass sechsunddreißig Monat, drei Wochen, vier Tag, dreizehn Stunden und etwas weniger darüber ohne Regen verstrichen, bei so schrecklicher Sonnenglut, dass die ganze Erd davon verdorrte.

Und kann zu Eliä [Elias; Elija] Zeiten nicht ärgere Hitz als damals gewesen sein. Denn es gab weder Blatt noch Blüt an einem Baum auf Erden mehr. Dem Gras entging das Grün, die Ström versiegten, die Quellen vertrockneten. Die armen Fischlein, ihres natürlichen Elementes entsetzt, vagierten auf Erden umher und schrien erbärmlich. Die Vögel fielen aus der Luft vor Mangel an Tau. Wölf, Hirsche, Füchs, Damhirsche, Eber, Hasen, Wiesel, Iltis, Dachse, Karnickel, Marder und andres Wild fand man mit aufgesperrtem Maul in den Feldern liegen.

Hinsichtlich der Menschen aber war der Jammer erst groß: ihr hättet sie die Zungen hängen sehen sollen, wie die Windhund, wann sie sechs Stunden gelaufen. Mehrere sprangen in die Brunnen; andere verkrochen sich unter Kühbäuch des Schattens halber, und nennt sie Homerus Alibantes.

Das ganze Land saß auf dem Sand. Die Müh und Angst der Sterblichen dem schauderhaften Verdursten zu steuern, war kläglich anzusehen. Denn man hätt alle Händ voll zu tun, dass nicht der Weihbrunn in den Kirchen gar aufgeleckt ward. Doch wussten die Herren Kardinäl und der heilige Vater dafür bald so guten Rat, dass niemand mehr als einen Segen davon zu nehmen sich getrauet'. Ja, wenn ein Mensch herankam, hättet ihr wohl an zwanzig arme Durster hinter dem, der das Wasser austeilt', offenen Mundes daherziehn sehen, ob sie ein Tröpflein erschnappen möchten, wie der reiche Mann, auf dass nichts umkäm. O selig, wer in diesem Jahr einen kühlen und vollen Keller hatt'!

Der Weltweise meldet, indem er die Frag aufwirft: warum das Meerwasser salzig sei, dass zu der Zeit als Phöbus seinem Sohn Phaeton die Führung seines Lichtwagens anvertraut hab, genannter Phaeton, ungeschickt in der Kunst und die ekliptische Linie zwischen den beiden Wendekreisen der Sonnensphär zu treffen nicht fähig, von seinem Weg ab, und der Erden so nah zu Leib gekommen sei, dass er alle darunter gelegene Land aufs Trockne gesetzt und ein gut Teil des Himmels versengt hab, welches die Philosophen *via lactea,* und die Lifferloffer [lifrelofres; starke Trinker] Sankt Jakobsstraß zu nennen pflegen. Wiewohl die Flottesten von den Poeten der Meinung sind, dass es der Ort sei, dahin der Juno Milch gefallen, als sie den Herkules säugen tät. Da dann die Erde so erhitzt ward, dass sie in einen unmäßigen Schweiß fiel und das ganze Meer ausschwitzt', welches von da ab salzig ist: denn Schweiß ist allzeit salzig, wie ihr für wahr befinden werdet, wenn ihr euern eignen kosten wollt oder auch den der Venerischen, während man sie im Schwitzbad lauget. Ist mir all eins.

Beinah ein Gleiches begab sich nun im selbigen Jahr. Denn eines Freitags, als alle Welt der Andacht pflog, und ein schöner Umgang mit Litaneien und *Inprofundis* schockscheffelweis gehalten ward, Gott den Allmächtigen beschwörend, dass er in solchem Missgeschick mit seinem Auge der Erbarmung sie gnädiglich ansehn wollt, da sah man handgreiflich dicke Wassertropfen der Erd entquellen, wie wann eins stark schwitzet. Und fing das arme Volk sich schon zu freuen an, als ob es ihnen zum Heil und Labsal gewesen wär. Denn etliche sprachen, weil die Luft nicht einen Tropfen Feucht mehr hätt, davon noch Regen zu hoffen stünde, hülf nun die Erd dem Mangel nach: andre Leut, die Studierten, meinten, es wär halt Antipodenregen, wie Seneca im vierten Buch *Quaestionum naturalium* schreibt, wo er vom Quell und Ursprung des Nils spricht. Aber sie waren angeführet. Denn als nach abgehaltenem Umgang alles den Tau zu schöpfen lief und in vollen Zügen trinken wollt, fanden sie, dass es nichts andres war als Heringslake, so bitter und salzig wie kein Seewasser nimmermehr. Und weil an eben diesen Tag Pantagruel geboren ward, gab ihm sein Vater diesen Namen; denn Panta bedeutet auf Griechisch *alles*, und *Gruel* in hagarenischer [arabischer] Sprach so viel als durstig: anzuzeigen, dass alle Welt in seiner Geburtsstunde durstig gewesen; auch weil er zugleich im prophetischen Geist im Voraus sah, dass er dereinst Beherrscher der Durstigen sein würd. Welches ihm außerdem noch durch ein offenbares Zeichen in eben der Stund erwiesen ward. Denn als seine Mutter Hängemunde mit ihm im Kreißen begriffen war, und die Hebammen seines Empfanges harrten, kamen aus ihrem Leib voraus achtundsechzig Saumrosstreiber, und jeder führt' am Halfter ein Maultier mit eitel Salz beladen nach. Auf diese folgten neun Dromedare mit Schinken und geräucherten Rindszungen, sieben Kamele voll kleiner Älchen, drauf fünfundzwanzig Karren mit Zwiebeln, Lauch, Porree, Knoblauch und Schalotten. Welches die Hebammen bass erschreckt', und ihrer etliche sprachen zusammen: Hie hats gut Futter, weil wir zeither so schläfrig getrunken, nicht wie die Unken. Dies Zeichen bedeutet uns nur Glück. Es sind Weinsporen. – Und wie sie so noch untereinander plauderten, siehe! da trat heraus Pantagruel, über und über rau wie ein Bär. Und eine prophezeiet' und sprach: Er kommt mitsamt dem Haar zur Welt, er wird erstaunliche Dinge tun und, wenn er lebt, zu Jahren kommen.

Drittes Kapitel

Wie Gargantua um sein Weib Hängemunden Leid trug

Wer aber über Pantagruels Ankunft gar außer sich und schier verdutzt war, das war sein Vater Gargantua. Denn eines Teils sah er sein Weib Hängemunden tot, und andern Teils seinen Sohn Pantagruel geboren, so schön und groß – da wusst er nicht, was er beginnen noch sagen sollte. Und hatte Zweifel, die ihn in seinen Gedanken peinigten, ob er müsst weinen vor Traurigkeit über sein Weib oder lachen vor Freuden über seinen Sohn. Auf beiden Seiten hätt er sophistische Argument, und würgt' daran; denn er verstund sich sehr wohl darauf *in modo et figura,* aber er konnt sie nicht lösen; und blieb also drin hangen wie die Maus im Pech, oder ein Habicht in der Schlingen.

Muss ich jetzt heulen? sprach er. Ja. Denn warum? Mein teures Weib ist tot, die beste hin, die beste her, die man auf Erden nur finden mocht. Ich werd sie nimmer wiedersehen, krieg auch so eine halt nimmer wieder: ist mir ein unschätzbarer Verlust! O du mein Gott, was tät ich dir, dass du mich so hart bestrafest? Warum nahmest du mich nicht eher von hinnen? Denn ohne sie zu leben, ist mir nur ein Siechtum. Ha, Hängemunde, mein Schatz, mein Herzblatt, meine Freundin, mein lieb klein Schneckel! (wiewohl sie dessen gut und gern drei Morgen und zween Ruten hätt), mein zartes Lämmlein, meine Mütz und treue Stütz, mein Strumpfsock, meine Papusch, mein Hos! mein Hosenlätzel! mein altes Schätzel! ach niemals werd ich dich wiedersehen. Ha, du armer Pantagruel! Du bist um deine liebe Mutter, um deine süße Amm gekommen, um deine vielgeliebte Dam. Ha, falscher Tod, bist du so tückisch, handelst du so schmählich an mir, dass du mir diese rauben musst, der die Unsterblichkeit mit Recht gebühret hätt?

Und wie er dies sprach, heult' er wie eine Kuh. Doch plötzlich lacht' er wieder hell auf wie ein Kalb, wenn ihm Pantagruel einfiel. Ho! Ho! rief er, mein kleiner Sohn, mein Cujonel [couillon; Dussel, Blödmann, Dämlack], liebs Hosseloddel, wie bist du so artig! Wie dank ich Gott, dass er mir einen so schönen, muntern, lachenden, artigen Sohn gegeben. Ho ho ho, wie bin ich fröhlich! ho, zu Trinken! Lassen wir alle Traurigkeit fahren: bring vom besten, spül die Gläser, deck den Tisch, jag die Hund 'naus, blas das Feuer auf, stecks Licht an, mach die Tür zu, schneid die Suppen ein, lass die Armen 'rein, gib ihnen, was sie haben wollen. Da nimm mein Kleid, dass ich mirs leicht mach, dass ich mich besser umtun kann und die Gevatterinnen bedienen.

Bei diesen Worten hört' er die Mementos und Litaneien der Priester, welche sein Weib zu Grabe trugen. Da vergaß er der guten Vorsätz wieder, ward plötzlich wie weit weg verzückt und sprach: Herr Gott! muss ich mich dennoch von neuem betrüben? Dies verdrießt mich. Ich bin nit mehr jung, ich werd nun alt, das Wetter ist bös, ich könnt ein Fieber davon han, so läg ich auf der Nas. Bei meinem Ritterwort, besser ist, man weint was weniger und trinkt dafür was Wein mehr. Mein Weib ist tot. Wohlan! So Gott mir – *da jurandi* – mein Heulen weckt sie doch nimmer auf; hats gut, ist im Himmel zum wenigsten, wenn nicht noch höher; sie betet für uns, ist selig, kümmert sich weiter nicht um unsre Müh und Herzeleid: es wird uns eben nix bessers gereicht. Nu, Gott helf weiter, ich muss schaun, wie ich zu einer andern komm. Aber was ich euch sagen wollt, sprach er zu den Hebammen, (na wo seins? kann euch nit sehen, ihr lieben Leut), gehet ihr mit bei ihr zur Leich; ich will derweil meinen Sohn hie herzen [bercer; wiegen; schaukeln], denn ich spür einen grausamen Durst und könnt leicht krank werden. Aber trinket zuvor noch eins! es wird euch gut tun, dies glaubt mir auf mein Ehrenwort. – Ihm also folgsam gingen sie mit zu der Leich und zum Begräbnis, und der arme Gargantua blieb zu Haus und macht' derweil das Epitaphium [Grabschrift; Gedenktafel], welches er ihr wollt setzen lassen, lautend, wie hier geschrieben steht:

Sie starb daran, die edle Hangmundine,
Am Kindesweh, mein Weiblein, schlecht und recht:
Denn ihr Gesicht glich einer Violine,
Ihr Leib war Spanisch, Bauch von Schweizer-G'schlecht.
Nun bittet Gott, dass er ihr schenken möcht
Nach seiner Huld all ihre Schuld hienieden.
Hier liegt ihr Leib; sie lebt' in ihm gerecht,
Und starb im Jahr und Tag, da sie verschieden.

Viertes Kapitel

Von des Pantagruels Kindheit

Ich erseh aus den alten Historienschreibern und Poeten, dass manche Leut zwar seltsamer Weis zur Welt sind kommen, das zu erzählen weitläufig wär: leset darüber, wenn ihr Zeit habt, das siebente Buch im Plinius nach: aber dergleichen wunderbare Geburt wie des Pantagruel, habt ihr doch nimmer noch erhöret. Denn es war schier unglaublich, wie er an Leib und Leibeskräften zunahm in kurzer Zeit, und Herkules der die zwei Schlangen in der Wieg erdrückt', war nichts dagegen; denn die Schlangen waren doch nur klein und gebrechlich: Pantagruel aber in seiner Wieg vollbracht die schauderhaftesten Ding. Ich red hier weiter nicht davon, wie er auf einen jeden Imbiss die Milch von viertausendsechshundert Kühen sog, und wie zu Fertigung eines Pfännleins darin sein Brei gekocht ward, alle Pfannenschmiede von Saumur in Anjou, von Villedieu in der Normandie und von Bramont in Lothringen angestellt wurden; welchen Brei man ihm sodann in einem großen Steintrog vorsetzt', der noch gegenwärtig zu Bourges beim Rathaus stehet. Es waren ihm aber die Zähn bereits so fest gewachsen, dass er aus besagtem Trog ein großes Stück herausbiss, wie noch deutlich daran wahrzunehmen.

Eines Morgens, als man ihm auch seiner Milchküh eine zum Säugen bracht (denn andre Ammen hatt er niemals, soviel uns die Geschicht lehrt), macht' er sich aus den Wiegenbändern darin er geschnüret lag, einen Arm frei, packt' euch mein Kühlein unterm Knie und aß ihm beide Euter und den halben Bauch ab, samt Leber und Nieren, ja hätt es gänzlich aufgezehrt, wenn es nicht mörderisch geschrien hätt, als ob es die Wölf an den Beinen zausten. Auf solches Geschrei lief alles zu, und sie entzogen die Kuh dem Pantagruel; ging aber doch nicht so säuberlich ab, dass er das Knie nicht in der Hand behalten hätt, wie ers just hielt. Das aß er rein auf, wie ihr eine Wurst äßet: und als man ihm den Knochen wollt nehmen, schlang er ihn alsobald hinunter, gleich wie ein Seerab ein kleines Fischlein, erhub darauf die Stimm und sprach: *bon bon bon bon!* weil er noch nicht viel reden konnt, damit wollt er zu verstehen geben, dass ers trefflich *bon* befunden hätt und nichts mehr als noch einen solchen Bissen sich wünscht'. Wie seine Wärter dieses sahen, banden sie ihn an starke Kabel, wie die, so man zu Tain schlägt für den Transport des Salzes gen Lyon, oder auch wie die Taue am großen Frankenschiff zu Port de Grace in der Normandie. Als aber einmal ein großer Bär den sein Vater hielt, entsprungen war und auf ihn zukam, ihm das Gesicht lecken wollt, denn die Zofen hatten ihm just das Schnäuzel nicht allzusauber abgewischt, entschlug er sich der Kabel so flink wie Simson unter den Philistern, packt' euch den Monsieur Bären und pflückt' ihn wie ein Hühnel in Stücke, worauf er ihn zu seiner Mahlzeit als guten warmen Braten verspeist'. Da ließ Gargantua, besorgt, dass er ihm einen Schaden tun möcht, vier schwere eiserne Ketten schmieden, nebst in die Wiegenränder wohl verfugten Streben, ihn dran zu legen. Und findet ihr von diesen Ketten noch eine zu Rochelle, womit man alle Abend die beiden großen Hafentore sperret: die andre ist zu Lyon, die dritt zu Angiers, und die vierte ward von den Teufeln geholt, den Luzifer daran zu legen, der um die Zeit in einer Kolik, die ihn über die Maßen peinigt', weil er eines Schergen Seel, im Frikassee zum Imbiss gegessen, entspringen wollt' – demnach ihr dann wohl glauben dürft, was Nikolaus de Lyra über eine Stell im Psalter sagt, wo geschrieben stehet: *Et Og regem Basan,* das selbiger Og als kleiner Bub schon so stark und kräftig gewesen sei, dass man ihn mit eisernen Ketten in seiner Wieg hab anbinden müssen. – Und also blieb er dann still und geduldig, denn die Ketten konnt er nicht so leicht zerreißen, zumal er in der Wiegen nicht satt Schwungraum für die Arm hatte. Nun aber merket, was einmal an einem hohen Fest sich zutrug, als eben sein Vater Gargantua allen Prinzen seines Hofes einen schönen Schmaus gab. Ich glaubs gern, dass sämtliches Gesind im Haus mit den Gästen so viel zu schaffen hatt, dass man sich um den armen Pantagruel nicht groß kümmert', und ihn also in Stichibus ließ. Was tat er? Was er tät, ihr lieben Leut'? Nun höret. Erst versucht er, mit den Armen die Ketten der Wieg entzweizureißen; aber es ging nicht, denn sie waren zu fest; dann stampft' er mit den Beinen so lang bis er der Wieg den Boden eintrat, der doch aus einem starken, sieben Kubikspann dicken Pfosten gemacht war: und wie er jetzt die Füß heraushatt, ruckt' er sich so weit er konnt herunter, bis er mit den Füßen die Erd erreicht'. Darauf erhub er sich mit Macht und trug also gebunden die Wieg auf dem Rückgrat davon wie eine Schildkröt, die an einer Mauer hinan kreucht; dass man ihn auf den ersten Anblick für eine große Krake von fünfhundert Tonnen, so aufrecht stünd, gehalten hätt. Solchergestalt begab er sich in den Saal, wo bankettieret ward und erschreckt' die da Versammelten fürwahr nicht wenig. Weil ihm aber die Händ inwendig geschlossen waren, konnt er nichts zu essen erreichen, sondern bückt' sich mit schwerer Müh, ob er etwan mit der Zung ein Mumpfel [Bissen] erwischen möcht. Als dies sein Vater sah, ward er wohl gewahr, dass man ihn ohne Nahrung gelassen, und befahl auf den Rat der versammelten Fürsten und Herren, dass man die Ketten ihm abnehmen sollte: zumal auch des Gargantuä Leibärzt der Meinung waren, dass, wenn man ihn so in der Wieg hielt, er sein Lebtag am Stein und Gries würd zu leiden haben. Als er nun los war, ließ man ihn mit niedersitzen: da hieb er sehr tapfer ein und schlug seine besagte Wieg in mehr als fünfhunderttausend Stücke mit einem einzigen Faustschlag, den er im Ärger mitten darauf vollführt', mit dem Protest, in seinem Leben nie mehr einen Fuß darein zu setzen.

Fünftes Kapitel

Von Jugendtaten des edlen Pantagruel

So nahm Pantagruel täglich zu und gedieh sichtbar. Darob sein Vater sich aus natürlicher Lieb erfreuet' und ihm, wie er noch klein war, eine Armbrust zur Kurzweil machen ließ, nach den Vöglein damit zu schießen. Heutzutag führt sie den Namen der großen Armbrust zu Chantelle. Darnach tät er ihn auf Schulen, dass er da lernen und seine jungen Jahr zubringen sollte. Kam derowegen studienhalber gen Poitiers und profitiert' da viel. Und weil er an selbigem Ort die Schüler zuweilen gar müßig sah, dass sie nicht wussten, wie sie die Zeit sich vertreiben sollten, da jammert' es ihn, und eines Tages brach er von einem großen Felsen, Passelourdin, oder Fuchsensprung genannt, einen mächtigen Steinblock ab, von ungefähr zwölf Lachtern [bergmännisches Längenmaß] im Geviert und vierzehn Stab dick, und stellt' ihn spielend auf vier Pfeilern mitten ins Feld hin, dass die Schüler, wenn sie sonst weiter nichts wüssten, sich die Zeit damit vertrieben, auf selbigen Stein hinaufzuklettern, mit Flaschen, Schinken und Pasteten oben wacker zu bankettieren, auch ihre Namen mit einem Messer drein zu schreiben: jetzt nennt man ihn den Hübelstein. Und zum Gedächtnis daran wird bis auf diesen heutigen Tag bei der Universität zu Poitiers keiner in die Matrikel verzeichnet, er hätt denn zuvor aus dem Rösselbrunn zu Croutelles getrunken, den Fuchsensprung ersprungen und auf dem Hübelstein sich umgeschaut.

Nach diesem, einmal bei Durchlesung der edeln Chronik seines Hauses, fand er dass Gottfried von Lusignan, genannt »Vom großen Zahne«, seiner Stiefmutter Sohnes Frauen Oheims Tochtermanns Basen ältester Schwester Stiefvetters Großvater, zu Maillezais begraben läg. Schwänzt' also eines Tags die Schul, ihm den Besuch zu machen, als ein braver Knab, und brach mit etlichen seiner Gesellen von Poitiers auf, kamen sodann durch Ligugé, besuchten den edeln Abt Ardillon, durch Lusignan, durch Sansay, Celles, Coulonges, Fontenay-le-Comte, begrüßten den gelahrten Tiraqueau, und von da gen Maillezais, wo er das Grab des erwähnten Gottfrieds mit dem großen Zahn besichtigt', jedoch ein wenig vor ihm erschrak als er sein Bild sah: denn er ist dorten als ein wütiger Mann geschildert, der seinen Malchus [Breitschwert] halb aus der Scheid ruckt. Wollt also davon die Ursach wissen. Die Chorherrn aber am selbigen Ort wussten ihm weiter nichts zu sagen als *pictoribus atque poetis etc.* nämlich, dass den Malern und Poeten alles erlaubt wär, nach ihrem freien Belieben zu malen. Er aber ließ sich diesen Bescheid nicht genügen, sondern sprach: er ist nicht ohn Ursach also gemalt; und hat man ihm bei seinem Tod, fürcht ich, ein Unbill zugefügt, dafür er seine Anverwandten zur Rach auffordert. Ich werd mich darnach genauer erkundigen und tun, was rechtens. – Drauf reist' er weiter, aber nicht wieder gen Poitiers, denn er wollt auch die andern Universitäten in Frankreich sehen; ging also nach Rochelle, von da zur See gen Bourdeaulx, wo er niemand groß studieren sah, außer die Bootsknecht auf dem Sand das Kockenspiel [Cartes de luette]. Von da gen Toulouse, an welchem Ort er trefflich tanzen und mit dem Zweihänder hantieren lernt', wie der Scholaren Brauch auf selbiger Universität ist. Verweilet' aber allda nicht lang, als er sah, dass sie ihre Lehrer lebendig wie die Rauchhering brieten, und sagt'; das wolle Gott nicht, dass ich eines solchen Todes stürb! bin so schon durstig gnug von Natur, brauch mich nicht erst noch mehr zu erhitzen. Nach diesem kam er gen Montpellier, wo er sehr auserlesene Wein von Mirevaulx und lustige Gesellschaft fand; gedacht daselbst die Arzeneikunst zu studieren, erwog aber, dass es ein gar zu leidigs und melancholisches Handwerk wär, und dass die Ärzt nach Klistieren röchen, wie alte Teufel. Also wollt er die Recht studieren: doch weil er sah, dass von Legisten am Ort nichts war als drei Grindige und ein Kahlkopf, so gesegnet' er ihn, und macht' [besucht] unterwegs den Pont du Gard und das Amphitheater zu Nîmes in noch nicht ganz drei Stunden, welches doch mehr ein Götterwerk als von Menschenhänden verfertiget scheint, und kam nach Avignon. Da war er noch nicht drei Tag, so ward er verliebt. Denn die Frauensleut pflegen dort gern des Bürzelspiels [»serre-croupière«; Verbindungsklemme-Hinterfrau; von hinten], weil es päpstlich Land ist. Welches als sein Präzeptor, namens Epistemon, sah, nahm er ihn von da weg und führt' ihn gen Valence im Delphinat [Dauphiné]. Aber er fand, dass dort das Studium nicht viel brachte, und dass die Bengels aus der Stadt die Schüler verdroschen. Dies verdross ihn; und als einmal an einem schönen Sonntag alles im Freien draußen zu Tanze war, wollt auch ein Schüler sich in den Tanz mitmengen, welches die erwähnten Bengel nicht leiden wollten. Kaum sah es aber Pantagruel, gab er ihnen die große Pürsch bis zum Rhonestrand, so viel ihrer waren; da wollt er sie ersäufen, aber sie pattelten [patte; Pfote, Flosse] sich wie die Maulwürf wohl eine halbe Meile tief unter die Rhon ins Erdreich ein. Das Loch ist noch allda vorhanden. Verreist' drauf, und mit drei Schritten und einem Satz kam er nach Angers, wo es ihm ganz gut gefiel, und wär daselbst eine Weile geblieben, wenn sie die Pest nicht herausgejagt hätt.

Also kam er dann gen Bourges, wo er ziemlich lange studiert' und in juristischen Szientien was vor sich bracht. Und pflegt' mitunter zu sagen, die Rechtsbücher kämen ihm vor, wie ein wunderherrlich prunkendes Triumphgewand und Ehrenkleid von Gold, das aber mit Kot verbrämt wär. Denn, sprach er, es gibt in der ganzen Welt keine schönere, auserlesnere noch zierlicher geschriebene Bücher als die Text der Pandekten sind, aber der Saum daran, ich mein des Accursi [Accursius; Glossator, dessen *Glossa ordinaria*, ca. 1230, das justinianische Corpus Iuris Civilis erläuterten] Gloss, ist so schmutzig, niederträchtig und voll Stanks, dass es ein rechtes Vomitiv [Brechmittel] und unflätiger Abschaum ist. – Von Bourges weiter, ging er gen Orleans; da fand er ein gutes Lümmelhäuflein von Scholaren, die gaben ihm grandios Traktament zum Willkomm, und in kurzer Zeit lernt' er von ihnen den Ballenschlag [jouer à la paume] so gründlich, dass er drin Meister ward: denn die Studenten allda sind trefflich wohl geübt darin, und führten ihn auch dann und wann auf die Inseln über, zum Boselspiel [boseln oder bosseln; spielen, werfen, kegeln; jeu du poussavant; »Au joly jeu du pousse-avant, Il fait bon jouer« (Chanson Clément Janequins, um 1485-1558); Boule?]. Und dass er sich den Kopf etwan mit vielem Studieren zerbrochen hätt, das ließ er fein bleiben aus Furcht blödsichtig davon zu werden: zumal ein professorischer Quidam [ein gewisser Jemand] in seinen Lektionen öfters lehret', dass nichts den Augen so schädlich sei als das Augenübel. Und eines Tags, als seiner guten Bekannten und Mitschüler einer zum Lizenziaten der Recht kreiert ward, der, obschon er Gelehrsamkeit nicht über sein bescheiden Teil hatt', dafür ein desto besser Tänzer und geschickter Ballenschläger war, schrieb er das Symbolum [Erkennungs- und Beglaubigungszeichen; blason, Wappenschild, Preisgedicht] und Devis' der dortigen Lizenziaten; es lautet:

Einen Ball im Hosenschlitze,
In den Händen eine Pritsche,
Ein Gesetzlein in der Mütze,
Einen Ländler [Basse Danse,
»tiefer Tanz«] in den Klaun
Wird man zum Bakkalar gehaun.

Sechstes Kapitel

Wie Pantagruel einen Limousiner traf, welcher die Franzensprach verhunzte

Eines Tags, ich weiß selbst nicht mehr wanns war, spaziert' Pantraguel nach dem Abendbrot mit seinen Gesellen zum Tor hinaus, wo man nach Paris zu gehet. Da begegnet er einem Schüler, der ganz Schmuck und wohlgemut des Weges kam, und, nachdem sie einander gegrüßet, frug er ihn: Woher, mein Freund, um diese Stund? Antwortete der Schüler: Aus der almen, inclytischen und celebern Academi, die man Lutezien vocitieret. – Was soll das heißen? frug Pantagruel einen von seinen Leuten. – Er meint, aus Paris, antwort' einer. – Also kommst du aus Paris? fuhr er fort. Und womit vertreibt ihr euch die Zeit, ihr Herren Studenten, in eurem Paris? Antwortete der Schüler: Wir transfretieren die Sequan [Seine] im Dilucul und im Crepuscul; wir deambulieren auf den Compiten und Quadrivien der Urb; wir despumieren die latialische Verbocination, und als verisimilische Amorabunden, captieren wir die Benevolenz des omnijudiken, omniformen und omnigenen feminischen Sexes. An manchen Dieculn invisieren wir Lupanarien am Champgaillard, Matcon, Bourbon, Glatigny, Huslieu oder im Sackgässlein; da inkulkieren wir in venerischer Ekstas unsre Vérètres in die penitissimen Rezesse der Pudenden amicabilissimischer Meretriculn. Dann cauponizieren wir in den meritorischen Tabernen zum Tannenapfel, zur Magdalenen, zum Schlössel oder auch beim Bundschuh, schöne vervezinische Spatuln, perforaminieret mit Peterzilg. Und wenn durch Fortefortun [forte fortune] etwan in unsern Marsupien Rarität oder Penurie [Knappheit, Mangel] des Pekuns [pecunia; Geld] entsteht und sie des ferruginischen Metalles exhaurieret wären, dimittieren wir unsre Codiken [codices] und Vesten pignorischer Weis zur Zech und prästolieren die zukünftigen Tabellarien unsrer patriotischen Laren und Penaten. – Was, rief Pantagruel, ist dies für eine Teufelssprach? Du bist, so wahr mir Gott helf, ein Ketzer! – Ei, nicht doch, Seignor, antwortete der Schüler, denn libentissimlich, sobald nur vom Tag ein minutulisches Streiflein illucescieret, demigrier ich in eines der schön architektierten Münster; und da mit schönem lustralischen Wasser mich irrorierend, knuspr ich mein Brösel ein und andre missalische Pretzeln unsrer Sacrificuler, und eluier und abstergier, indem ich meine horarischen Preculn dazu submirmillieren tu, meine Anim [anima; Seele] von ihren nocturnischen Inquinamenten. Ich reverier die Olympicolen, ich venerier den supernalischen Astripotenten latrialisch. Ich diligier und redamier all meine Proximer. Ich servier die dekalogischen Institut und discedier, nach Fakultatul meiner Viren, um keines Unguiculs Late davon. Zwar veriform ist, dass, weil Mammon in meinen Lokuln keine Goutten [Tropfen] supergurgitieret, den Egenen, die ihre Stip [stipe; Stiel, Stängel, Strunk] hostiatimisch quäritieren, Elemosyn zu supererogieren, ich ein wenig rar und lent [»ient«] bin. – Ei Quark! Quark! sprach Pantagruel. Was will der Narr? Ich glaub, er macht uns hie eine Sprach der Teufel vor und will uns mit Zauberei verhexen. – Darauf sagt einer von seinen Leuten: Gnädigster Herr, ohn Zweifel will der Galan die Parisische Sprach nachäffen; aber er radebrecht nur das Latein und hälts für hohen Pindarischen Schwung: meint Wunder, was er für ein Meister in französischer Redekunst sei, wenn er die gemeine Sprechart verachtet. – Da frug ihn Pantagruel, ob es wahr wär. – Der Schüler versetzt': O Seignor Missari, mein Spirit ist keineswegs dazu apt nat, dass er wie dieser flagitiosische Nebulon spräch, unsere Gallische Vernacul crurifragieren sollt. Vielmehr, viceversalisch [vice versa; umgekehrt], navier ich Oper [opère] und enitier mit Velen [vèle; voiles, Segel] und Ramen [rames; Riemen, Ruder] selbe durch latinikomische Redundanz zu locupletieren. – Nun, sprach Pantagruel, bei Gott; ich werd euch reden lehren. Aber zuvor sag an, wo bist du her? – Drauf sprach der Schüler: Die primäre Orig [origine; Ursprung] meiner Aven und Ataven ist in den Lemovicischen Regionen indigenisch gewesen, allwo das Corp [corpore] des hagiotaten [hágios; heilig] Sankt Martialis requiescieret. – Ich versteh dich, sprach Pantagruel. Du bist mit Supp und Salz nichts weiter als ein ehrlicher Limousiner und willst allhie Parisisch tun. Jetzt komm, ich will dich mit Kolb wohl lausen [»man soll den Narren mit Kolben lausen« (Luther, Hans Sachs), mit dem Knüppel traktieren, vernünftig machen]. Darauf nahm er ihn bei der Gurgel und sprach: Radebrechst du das Latein? so will ich beim Sankt Johann dich würgen, bis du das Brechen kriegst und's wieder ausbrichst, denn ich will dir den Hals vom Rumpf reißen. – Da fing der arme Limousiner zu schreien an und sprach: Jo Junkherr! so höre se do! helfa'n Sankt Marzel! au, au, oeiz lossa goih um Gottes Genod, und komm mir net z'noh! – So! sprach Pantagruel: Itzo redest du, wie dir der Schnabel gewachsen ist, und ließ ihn los. Denn der arme Lateiner hatt sich die ganze Hos bekackt, die nicht mit rundem Boden, sondern auf Stockfischschwänzenart gemacht war, dass Pantagruel ausrief: Sankt Alipentin! so blas mir doch wo anders drein! Puh! Welch ein Stinkratz! Zum Geier wär das Rettichmaul! Pfui, wie er müfft! und ihn laufen ließ. Es blieb ihm aber sein Lebtag über ein solcher Gram, und er ward dermaßen durstig darnach, dass er öfters zu sagen pflegt', Pantagruel hätt ihn bei der Kehl. Und etliche Jahr darauf verstarb er am Rolandstod, durch Gottes Finger und offenbares Strafgericht, uns einzuschärfen, was schon der Philosoph und Aulus Gellius [2. Jh.; Noctes Atticae] längst gelehrt, dass wir nach üblicher Landesart zu reden uns befleißigen sollen, und wie auch Cäsar [Octavian Auguste] verlegene [épaves; Trümmer, Wrack, Schutt, Abfall] Worte mit gleicher Sorgfalt zu meiden gebot, wie Schiffer die Meeresklippen.

Siebentes Kapitel

Wie Pantagruel gen Paris kam, und von den schönen Büchern der Liberei zu Sankt Victor

Nachdem Pantagruel in Orléans sehr brav studiert hatt, wollt er auch die große Universität zu Paris sehen. Vor seiner Abreis aber zeigt' man ihm an, dass bei Sankt Aignan im besagten Orléans eine unmäßig große Glock schon über zweihundertvierzehn Jahr in der Erden läg'; denn sie wär so groß, dass man mit keinerlei Art von Hebezeug sie auch nur über Grund könnt rücken, obschon man alle Mittel und Weg dazu versucht hätte, die *Vitruvius de architectura, Albertus de re aedificatoria, Euclides, Theon, Archimedes* und *Hero de ingeniis* lehren, es nützte aber alles gar nichts. Demnach er der bescheidenen Bitte der Bürger und Einwohner besagten Ortes ganz gern zu willfahren, versprach, sie auf den ihr bestimmten Turm zu henken, hinging, wo sie lag, und mit dem kleinen Finger euch die Glock so leichtlich aus der Erd hub, wie ihr eine Sperberschellen hübet. Eh er sie aber im Turm wieder aufhing, wollt er zuvor noch der Stadt damit ein Ständlein bringen, trug sie also und läutet' sie aus freier Hand durch alle Gassen zu großer Lust des Volkes. Aber er richtet' damit ein sehr empfindlichs Unheil an: denn während er die Glock so umhertrug und durch die Gassen läuten ließ, ward aller gute Wein in Orléans taub davon und schlug gar um, welches die Leut erst abends darauf verspürten; denn auf den tauben Wein ward alle Welt so unmäßig durstig, dass ihnen der Speichel in einem fort so weiß wie Maltesische Baumwoll vom Mund ging, und schrien: Wir han den Pantagruel! und er hat uns die Kehlen versalzen!

Hierauf ging er gen Paris mit seinen Leuten, und bei seinem Einzug lief alle Welt hinaus, ihn zu sehen; wie ihr denn wohl wisst, dass das Volk in Paris ein Laff von Haus aus in B-Dur und -moll ist: sie betrachteten ihn mit großem Entsetzen, ja nicht ohne Furcht, dass er ihnen das Stadthaus etwan wo andershin, in irgendein Land *a remotis* trüg, wie sein Vater weiland die Glocken von Notre-Dame für seine Mähr zum Halsband nahm. Und nachdem er daselbst eine Zeit lang gewohnt und alle sieben freie Künst mit allem Fleiß getrieben hatt, sagt er' es wär eine gute Stadt darin zu leben, nicht aber zu sterben, weil sich die Pracher [Bettler] zu Sankt Innocenz an den Knochen der Toten die Ärß wärmten. Die Liberei zu Sankt Victor fand er sehr herrlich versehen, insonderheit mit etlichen Büchern, so er da vorfand, von denen hie das Befundregister folget, *et primo:*

Bigua Salutis.
Hosackus juris.
Pantofla decretorum.
Malogranatum vitiorum.
Der theologische Garnknäul.
Das Plackholz der Prediger, verfugt durch Turlupin.
Die Barrenhod der Tapfern.
Das Bilsenkraut der Bischöf.
Memmendreckius de Affibus et Pavianis, cum commento Dorbellis.
Decretum universitatis Parisiensis super gorgiositatem muliercularum ad placitum.
Die Erscheinung der heiligen Gehltrud bei einer Nonn in Kindsnöten zu Poissy.
Ars honeste farzandi in societate per M. Ortuinum.
Der Pönitenz Langschub.
Der Geduld-Strumpf oder *alias* Stiefel.
Formiciarium artium.
De Bouillonis usu, et honestate schöppeliundi, per Silvestrem Prieratem Jacobinum.
Der Gefoppte am Hof.
Der Notarienkorb.
Das Ehstandsränzel.
Das Grubenlicht der Beschaulichkeit.
Die Flausen der Recht.
Der Weinstachel.
Der Kässporn.
Schuhbutzium Scholarium.
Tartaretus de modo cacandi.
Die römische Bassposaun.
Bricot de differentiis Supparum.
Die Aftersalb der Disziplin.
Der Demut Pottschuh.
Der Dreifuß guter Bußgedanken.

Der Großmut Siedpfann.
Die Häkeleien der Beichtiger.
Das Knötel der Pfarrer.
Reverendi patris fratris Lubini, Gewaeschiae provincialis, de Spekseitiis schnappandis libri tres.
Pasquilli, doctoris marmorei, de capreolis cum Artischoco comedendis, tempore papali ab ecclesia interdicto.
Die heilige Kreuz-Findung, zu sechs Personen agieret durch die haarfeinen Clerici.
Die Brill der Romfahrer.
Majoris, de modo worstifaciundi.
Der Prälaten Dudelsack.
Beda, de optimitate Kuttelium.
Der Advocaten Beschwer über die Reformation der Sportuln.
Der Procuratorenkatzbalg.
Von Speckerbsen *cum commento.*
Des Ablass Mastbissen.
Praeclarissimi juris utriusque doctoris Meister Plackarti Batzigrapii de fetzipletzendis glossae Accursianae Lappalibus repetitio enucidiluculidissima.
Stratagemata Freischützii de Baignolet.
Freimauserus, de re militari, cum figuris Toffelii.
De usu et utilitate abtegendi equos et equas, authore Magistro nostro de Quer-Kuh.
Das Bauerngrob der Dorfscholzen.
Magistri Nostri Rippenbrateselinklauii, de Senfo post prandium serviendo, lib. quatuordecim, appostillati per M. Vaurillonis.
Das Hodagium der Promotoren.
Jabolenus de cosmographia purgatorii.
Quaestio subtilissima, utrum Chimaera, in vacuo bombinans, possit comedere secundas intentiones et fuit debatuta per decem hebdomadas in concilio Constantiensi.
Der Advocaten Haischlund.
Schmatramenta Scoti.
Die Kahlmaus der Kardinäl.
De calcaribus removendis decades undecim, per M. Albericum de Rosata.
Ejusdem de castrametandis crinibus lib. tres.
Des Anton von Leven Einzug in Griechenland.
Marforii Baccalarii cubantis Romae, de strigilandis immummulandisque cardinalium mulis.
Apologia Des und Des wider Die und Die so behaupten wollen dass des Papsts Maultier nicht fressen könnt, ausser zu seinen bestimmten Stunden.
Prognosticatio quae incipit, Silvii Klingelsack, capriolata per M. N. Schnakentraumium.
Caldaunaei, episcopi, de emulgentiarum profectibus, enneades novem, cum privilegio papali ad triennium, et postea non.
Das Jungfernscherwenzel.
Der Witwenkahlarß.
Die Mönchsgugel.
Des Cölestinerordens Brimboria.
Der Manducanten Mautgefäll.
Der Schliffel Zähnknapper.

Die Ratzfall der Gottesgelahrten.
Das Stiefelholz der Artemagistri.
Die Küchenjungen des Ockam mit einfacher Tonsur.
Magistri N. Tellerolecis, de grabelationibus horarum canonicarum, lib. quadraginta.
Purzikekelium confratriarum, incerto authore.
Die Schalaun der Lollenbrüder.
Der Spanier Stinkbrodem, superantiquikapuzulieret durch Fra Inigo.
Die Brummkress der Topfschlecker.
Hasifusicitas rerum Italicarum, authore magistro Bruslefer.
Raimundus Lullius de Narripossagiis principum.
Fitzliputzelium Kuttaismi, actore M. Jacobo Hogstraten haereticometra.
Warmhodionis de magistro nostrandorum magistro nostratorumque Trink-Liniis, lib. octo galantissimi.
Der Bullisten, Copisten, Scriptoren, Abbreviatoren, Referendarien und Datarien Pferdskracher compilieret durch Regis.
Immerwährender Kalender für Gichtische und Venerische.
Manieries Schlotfegiundi per M. Eccium.
Der Krämer Spuckat.
Die Gemächlichkeiten des Mönchlebeus.
Das Mengelmus der Bigotten.
Die Geschicht der Irrwisch.
Die Bettelstraß der Tausendbatzer.
Der Offizialen Gimpelschneis.
Der Cassiererdriesel.
Wischiwaschata Sophistarum.
Antipericatametanaparbuzidiamphicribrationes mendicantium.
Der Reimdreher Windelschneck.
Der Alchimisten Blasbalg.
Das Zwickzwack der Bettelmönch verschnappsackt durch Bruder Fassatis.
Die Beinschellen der Religion.
Die Ballenpritsch der Bumbaumer.
Des Alters Armstütz.
Des Adels Beißkorb.
Das Affenpaternoster.
Die Daumschnüre der Andacht.
Der Quartanfasten Klostopf.
Der Politik Mörser.
Der Kläusner Muckenfächel.
Das Käppel der Penitenziarier.
Das Tricktrack der Klopfbrüder.
Bengelis de vita et honestate Hosiprangerum.
Liripii sorbonici moralisationes, per M. Lutpoldum.
Das Krimskrams der Reisenden.
Pottig der Potativbischöf.
Zedrimordiones doctorum Coloniensium adversus Reuchlin.
Der Damen Schellenspiel.
Die Martingalische Kackerhos.
Vulpischwenzium Heiducorum per F. Pediflink.

Die fröhlichen Schuhpletzer.
Mummschanz der Kobold und Poltergeister.
Gerson, de auferibilitate papae ab ecclesia.
Die Alpenschleif der Graduierten und Ernannten.
Jo. Dytebrodii, de terribilitate excommunicationum libellulus acephalos.
Ingeniositas invocandi diabolos, et diabolas, per M. Gingulphum.
Das Potpourri der Perpetuonen.
Die Ketzermoresk.
Die Gramanzen Cajetani.
Netzenschnut, doctoris cherubici, de origine Rauchhandionum et Duckmaeuserium ritibus, lib. septem.
Neunundsechzig Breviarien vom dicken Schmeer.
Die Gauchmär der fünf Bettelorden.
Das Pelzwerk der Tirlupin extrahieret aus dem in die englische Summa incornifistibulirten Fahlstiefel.
Punktierbuch der Gewissensfäll.
Der Präsidenten Prallwanst.
Asinikopium der Äbt.
Sutoris, adversus quendam qui vocaverat eum Schubiacum, et quod Schubiaci non sunt damnati ab ecclesia.
Cacatorium medicorum.
Der astrologische Schlotfeger.
Campi clysteriorum per § C.
Der Apotheker Furzzang.
Der Chirurgi Steißkuss.
Justinianus de capucis tollendis.
Antidotarium animae.
Merlinus Coccaius, de patria diabolorum.

Von denen etliche bereits gedruckt sind, und die übrigen soeben unter der Press befindlich zu Tübingen, der guten Stadt.

Achtes Kapitel

Wie Pantagruel zu Paris von seinem Vater Gargantua ein Schreiben erhielt; nebst Abschrift desselben

Pantagruel studiert' sehr brav, wie ihr leicht denken könnt, und bracht auch was Stattlichs vor sich, denn er hatt einen dreimal genäheten Geist und ein Gedächtnis wie zwölf Kufen und Ölschläuch weit: und eines Tages, während er so daselbst sich aufhielt, bekam er von seinem Vater ein Schreiben, welches lautet' wie folgt:

Vielgeliebter Sohn, unter den Gnadengütern und Vorzügen womit der allmächtige Protoplastes [Schöpfer; »zuerst gebildet«] Gott, die Natur des Menschen in ihrem Ursprung begabt und ausgerüstet hat, scheint mir der vor allen herrlich und einzig zu sein, durch welchen sie in ihrem sterblichen Zustand schon eine Art von Unsterblichkeit zu erlangen und im Verlauf des flüchtigen Lebens ihren Namen und Samen zu verewigen befähigt wird. Welches durch unsers Leibes Abkunft im rechtmäßigen Ehstand geschieht, wodurch uns einigermaßen ersetzt wird, was wir durch unsrer ersten Eltern Übertretung verloren haben: zu denen gesagt ward, weil sie nicht des Schöpfers Geboten folgsam gewesen, so sollten sie sterben und durch Tod diese so wunderwürdige Bildung darin der Mensch erschaffen war, wiederum vernichtet werden.

Nun aber verbleibt, auf diesem Wege samlicher Fortpflanzung, in den Kindern, was den Eltern verloren ging, und in den Enkeln, was den Kindern abhanden kam, und immer so fort bis zur Stund des jüngsten Gerichtes, da Jesus Christus Gott dem Vater sein Friedensreich ohne alle Gefährd und Sündenbefleckung wird wiederbringen. Denn alsdann wird alle Zeugung und Verderbnis aufhören, und werden die Elemente ihres ewigen Wechsels entbunden sein, weil der so lang ersehnte Friede geschlossen und vollzogen ist und alle Ding ihr End und Ziel gefunden haben.

Derhalb ich dann wohl eine gerechte und billige Ursach hab, Gott meinem Erhalter zu danken, dass er mich dahin aufgesparet, mein graues Alter in deiner Jugend wiederum neu erblühen zu sehen. Denn wann dereinst, nach dessen Rat, der alles leitet und regiert, auch meine Seel diese irdische Wohnung verlassen muss, werd ich mich doch nicht gänzlich für gestorben achten, vielmehr von einem Ort nur an einen andern zu gehen meinen, maßen ich in dir und durch dich mit meiner sichtbaren Leibesgestalt auf dieser Erde lebend, sehend, in der Gemeinschaft wackerer Leut und meiner Freund, so wie ich pflog, zurückverbleibe. Welche Gemeinschaft an meinem Teil, mit göttlicher Gnad und Beistand, ich bekenn es, zwar nicht frei von Sünd (denn wir sündigen all und rufen unablässig zu Gott um Tilgung unsrer Missetat), doch frei von Schimpf gewesen ist.

Wenn demnach, wie in dir das Bild von meinem Leibe bleibt, nicht auch der Seele Sitten leuchten sollten, würd man nicht glauben wollen, dass du der Hort und Wächter von unsers Namens Unsterblichkeit wärest, und die Freude, die mir daraus erwuchs, wär klein, wenn ich nun sehen und denken müsst, dass der geringste Teil von mir, welches der Leib ist, überblieb und der beste, die Seel', die unsern Namen unter den Menschen im Segen erhält, entartet und verkümmert wäre.

Solches sag ich nun nicht etwan aus Misstraun gegen deine Tugend, die ich vorlängst erprobt, vielmehr um dich zu immer besserem Wachstum im Guten dadurch aufzumuntern. Und was ich dir itzunder schreib, ist nicht sowohl dahin gemeinet, dass du dies Tugendleben erst führen, sondern also zu leben oder gelebt zu haben, dich freuen solltest, und deinen Mut auch für die Zukunft dazu bestärken. Welchen Vorsatz ins Werk zu richten und auszuführen, dir wohl erinnerlich sein kann, dass ich nichts gespart hab, sondern immer dir so dabei zu Händen gegangen, als ob ich weiter auf dieser Welt keinen Schatz hätt, als dermaleinst in meinem Leben nur dich vollkommen tüchtig zu sehen, so in Tugenden, Zucht, und Mannheit, wie in allen freien und wohlanständigen Künsten und Wissenschaften, und dich also nach meinem Tod wie einen Spiegel meiner selbsten, deines Vaters, zu hinterlassen; wenn nicht in Wahrheit ganz so herrlich, als ich mirs wünscht, doch in der Hoffnung.

Aber obschon mein seliger Vater hochgesegneten Angedenkens, Grandgoschier, alles Eifers bemüht war, dass ich in jeder Vollkommenheit und politischen Weisheit erwachsen möcht, auch meine Anstrengung und Fleiß seinem Verlangen gar wohl entsprach, ja ihm zuvor eilt', so war dennoch, wie du von selbst einsiehst, die Zeit den Künsten damals nicht so gelegen, noch günstig, wie sie jetzo ist. Ich konnt nicht solche Lehrer haben, wie du hast: die Zeiten waren finster, schmeckten noch nach der Goten Qual und Barbarei, die alle gute Literatur zu Grunde gerichtet. Aber mit Gottes Hilf ist den Künsten bei meiner Zeit ihr Licht und Ansehn wiedergegeben; ich seh, es hat sich damit um ein so Merklichs gebessert, dass ich jetzt mit genauer Not in die erste Klasse der kleinen Schulfüchs rezipieret werden möcht, der ich in meinem Mannesalter für den Gelahrtesten des Jahrhunderts (und nicht mit Unrecht) gegolten hab.

Welches ich nicht aus eitler Ruhmredigkeit von mir sag, obschon ichs in einem Schreiben an dich geziemend tun könnt, wie du dafür des Marcus Tullius Ansehen hast in seinem Buch vom Alter, und Plutarchens Ausspruch in der Schrift: Wie wir uns ungehässig selbst berühmen können, sondern um dir zum Höhertrachten Lust zu machen.

Anitzt sind alle Disziplinen wiederhergestellt, die Sprachen erneuert, Griechisch, ohn welches eine Schand wär, sich einen Gelahrten nennen zu wollen, Hebräisch, Chaldäisch, Latein: es sind die so korrekten zierlichen Bücher mit Druckschrift nun in Umlauf kommen, die man durch göttliche Eingebung in meinen Tagen erfunden hat, gleichwie im Widerspiel das Geschütz auf des Teufels Antrieb. Die ganze Welt ist voll gelahrter Männer, hochbelesener Lehrer, voll reichbegabter Büchersäle, und dünket mich, dass eine solche Bequemlichkeit der Studien wie man itzo siehet, weder zu Platos, noch Ciceros Zeiten, noch Papinians gewesen sei. Und wird sich künftig in Gesellschaft gar keiner mehr hervortraun dürfen, der nicht in der Minerva Werkstatt recht aus dem Grunde polieret ist. Ich seh, es sind die Straßenräuber, Stallbuben, Waghäls und Henkersknecht itzund gescheiter als die Doktoren und Prediger zu meiner Zeit.

Ja was sage ich? Selbst die Frauen und Mägdlein hat nach diesem Lob und himmlischen Manna guter Erkenntnis gelüstet, und ist so weit kommen, dass ich in meinem Alter noch, darin ich steh, die griechische Schrift bin zu erlernen genötigt gewesen, die ich in meinen jungen Jahren zwar nicht, wie Cato, verachtet, aber doch zu ergreifen nicht Zeit gehabt. Und find ein groß Gefallen daran, die Moralien des Plutarch zu lesen, die schönen Platonischen Gespräch, die Monument des Pausanias und Altertümer Athenäi, in Erwartung der Stund, da Gott mein Schöpfer, mich nach seinem Rat abfordern und aus dieser Welt zu seinen Freuden berufen wird.

Darum, mein Sohn, ermahn ich dich, deine Jugend mit allem Fleiß den Studien und der Tugend zu widmen. Du bist in Paris, hast deinen Lehrer Epistemon: die können dich, beide sowohl durch löblich Beispiel als lebendigen mündlichen Rat unterweisen. Ich versteh und will, dass du die Sprachen gründlich erlernest: erstens Griechisch, wie Quintilian will; zweitens Lateinisch und demnächst Hebräisch wegen der heiligen Schriften, auch Chaldäisch und Arabisch aus dem Grund; und deinen Stylus, im Griechischen nach Platons Muster formierest, im Lateinischen nach Cicero. Von Historien müss' es nichts geben, das dir nicht all im Gedächtnis treu geläufig wär; wozu dir die Kosmographie der Skribenten darüber wird behilflich sein. Von freien Künsten, als Musik, Arithmetik und Geometrie, hab ich dir schon als du noch klein warst, in deinem fünften bis sechsten Jahr einen Vorschmack gegeben. Geh weiter darin: und in der Astronomie, bemeistre dich aller ihrer Kanons. Mit divinatorischer Astrologie und Lulliuskünsten gib dich nicht ab, denn es ist eitel Unfug und Torheit. Von bürgerlichen Rechten will ich, dass du die schönen Text auswendig im Kopfe habest und sie mir mit Philosophie wohl konferierest.

Anlangend die Kenntnis natürlicher Dinge, verlang ich, dass du dich darauf mit Fleiß verlegest, dass kein Meer, See, Fluss noch Quell sei, davon du nicht die Fische wüsstest. Alle Vögel des Himmels, alle Bäum, Gebüsch und Sträuch der Wälder, alle Kräuter der Erden, alle Erze im Schoß des Abgrunds, alle Gestein, soviel das ganze Morgenland und Mittag [der Süden] hegt, nichts müsse dir verborgen bleiben.

Dann forsche wieder emsiglich die Bücher der griechischen, arabischen und lateinischen Ärzte durch, auch die Talmudisten und Kabbalisten nicht zu verachten, und sammle dir durch öfters angestellte Sectiones [Obduktionen] eine vollkommene Erkenntnis der andern Welt, welches der Mensch ist. Fang an, zu einigen Stunden des Tages die heiligen Schriften zu treiben, erst griechisch das neue Testament und die Briefe der Apostel, dann hebräisch das alte. Ja, mit einem Wort, tauche dich in ein Meer des Wissens. Denn hinfüro, da du nun groß und ein

Mann wirst, kannst du in dieser gelehrten Ruh und Zufriedenheit nicht lange mehr weilen, wirst das Waffenhandwerk und Rittertum erlernen müssen, zu Schutz und Schirm meines Hauses, zu Verteidigung unserer Freund in all ihren Händeln wider die Übeltäter. Ist also kürzlich mein Begehr, dass du dich selbst versuchen sollst, wie viel du gelernt hast, welches du nicht besser tun kannst, als durch Verfechtung etlicher Sätz in allerlei Wissenschaft öffentlich wider all und jeden, wie auch durch Umgang mit den Gelahrten, so zu Paris als anderwärts.

Weil aber, nach Salomons wahrem Wort, die Weisheit nicht kommt in die Seelen der Bösen, und Wissen ohn Gewissen nichts anderes als der Seelen Tod ist, so sollst du *Gott* dienen, ihn lieben, fürchten und auf ihn dein ganzes Sinnen und Hoffen setzen, und stark im Glauben durch die Lieb, ihm also fest verbunden sein, dass dich die Sünd ihm nimmermehr entreißen mag. Trau nicht dem Irrsal der Welt. Hänge dein Herz nicht an Eitelkeit: denn dieses Leben ist vergänglich, aber des Herrn Wort bleibt ewig. Sei allen deinen Nächsten gern zu Diensten, liebe sie, wie dich selbst. Ehre deine Lehrer, flieh' die Gemeinschaft derer, denen du nicht willst gleich sein, und die Gaben, die du von Gott empfangen hast, lass sie dir nicht umsonst verliehn sein. Und wenn du vollends dort alle Weisheit erworben zu haben spüren wirst, komm wieder zu mir, dass ich dich seh und meinen Segen dir geb, eh ich sterbe.

Mein Sohn, der Friede und die Gnad unseres Herren sei mit dir. Amen. Aus Utopien am siebzehnten des Märzmonats, dein Vater Gargantua.

Auf Sicht und Lesung dieses Schreibens hin, fasste Pantagruel frischen Mut und ward zum Lernen mehr als je zuvor entzündet, dergestalt, dass ihr, wenn ihr ihn hättet studieren und in Erkenntnis wachsen sehen, von seinem Geist hättet sagen müssen, dass er unter den Büchern wär, was die Flamm im dürren Reisig; so unermüdlich risch [rasch] und lodernd.

Neuntes Kapitel

Wie Pantagruel den Panurg fand,
den er sein ganzes Leben lang liebhatte

Als eines Tages Pantagruel vor der Stadt, nach der Abtei Sankt Anton, spazieren ging, mit seinen Leuten und etlichen Schülern in philosophischer Zwiesprach begriffen, traf er auch einen Menschen an, von schöner Statur und wohl formiert in allen Leibesproportionen, aber an mehreren Stellen elend zerlumpt und so übel zugericht, dass er den Hunden entlaufen schien, oder vielmehr einem Äpfelbrecher aus dem Perche ähnlich sah. Sobald Pantagruel ihn von weitem erblickte, sprach er zu seinen Gefährten: Seht ihr den Menschen der dort von der Charentonbrücke auf uns zukommt? Er ist bei meiner Treu nicht arm, als durch Unglück: denn ich sage euch, seiner Physionomie nach zu schliessen, hat die Natur ihn aus einem reichen und adligen Geschlecht erzeugt. Aber die Fata der Wissbegierigen haben ihn so in Dürftigkeit und Mangel gebracht. – Und wie er nun eben bis mitten unter sie gekommen war, rief er ihn an: Mein Freund, ich bitt euch, wollet allhie ein wenig verhalten und mir auf meine Fragen Bescheid tun: es soll Euch auch fürwahr nicht reuen, denn ich hab eine gar große Neigung, euch beizustehen in eurer Not, darin ich euch seh': ihr jammert mich sehr. Darum, mein Freund, sagt mir: wer seid Ihr? von wannen kommt Ihr? wohin denkt Ihr? was sucht Ihr? und wie heißet Ihr? – Der Gesell antwortete ihm hierauf in deutscher Sprache: Junker, Gott geb Euch Glück und Heil zuvor. Lieber Junker, ich lass Euch wissen, das da Ihr mich von fragt, ist ein arm und erbärmlich Ding, und wär viel davon zu sagen, welches Euch verdrießlich zu hören und mir zu erzählen wär, wiewohl die Poeten und Oratoren vorzeiten gesagt haben in ihren Sprüchen und Sentenzen, dass das Gedenken des Elends und der Armut, vor langem erlitten, sei eine große Lust. – Da sprach Pantagruel: Mein Freund, ich versteh nicht dieses Kauderwelsch; drum redet eine andre Sprach, wenn ihr wollt, dass man Euch versteh.

Und der Gesell antwortete ihm [Worte ohne jeglichen Sinn, freilich mit einigen richtigen Namen – Chinon, Frapin, Galet]: Al barildim gotfano dech min brin alabo dordin falbroth ringuam albaras. Nin porth zadikin almucathin milko prim al elmin enthoth dal heben ensouim: kuth im al dim alkatim nim broth dechoth porth min michas im endoth, pruch dal marsouim hol moth dansrilrim lupaldas im voldemoth. Nin hur diavolth mnarbotim dal gousch pal Frapin duch im scoth pruch Galeth dal Chinon, min foulthrich al conin butbathen doth dal prim.

Versteht Ihr was? frug Pantagruel die Versammelten. – Ich glaub, antwortet' Epistemon, es ist die Sprach der Antipoden; der Teufel selber kriegt da nix los von. – Drauf sagt Pantagruel: Gevatter, ich weiß nicht, ob euch etwa die Mauern verstehen, doch von uns hier kein Mensch ein Wort.

Da sprach der Gesell [Italienisch]: Signor mio, voi vedete per exemplo che la cornamusa non suona mai, s'ela non ha il ventre pieno: cosi io parimente non vi saprei contare le mie fortune, se prima il tribulato ventre non ha la solita refectione. Al quale è adviso che le mani e li denti habbiano perso il loro ordine naturale et del tutto annichillati.

Es ist all eins; eins wie das andr', antwortete Epistemon.

Da sprach Panurg [Schottisch]: Lard, ghest tholb be sua virtiuss be intelligence, ass yi body schal biss be naturell relutht tholb suld of me pety have for natur hass ulss egualy maide, bot fortune sum exaltit hess and oyis deprevit, non ye less viois mou virtius deprevit, and virtiuss men descrivis for anen ye lad end iss non gud.

Noch weniger, antwortete Pantagruel.

So sprach Panurg [Baskisch]: Jona andie guaussa goussy etan beharda er remedio beharde versela ysser landa. Anbates otoy y es nausu ey nessassu gourray proposian ordine den. Nonyssena bayta fascheria egabe genh erassy badia sadassu noura assia. Aran hondouan gualde eydassu naydassuna. Estou oussyc egunan soury hin er darstura eguyharm. Genicoa plasar vadu.

Habt ihrs jetzt weg? antwortete Eudämon, gelt, Genicoa? Stoß mich der Schott Sankt Trinian, rief Karpalim, wenn ichs nicht bald verstanden hätt!

Panurg antwortet' [unidentifizierbar; Ortschaftsnamen aus Chinon: Gravot, Chavigny, La Pomadière, Cinais]: Prug frest strinst sorgdmand strochdt drhds pag brleland Gravot Chavygny Pomardière rusth pkallhdracg Devinière près Nays. Bouille kalmuch monach drupp delmeupplist rincq dlrnd dodelb up drent loch mine stz rinquald de vins ders cordelis bur jocst stzampenards.

Darauf sagt' Epistemon: Redest du christlich, Freund, oder Patelinisch? Nein, es ist die Laternensprach.

Panurg fuhr fort [Holländisch]: Heere, ie en spreke anders gheen taele dan kersten taele, my dunct nochtans, al en seg ie u niet een word, mynen noot vklaert ghenonch wat ie beglere: gheest my unyt bermherticheyt yet, waer un ie ghevoet magh zunch.

Desgleichen, sprach Pantagruel.

Panurg versetzt' [Spanisch]: Seignor, de tanto hablar yo soy cansado, por que supplico a vostra reverentia que mire a los preceptos evangeliquos, para que ellos movant vostra reverentia a lo ques de conscientia; y si ellos non bastarent para mover vostra reverentia a piedad, supplico que mire à la piedad natural, la quai yo creo que le moura como es de razon: y con esto non digo mas.

Darauf antwortet' Pantagruel: Ei Freund, ich zweifel keineswegs dass ihr nicht mehrere Sprachen könnt reden, aber saget uns, was ihr wollt, in einer, die wir verstehen können.

Da sprach der Gesell [Altdänisch]: Myn herre endog ieg med ingen tunge talede, lygesom boeen, ocg uskuulig creatner: myne kleebon, och myne legoms magerhed wduyser allygue klalig huuad tyng meg meest behoff girereb, som aer sandeligh mad och drycke, huuarfor forbarme teg omsyder offuermeg, och befael at gyffuc meg nogeth, aff huylket ieg kand styre myne groeendes maghe, lygeruff son mand Cerbero en soppe forsetthr. Soa shal tue loeffue lenge och lyksaligth.

Ich glaub, sprach Eusthenes, so haben die Goten geredt; und, beliebt' es Gott, würden wir so mit dem Arsche reden.

Jetzt sprach der Gesell [Hebräisch]: Adoni, scolom lecha: im ischar harob hal habdeca, bemeherah thithen li kikar lehem, chancathub: laah al adonai cho nen rai.

Darauf antwortet Epistemon: Jetzt hab' ichs verstanden, es war Hebräisch und gut rhetorisch ausgedrückt.

Der Gesell sprach weiter [Griechisch]: Despota tinyn panagathe, dioti sy mi uc artodotis, horas gar limo analiscomenon eme athlios, ce en to metaxy eme uc eleis udamos, zetis de par emu ha u chre. Ce homos philologi pandes homologusi tote logus te ce rhemeta peritta hyparchin, opote pragma afto pasi delon esti. Entha gar anancei monon logi isin, hina pragmata (hon peri amphisbetumen) me prosphoros epiphenete.

Was? was? sprach Karpalim, Pantagruels Leiblakai, dies ist ja Griechisch: ich habs verstanden. Ei wie dann? hast du in Griechenland hausieret?

Und der Gesell sprach [unidentifizierbar]: Agonou dont oussys vous denagnez algarou: nou den farou zamist vou mariston ulbrou, fousques voubrol tam bredaguez moupreton den goulhoust, daguez daguez nou cropys fost pardonnoflist nougrou. Agou paston tol nalprissys hourtou lod ecbatonous, prou dhouquys brol pany gou den bascrou noudous caguous goulfren goul oustaroppassou. Agonou dont oussys vou denaguez algarou, nou den farou zamist vous mariston ulbrou, fousquez vou brol tam bredaguez moupreton den goul houst, daguez daguez nou croupys fost bardou noflist nou grou. Agou paston toi nalprissys hourtou los ecbatanous, prou dhouquys brol panygou den bascrou noudous caguous goulfren goul oust troppassou.

Dies mein ich zu verstehen, sprach Pantagruel: denn es ist entweder meine Utopische Landessprach oder kommt ihr doch dem Schall nach ziemlich nah.

Und wie er nun eben ein Gespräch anfangen wollte, sprach der Gesell [Latein]: Jam toties vos, per sacra, perque deos deasque omnis, obtestatus sum, ut, si qua vos pietas permovet, egestatem meam solaremini, nec hilum proficio clamans et ejulans. Sinite, queso, sinite, viri impii quo me fata vocant abire, nec ultra vanis vestris interpellationibus obtundatis, memores veteris illius adagii quo venter famelicus auriculis carere dicitur.

Aber, mein Freund, sprach Pantagruel, könnt ihr denn nicht Französisch reden?

Ei freilich, Herr, antwort' der Gesell, ist Gott sei Dank meine leibliche Sprach, meine Muttersprach, denn ich bin im Garten von Frankreich, in Tourain', geboren und groß erzogen.

Nun dann, so sagt uns, sprach Pantagruel, euern Namen und wo ihr herkommt; denn meiner Treu, ich hab euch schon so sehr ins Herz geschlossen, dass, wenn ihr mir willfährig sein wollt, sollt ihr mir nicht von der Seiten kommen, und ihr und wir wolln ein neues Freundespaar werden, wie Äneas und Achates.

Gestrenger Herr, spricht der Gesell, mein eigentlicher und wahrer Taufnam ist Panurg und komm itzunder aus der Türkei, wohin ich, nach dem Unglückszug vor Metelin, in Gefangenschaft kam; und wollt euch gar gern meine Fata erzählen, die wunderlicher als die Fahrten des Ulysses gewesen sind: weil es euch aber einmal beliebt mich bei euch zu behalten, auch ich das Erbieten gern ergreif mit Beteuerung nimmer von euch zu lassen, und wenn ihr zu allen Teufeln ginget: so werden wir wohl ein andermal bei guter Weil und gelegnerer Zeit davon reden können. Denn für itzo hab ich fast dringende Essenslust, leeren Magen, scharfe Zähn, verdörrte Gurgel, brüllenden Hunger; alles ist darauf eingericht. Wenn ihr mir Arbeit geben wollt, wird es ein Fest sein, mich mumpfen [mit vollem Munde kauen] zu sehen. O, um Gottes Willen, bestellet es!

Da befahl Pantagruel, dass man ihn in sein Quartier brächt und ihm tüchtig zu essen auftrüg: wie auch geschah. Und aß zu Abend meisterlich, ging mit den Hühnern zu Bett und schlief bis andern Tags zur Tischstund, da er dann wieder mit drei Schritten und einem Sprung vom Bett am Tisch war.

Zehntes Kapitel

Wie Pantagruel einen ausnehmend dunklen und schwierigen Rechtsstreit unparteiisch und so gerecht entschied, dass man sein Urteil erstaunenswert fand

Pantagruel, der Brief und Ermahnungen seines Vaters wohl eingedenk, wollt auch einmal sehen, wieviel er gelernt hätt. Schlug also Theses an alle Ecken der Stadt, aus allen Wissenschaften, neuntausendsiebenhundertvierundsechzig an der Zahl, in welchen er die wichtigsten Zweifel in jeder Scienz beregt'. Und respondieret' erstlich in der Futtergass allen Artisten, Oratoren und Professoren und setzt' sie all auf den Hintersten. Darauf turniert' er in der Sorbonne mit allen Theologen ganze sechs Wochen lang, von morgens vier Uhr bis abends sechs, allein mit Ausnahm zweier Stunden Stillestands zur Atzung und Leibesrekreation, dass man nicht etwa denk, er hätt die Sorbonnischen Gottesleut am Schoppen und ihrer gewöhnlichen Kehlnetz wollen behindern. Und assistierten dabei die mehresten Herren der Obergerichtshöf, Requetenmeister, Präsidenten, Räte, Rentbeamten, Sekretarien, Advokaten und andre, nebst den Schöffen der Stadt, den Medizinern und Kanonisten. Und denket nur, dass sich dieselben meistenteils sehr straff ins Zeug geworfen hatten; aber mit all ihren Subtilitäten und Finten jagt' er sie gleichwohl ins Bockshorn und bewies ihnen augenscheinlich, dass sie samt und sonders nichts weiter als eingemantelte Kälber wären. Darob dann aller Leute Mund seiner erstaunlichen Weisheit voll ward, bis auf die guten Waschweiblein, die Kuppeltruden, Messerhöken, Brätelbraterinnen und mehr solches Volk, die, wenn er des Weges kam, ausriefen: Das ist er! woran er sein Gefallen fand, wie Demosthenes der griechischen Redner Oberhaupt, wenn eine alte grumme [murrende] Vettel auf ihn mit dem Finger zeigt' und sprach: das ist *der*!

Um eben die Zeit nun war ein Prozess vorm Oberhofgericht anhängig zwischen zween Hohen vom Adel, dem Herrn von Leckarß, Kläger einesteils, und dem Herrn von Saugefist, Beklagter am andern, deren Sach in Rechten also steil und schwierig befunden ward, dass das Parlament davon nicht mehr zu sagen wusst als vom Hochdeutsch. Da dann auf Befehl des Königs aus allen Parlamenten in Frankreich vier der Gelahrtesten und Dicksten versammelt worden waren, nebst dem hohen Rat und allen ersten Doktoren der Universitäten, nicht nur in Frankreich, sondern auch aus England und Italien, als Jason, Philipp Decius, Petrus de Petronibus und ein Haufen andrer alter Haubitzen mehr. Und waren also schon ganzer sechsundvierzig Wochen versammelt gewesen, ohne dass sie's hätten erknacken mögen, noch deutlich hinter den Kasus kommen, dass sie ihn auf dem Wege Rechtens nur einigermaßen in Schick gebracht. Darob sie zuletzt so giftig wurden, dass sie vor Scham elendiglich in die

Hosen machten. Doch eines Tages, nachdem sie sich beinah die Köpf zerspintisieret, nahm einer von ihnen, namens Du Douhet, der gelahrteste, klügste und erfahrenste von allen, das Wort und sprach: Ihr Herren, wir sitzen nun schon so lang hie und schaffen nix, als dass wir unser Geld vertun, ersehen der Sach weder Grund noch Boden: je mehr wir studieren, umso weniger verstehen wir davon: dies ist uns doch führwahr eine große Schmach und Gewissenslast; und werden meines Bedünkens nicht mit Ehren aus diesem Handel scheiden, denn unser ganzes Konsultieren ist nur eitel Faselei. Doch höret, was ich erwogen hab. Ihr habt wohl von dem großen Menschen, dem Meister Pantagruel reden hören, dessen Gelehrsamkeit alles Maß der heutigen Welt übersteigen soll, wie man aus seinen öffentlich mit aller Welt gehaltnen großen Disputationen ersehen hat. Ich bin der Meinung, dass wir ihn rufen und über diese Sach mit ihm Rats pflegen; denn es kommt doch kein Mensch damit zu Rand, wenn er's nicht tut. Des waren denn all die Rät und Doktoren auch wohl zufrieden, sandten eiligst aus nach ihm und baten, er woll den Prozess fein gründlich durchsichten, beuteln und reutern, und ihnen nach wahrem Rechtsbefund darüber seinen Bericht erstatten. Stellten ihm auch zu eignen Händen die Protokoll und Akten aus, an denen vier starke Eselshengst zu schleppen hatten.

Pantagruel aber frug sie: Ihr Herren, sind die zween Junker, die diesen Prozess miteinander führen, annoch am Leben, oder nicht? – Und sie bejahetens. – Nun dann, zum Teufel, sprach er, was soll mir dann all der Papierwust und dies Geschmier, das ihr da bringt? Ists nicht gescheiter man hört sie selber ihre Sach mit lebendiger Stimm ausführen, als dass man die Meerkätzereien liest, die doch nichts weiter als Lug und Trug, kepolistische Teufelskautelen und Rechtsverdrehereien sind? denn ich weiß wohl, ihr selbst und alle durch deren Hände der Prozess gegangen, habt *pro et contra,* was ihr nur konntet darein gemantscht, und stattdessen anfangs ihr Handel leicht zu entscheiden und klar war, habt ihr ihn erst noch recht verdunkelt mit albernen unverständigen Klausuln, den abgeschmackten Meinungen eures Accursi, Baldi, Bartoli, de Castro, de Imola, Panormi, Hippolyti, Bertachin, Alexander, Curtii und andrer alter Köter mehr, die niemals auch nur das kleinste Gesetz in den Pandekten verstanden haben, und weiter nichts als samt und sonders große Zehntkälber gewesen sind, unwissend in jedem Erfordernis zu einer gründlichen Rechtserkenntnis. Denn sie haben (wie weltbekannt) weder Lateinisch noch Griechisch verstanden, sondern bloß Gotisch und Barbarisch: und gleichwohl sind erstlich die Gesetz von den Griechen entlehnet, wie ihr dafür das Zeugnis Ulpiani habt, 1. *posteriori de origine juris,* und alle Gesetz sind voller griechischer Wort und Sinnsprüch. Und 2. sind sie im allerfeinsten und zierlichsten Latein verfasst, das in der ganzen lateinischen Sprach nur zu finden ist, davon ich ungern weder den Cicero noch Sallustius, noch Varro, Plinius, Seneca, Titus Livius noch Quintilian ausnehmen möcht. Wie hätten dann nun diese alten Träumer wohl die Gesetzestext verstehen wollen, da ihnen niemals ein gutes Buch in lateinischer Sprach vor Augen ist kommen? Wie auch an ihrem Stylo ersichtlich, denn es ist mehr ein Schlotfegerstilus, vielmehr ein Küchen- und Topflatein als das Latein eines Rechtsgelahrten.

Zudem sind uns die Gesetz aus dem innersten Schoß der moralischen und natürlichen Philosophi entsprungen: was können doch also die Narren davon wissen, die, bei Gott! in der Philosophie noch nicht so weit sind, wie mein Maultier? Und was die Humaniora, Geschichte und Kenntnis der Antiquitäten betrifft, davon strotzen sie wie die Kröt von Federn; es nutzt ihnen just so viel als wie der Kuh Muskatennuss: und gleichwohl sind davon die Recht ganz voll, ohn dies nicht zu verstehen; wie ich in Schriften, am nächsten Tag ausführlicher, zu zeigen gedenke.

So ihr denn also ein Erkenntnis in diesem Prozess von mir haben wollt, verbrennet mir vor allen Dingen all dies Papier, und zweitens lasset die beiden Junker in Person hie vor mich treten, da ich dann, wenn ich sie werd vernommen haben, euch meine Meinung unumwunden, ohn allen Hinterhalt sagen will.

Dem widersprachen nun zwar etliche unter ihnen, wie ihr denn wisst, dass es in einer jeden Gemeinde mehr Narren als gescheite Leut gibt, und der größere Teil allzeit den bessern überwiegt, wie Titus Livius von den Karthaginensern schreibet. Aber der zuvor genannte Du Douhet bot ihnen mannhaften Widerpart, behauptet', Pantagruel hätt recht: all diese Akten, Salvationen, Repliken, Dupliken, Exzeptionen, Appelationen und Teufelszeugs wär weiter nichts als Rechtsverschleif und Prozesshemmsal, und würd der Teufel sie allesamt miteinander holen, wo sie nicht anders zu Werke gingen, nach evangelisch philosophischer Billigkeit. In Summa, es wurden all die Papier verbrannt, und man lud die beiden Junker persönlich vor.

Da sprach Pantagruel zu ihnen: Seid ihr es, die den großen Streit miteinander habt? – Ja, gnädigster Herr: antworteten sie. – Und welcher von euch ist der Kläger? – Ich bins, sprach Herr von Leckarß. – Nun, mein Freund, so erzählet uns also Punkt für Punkt euern Handel, rein nach der Wahrheit: denn bei dem hohen Sakrament! wo ihr auch nur ein Wort dran lügt, hol ich den Kopf euch von den Schultern, und will euch weisen dass man in Rechten und vor Gericht nur die lautere Wahrheit sagen soll. Drum hütet euch, also wohl euerer Sach etwas zuzusetzen oder davonzutun! Saget an.

Elftes Kapitel

Wie die Herren von Leckarß und Saugefist ohn Anwält vor Pantagruel plädierten

Also begann denn Leckarß wie folget: Gnädigster Herr, es ist wohl wahr, dass eine brave Frau meines Hofes Eier zu Markt trug – bedeckt euch, Leckarß, sprach Pantagruel. – Großen Dank, Herr, sagt' der Junker: doch weiter im Text: zwischen den beiden Wendezirkeln kam sie sechs Kreuzer weiter zenitwärts und einen Stüber, in Betracht die Rhiphäischen Berg dies Jahr sehr unfruchtbar an Gimpelschneisen gewesen waren, mittelst eines Grammanzenaufruhrs [Possen, Faxen, Umstände], der sich zwischen den Kauderwelschen und den Accursinern erhoben, wegen der Rebellion der Schweizer, die sich auf Pumpzig an der Zahl zum Heereszug gen Agnilaneuf versammelt hatten, im ersten Loch des Jahrs, da man die Supp den Ochsen und den Jungfern den Kohlenschlüssel zum Haberschmaus für die Hund verabreicht'. Die ganze Nacht ward (Hand am Pott) nix weiter geschafft, als dass man Bullen expediert' auf Posten zu Fuß und Knecht zu Ross, um alle Kähn in Beschlag zu nehmen, denn die Schneider wollten ein Blasrohr aus den gestohlenen Flecken machen, den Ozean zu überdachen, der damals nach der Heubinder Meinung mit einem Krautgemüs schwanger ging. Aber die Physici meinten, es wär an seinem Wasser kein Zeichen zu sehen, so deutlich wie am Fuß des Trappen, Hellebarden mit Senf zu pappen, wofern nicht die Herrn Oberrichter der Syphilis aus b-moll verböten, hinter den Laubwürmern drein zu stolpern, und also während des Gottesdienstes spazierenzugehen; denn die Schliffel hätten schon einen guten Vorsprung im güldenen Strehntanz nach dem Dreiachtelschritt, ein Bein am Feuer, den Kopf in der Mitt, wie der edle Ragot zu sagen pflegt'. Ha, ihr Herren, Gott helf uns weiter nach seinem Rat, und, wider des Unglücks böse Tück, zerbrach ein Kärrner nasenstüblings seine Peitsch: es war auf dem Rückweg von Bicocque, als man den Meister Eselsdumm von Gänsblum zum Lizenziaten in aller Bengelei kreiert', wie die Kanonisten sagen: *Beati Bengeles, quoniam ipsi stolperuerunt.* Aber beim Sankt Fiacre von Brye! Wisst ihr, warum das Fasten so spät fällt? daran ist weiter gar nix schuld, als weil wir nie kein Pfingsten han, da nicht mein Beutel derb müsst dran. Doch heissa, frisch zu! ein kleiner Regen kann einen großen Sturmwind legen, wenn nicht der Scherg das Schwarz der Scheiben so hoch hing, dass der Schreiber die Gänsfederfinger nicht orbiculariter [kugel-, ring-, kreisförmig; rund] darnach lecken müsst. Auch sehen wir deutlich, es verschnupft einen jeden, man schaut dann okularisch nach der Perspektiv den Kamin an, bei der Stell, wo das Zeichen des Weins zu den vierzig Reifen hängt, die man braucht auf zwanzig Quinquennellenstrümpf. Zum mindesten, wer wollt den Vogel nicht fahren lassen, vor Krapfen, eh er ihn aufdeckt: denn das Gedächtnis verrauchet oft, wenn man die Hosen verkehrt anzeucht. Sa sa, Gott schütz den Thibalt Muff. – Hier sprach Pantagruel: Sachte, mein Freund, nur sacht! sprecht langsam, ereifert euch nicht. Ich versteh den Kasus, fahret fort. – Jetzt, gnädiger Herr, sprach Leckarß weiter, konnt sich gedachte brave Frau, wärend sie ihre Stoßgebetlein und *Audi nos* hermurmelt', doch nicht vor einer faschen Fint verwahren, die ihr in Kraftsupp der Universitätsprivilegien gezogen ward, wenn sie sich nicht fein englisch verbettwärmt' in einem Carreausiebensack und einen Springstock auf ihn abschloss, just dahin, wo die alten Fähnlein zu Kauf stehn, deren die flandrischen Maler benötigt sind, wenn sie die Wetzstein gründlich satt füttern wollen; und nimmt mich bass wunder, warum die Welt nicht legen will, da doch so gut Brütwetter ist. – Hier wollt der Herr von Saugefist einfallen und etwas dazwischen reden. Aber Pantagruel fuhr ihn an: Potz hundert Millius! ziemt es dir ungeheißen zu reden? Ich schwitz hier Angstschweiß, dass ich nur eures Streites Hergang vernehmen will, und du grölst mir noch die Ohren voll? Ruh, in drei Teufels Namen, Ruh! Du sollst nach deinem Gefallen reden, wenn dieser fertig ist. Fahret fort, ihr, Leckarß, und übereilet euch nicht.

In Betracht also, sprach Leckarß, dass die pragmatische Sanktion auch eben nichts erwähnt' hievon, und der Papst einem jeden Freiheit ließ, nach Vergnügen zu farzen, wenn der Barchent unbestreift blieb, die Armut möcht so groß sie wollt auf Erden sein, dafern man das Kreuz nur nicht rips raps schlüg: erlaubt' der in Mailand zu Brütung der Lerchen frisch aufgeschliffne Regenbogen, der braven Frau das Hüftweh auf Protest der kleinen Kuttenfischlein, so damals zum Verständnis der alten Stiefelstruktur vonnöten waren, darniederzulatschen. Derhalb Hans Kalb, ihr löblicher Vetter vom Holzscheit, ab ihr riet nicht so auf ihre Gefahr der Bumbaumwäsch Vorschub zu tun, ohne das Papier erst anzubrennen, auf Hunkus Trunkus Lerum Plebs: denn *Non de ponte vadit qui cum sapientia cadit;* sintemalen die Herren Rentanten über die Zitation der deutschen Pickelflöten noch uneins waren, davon man erbauet die Fürsten-Brill, neu gedruckt zu Antwerpen. Und schauns, schauns, meine Herren, dies macht uns eben den bösen Bericht: ich glaubs dem Gegner *in sacer verbo dotis.* Denn, des Königs Willen nachzuleben, hätt ich mit einem Magenpflaster mich von Kopf bis Fuß geharnischt, weil ich hingehn und zusehn wollt, wie meine Winzer ihre hohen Mützen zerschlitzert hätten, um besser Kniewackels aufzuspielen; denn das Wetter war etwas misslich wegen des Durchlaufs, dessenthalben man bei der Heerschau etliche Freischützen heimgeschickt, ohneracht die Kamin hoch genug waren nach Proportion der Mauk und Fesselgeschwür, Freund Baudichon. Und so geschah es, dass in ganz Artois ein schönes Kasserollenjahr ward, zu nicht geringer Verbesserung der Herren Holzbauern, da man ohne blank zu ziehen, strotzenden Bauchs, dass die Knöpf vom Koller sprangen, Katzraben fraß. Und wenn's nach mir ging, und jedermann so gut bei Stimme wär, würd man den Ball viel besser schlagen, und würden die kleinen Häkeleien derer Pantoffeletymologen viel leichter in die Sein' ablaufen zu ewigem Dienst der Müllerbruck, wie weiland der Kanarierkönig dekretieret; der Spruch ist noch in unsrer Kanzlei vorhanden. Demnach, Gestrenger, bitt ich schön, Eur Hoheit woll in dieser Sach erkennen und sprechen was Rechtens ist, nebst Kosten, Zinsen und Schadensersatz. – Darauf frug ihn Pantagruel: Habt ihr noch sonst was zu sagen, mein Freund? – Nein, gnädigster Herr, antwortet' Leckarß, ich bin am *Tu autem,* und hab, mein Treu, nichts dran verändert noch verstellt. – Nun, sprach Pantagruel, so saget dann ihr, mein

Herr von Saugefist, uns euer Begehr, und fassets kurz, aber lasset darum nichts aus was zur Sach dient.

Zwölftes Kapitel

Wie Herr von Saugefist vor dem Pantagruel plädiert

Drauf hub der Herr von Saugefist an, wie folget: Gnädigster Herr, und ihr andern Herren, wenn die Bosheit der Menschen so leicht nach kategorischem Urteil erkannt würd, als man die Mucken im Milchnapf sieht, so wird das Vier Ochsen-Land von den Ratzen nicht so zerfressen sein, als es ist, und manche zu schimpflich gestutzte Ohren würden annoch auf Erden sein. Denn obschon, was die Geschicht des Facti und den Buchstaben anbetrifft, des Gegners Bericht auf ein Härlein wahr ist, so sieht man doch gleichwohl, meine Herren, die Listen, Schlich und die feinen Häklein, und sieht, wo der Hund begraben liegt.

Muss ich mir etwa gefallen lassen, dass, wenn ich schlecht und recht mein Supp ess, nichts übels weder tu noch denk, man mit der Tür mir in das Haus fall, den Kopf toll mach und das alte Lied in die Ohren dut:

Wer trinket, wann er isst, sein Supp,
Nach seinem Tod tut keinen Schluck?

Ei heilige Dam! wie viel stattliche Hauptleut haben wir nicht auf offener Wahlstatt, wenn es die eisernen Hostien regnet' vom Gnadenbrot der Confraterschaft, dass sie die Bärenhaut besser kleidet', die Zither schlagen, ärschlings blasen, und ihre kleinen Taschensprüng zu ebener Erd verführen sehen, in schönen wohl zerschlitzten Schüchlein [kleine Schuhe] nach Krebsbartschnitt? Doch heutzutag hat sich die Welt gar von den Flausen der Lucestersarschballen entstrippt; der ein verludert, der ander fünf, vier, zwei. Und wenn sich der Hof nicht drein legt, gibts heuer ein so schlecht Ährenlesen, als mit den Bechern war oder sein wird. Geht eine arme Person zum Bader, den Schnabel mit Kuhmist ihr heizen zu lassen oder Winterstiefel zu kaufen, und die Scharwach oder auch Landpatroull kriegt einen Klistierdekoct oder den Kackstoff eines Leibstuhls auf ihre Polletter, muss man derhalb die Batzen kippen und die hölzernen Bratspieß schmoren? Manchmal denkt der Mensch und Gott lenkt, und wenn die Sonn hinunter ist, sitzt alles Vieh im kühlen Schatten. Man soll mir nicht glauben, wo ichs nicht handlich durch klare Mittagsleut erweis. Anno Sechsunddreißig hätt ich mir einen deutschen Stutzschwanz gekauft; der Schwanz stund ihm fein hoch und kurz; die Woll so ziemlich, im Grän gefärbt, wie mir die Goldschmied versicherten; aber gleichwohl hing der Notar sein Cetera dran. Ich bin kein Studierter, dass ich den Mond mit den Zähnen könnt herunterlangen, aber im Buttertopf, wo die vulkanischen Instrument besiegelt wurden, ging das Gerücht, der gepökelte Ochs, der spüret den Wein in stockfinstrer Mitternacht ohne Licht aus, und wenn er gleich zu unterst im Sack des Kohlenbrenners stäk, behost und verwaldrappt mit dem Pferdschmuck und den Reiterschienen, die man braucht zu einer gründlichen Frikassur des Bauerngrobes oder Schöpskopfs. Und hierauf zielet auch wohl das Sprichwort: wenn man bei der Liebsten sitzt, schauet sichs gut den schwarzen Kühen im verbrannten Holze zu. Ich gab den Fall den Herren Gelahrten zu raten auf, die schlossen mir in Frisesomorum die Antwort draus, es ging zu Sommerzeiten nichts über das Ernten in einem mit Feder, Dint, Papier und Federmesser von Lyon am Rhonestrom wohl versehenen Keller, hum dum drum: den plötzlich, sowie ein Harnisch Lauch riecht, frisst der Rost ihm die Leber an. Dann tut man nichts als widerbelfern, dreh und duck dich, wenn man nach Tisch das Mittagsschläflein erfingern möcht, und daher kommt es, dass das Salz im Preis so steiget. Glaubt mir's, ihr Herren, zu der Zeit, als besagte brave Frau den Suppenlöffel mit Leim bestrich, des Schergen Bericht mehr zu bekleiben, und als das Worstgeschling in den Säcken der Wuchrer tergiversieret', da gab es wider die Kannibalen kein probateres Mittel, als: man nahm ein Bund Zwiebeln mit dreihundert Steckrüben gebunden, nebst etwas wenigem Kalbsgekrös vom feinsten Korn der Alchimisten, kalziniert' und verkittet' sich die Pantoffeln bausback mickelmack mit einer guten Prügelsupp, und schlupft' in ein klein Maulwurfslöchel, den Speck stets wohl in Acht genommen. Und woll'n euch die Würfel nicht anders fallen, als immer zwei Ass, und die schweren Ternen, Kopf weg! das Ass kommt! frisch mit der Dam in die Bett-Eck, dudelt sie fallala, und trinket, dass die Funken stieben, *depiscando Froschibus* mit schönen kothurnischen Reiterstiefeln: es gilt den kleinen Huschgänslein, die sich am Flackerspiel ergötzen, derweil das Erz geschmiedet wird und den Komfortschwaflern das Wachs ausschmilzet. Zwar ist an dem, dass die vier Ochsen, von denen die Red ist, einigermaßen ein etwas kurz Gedächtnis hatten, doch was die Kenntnis der Skal betrifft, war ihnen kein Schlinggrab noch Savoyischer Entrich furchtbar: die guten Leut bei mir zu Haus versahen sich viel Guts zu ihnen und pflegten zu sagen: diese Kindlein bringens noch weit im Algorithmus, es verhilft uns zu einer Rechts-Rubrik, der Lupus entgehet uns nicht, wenn wir die Zäun nur oben über die Windmühl machen, davon der Gegner geredet hat. Aber der große Teuker schmollt' drein und schickt' die Deutschen von hinten her, welchs wahre Teufel mit Saufen waren: Her! Trink, trink! Das ist, kotz, verlore bigott, ein armseligs Kriegel! Denn »Strohhühner, wer kauft!« zu rufen, schickt sich nirgends als zu Paris auf der kleinen Bruck, und wenn ihnen gleich die Schöpf so hoch gewachsen wären als Schlammwidhopfen; es wär denn gar, dass man die Puffen mit frischgeschliffener Schwärz der Versalischen oder Kursivbuchstaben schröpft, was mir all eins ist, wenn nur die Kinnkett nicht Würm drin heckt. Und den Fall gesetzt, die Murrner hätten auch bei der läufischen Hundshochzeit zum Garaus geblasen, eh der Notar auf kabbalistisch seinen Rapport darüber erstattet, so folgt noch nicht *(Salvo* des Hofes besserm Ermessen), dass sechs Morgen großklaftriges Wiesenland, wenn man nicht in den Tiegel bläst, drei Butten feiner Dinte gäben; zumal bei König Karls Begräbnis das Fell auf dem Platz ein Zweier und ebbs galt, ich mein damit, mein Seel das Schaffell. Und seh's auch täglich in allen guten Schalmeien: geht man aufs Wachtelpfeifen aus, tut drei Besenstrich im Kamin und stellt sein Vollmacht, man schafft auch nix weiter damit, als dass mans auf der Hüften spannt und ins Arßloch bläst, wenns etwa gar zu heiß drin wär, und sie's ihm schnürt: den Augenblick, wie er nur seinen Zettel zeigt', wurden die Küh ihm dargereicht. Und ist auch Anno siebzehn schon zu Martingall in Sachen Taugnix von Schrollenstrunz also erkannt, darauf der Hof zu reflektieren gebeten sei. Ich sag zwar nicht, dass man nicht *pleno jure* billig diejenigen aus dem Possess sollt werfen, die das Weihwasser saufen wollten, wie man mit einem Weberbaum tut, daraus man die Stuhlzäpflein denen macht, die nicht abstehen wollen, außer für bare klingende Münz. *Tunch,* ihr Herren, *quid juris pro minoribus?* denn der gemeine Brauch des Salischen Gesetzes ist, dass der erste Mordbrenner, der die Kuh schnappt, die während des simpeln musikalischen Chorgesangs muckwadelt, statt die Schuster-Sohlen zu ut-re-fa-mieren, zur Gauchmärzeit der Penurie seines Gliedes mit Moos aufhelfen muss, gelesen, wenn man um Mitternacht sich bei der Metten den Schnupfen holt, um diesen weissen Anjouer Weinen, die einem nach Bretagner Art Wams wider Wams ein Beinel stellen, die Wipp zu geben. Schließlich, wie oben, nebst Kosten, Zinsen und Schadensersatz.

Als nun der Saugefist ausgeredet, frug Pantagruel den von Leckarß: Wollt ihr was replizieren, mein Freund? Er aber sprach: Mitnichten, Herr, ich hab die lautere Wahrheit gesagt; und machet nun in Gottes Namen unserm Handel einmal ein End, denn unser Zehren hie ist gar teuer.

Dreizehntes Kapitel

Wie Pantagruel in dem Prozess der beiden Junker das Urteil sprach

Darauf erhub sich Pantagruel, rief alle Präsidenten, Rät und Doktores, die da versamelt waren, herbei und sprach zu ihnen: Wohlan, ihr Herren, ihr habt nun *vivae vocis oraculo* den Handel gehört, davon die Red ist; was dünkt euch dazu? Und sie antworteten: Freilich han wirs ja wohl gehört, allein verstanden, für'n Teufel auch nicht ein Wörtlein davon. Bitten euch demnach *una voce* untertänigst um die Gunst, dass ihr nach Eurer Einsicht wollt das Urteil sprechen: wir ratihabieren's *ex nunc prout ex tunc,* und werdens einmütiglich genehmigen. – Nun wohl, ihr Herren, sprach Pantagruel, weil es euch denn also beliebt, so wills ichs tun, find aber das Ding nicht gar so schwierig als ihrs macht. Euer Paragraphus Cato, Lex *Frater,* Lex *Gallus,* Lex *Quinque pedum,* Lex *Vinum,* Lex *Si Dominus,* Lex *Mater,* Lex *Mulier bona,* Lex *Si quis,* Lex *Pomponius,* Lex *Fundi,* Lex *Emptor,* Lex *Praetor,* Lex *Venditor* und noch viele andre mehr, sind meines Bedünkens weit schwieriger. – Und auf diese Wort schritt er im Saal ein bis zweimal auf und nieder, wie man sah, in tiefen Gedanken, denn er stöhnt' wie ein Esel, wann ihn der Gurt druckt, willens einem jeden unwandelbar und ohn Ansehn der Person sein Recht zu tun; setzt' sich drauf wieder an seinen Ort und hub das Urteil zu sprechen an, wie folget: Auf Vernehmen, Anhörung und reifliches Erwägen des Streites der Herren von Leckarß und Saugefist erkennt das Gericht, dass: In Betracht des Staubhaars der vom Sommersolstizio kühnlich abnutierenden Kahlmaus um die Schaumbläslein zu naschen, welche der Bauer durch bösen Plack der lichtscheuen Nachtraben schachmatt macht, die in dem Diarhomerklima eines Pavians zu Ross, welcher die Armbrust in der Hüft spannt, inquilinieret sind, der Kläger des Gallion so die brave Frau, ein Bein beschuhet, das andre barfuß aufblies, zu kalfatern wohl befugt gewesen, dafern sie ihm auf ihr Gewissen steif und fest so viel Lapalien wieder erstattet, als Haar an achtzehn Kühen sind, und eben so viel faule Fisch. Desselbengleichen wird er auch des *Casus privilegiati* derer Norbeln [Schaf- und Geiskot] für los und ledig gezählt, darein man ihn verfallen wähnet', weil er nicht fröhlich zu Stuhl gehen konnt, auf Dezision des am Nusslicht, wie es in seinem Land Mirebalais gebrannt wird, furzparfumierten Handschuhpaares; da man die Bolein los lässt, nebst den ehernen Ballen, womit die Rußbartel ihr Gemüs kontestabiliter buken, gesattelt mit Loir in dem auf Ungarisch gestickten Sperberschellengeläut, das ihr Schwager memorialiter in einem limitrophischen Korbe trug, rot vorgestoßen, zu dreien Sparren in Muckenseicherei verlendlahmt, mit der Eckent, aus welcher man nach dem wurmförmigen Papageien mit Plackholz schießt. Wasmaßen er aber Beklagtem vorwirft, dass er ein Käsfraß, ein Aliflicker und Mumienpechsalber wär, welches, wie der Kläger zu Recht erwiesen, bumbaumlich für unwahr erfunden ist, als condemnieret ihn das Gericht in drei Glas Molken, landesüblich verschmiert, zirmirlimanzuliert und justimundieret, Beklagtem zahlbar auf nächsten Mai in Mitt Augusten. Doch ist Beklagter das Heu und Werg, zur Stopfung der Gutturalbeinschellen, eingemummelt in die am Rädlein so fein gedrechselten Regenröck, zu leisten schuldig: und Freund' wie vor, ohn Kosten, aus Ursach.

Nach Fällung dieses Urteils gingen beide Teil mit dem Bescheid zufrieden von dannen, welches schier ein unglaublich Ding war: denn seit dem großen Regen hatt man noch nicht erlebt und wirds auch schwerlich in dreizehn Jubeljahren erleben, dass zwo uneinige Parteien in einem Rechtsstreit ebenmäßig das Endurteil gut heißen sollten. Die übrigen anwesenden Räte und Doktoren aber saßen dort wohl noch an drei Stunden steif und starr in stummer Verzückung, außer sich vor Staunen ob des Pantagruels übermenschlicher Weisheit, welche sie aus Entscheidung dieses so schweren und kitzlichen Handels klar erkannten. Und säßen noch allda, wenn man nicht Essig und Rosenwasser die Füll gebracht hätt, zu Erweckung ihrer fünf Sinnen und Lebensgeister, da dann Gott ewig Lob für sei.

Vierzehntes Kapitel

Wie Panurg erzählt, welcher Gestalt er den Türken entkommen

Das Urteil des Pantagruel ward alsbald ruchbar und weltbekannt, mit Gier gedruckt, in den Archiven des Palastes hinterlegt: dergestalt, dass das Volk von ihm zu sagen anfing: Salomo, welcher, auf Mutmaßung, das Kind der rechten Mutter zusprach, hat bei weitem kein solches Wunder der Weisheit getan als unser guter Pantagruel: wie glücklich sind wir, dass wir ihn bei uns im Lande haben! Und wollten ihn flugs zum Requetenmeister und obersten Präsidenten machen. Aber er schlug alles aus und dankt' ihnen höflich. Denn, sprach er, die Last der Dienstbarkeit bei diesen Ämtern ist allzu groß und hält allzu schwer, dass die sie Führenden selig werden, wegen des Verderbens der Menschen. Und glaub ich, wenn die leeren Stühl der Engel mit keiner andern Art Leuten wieder besetzet werden sollen, dass wir noch keinen jüngsten Tag in dreißig Jubeljahren haben, und Herr Eusanus mit seiner Rechnung übel bestehen wird. Ich warn euch des bei Zeiten. Habt ihr aber etwan ein Paar Maß guten Wein zur Hand, den werd ich gern als Gotteslohn von euch annehmen. – Das täten sie gern und schickten ihm vom besten der Stadt: da trank er dann ganz munter. Aber der arme Panurg trank heldenmäßig, denn er war hohl wie ein ausgenommener Rauchhering, auch trippelt' er so leicht auf seinen Füßen einher, wie ein schmächtig Kätzlein. Und wie er so in der Hälft eines mächtigen Humpens voll Rotwein nach Luft schnappt', da ermahnt' ihn einer und sprach: Gevatter, nur sacht! ihr ziehet ja wie ein Besessener. – Zum Teuker auch! antwort' Panurg, du hast es nicht mit deinen kleinen Pariser Schluckern, die nicht mehr nippen wie ein Fink, und denen man erst die Schwänz muss streichen, wenn sie die Schnäbel nur netzen sollen, wie den Spatzen. Heissa Kamrad, wenn ich so tapfer steigen könnt, als ich zu Tal lass, ich wär längst überm Mondenhimmel hoch oben bei Empedokles. Aber zum Teufel, ich weiß nicht, was dies heißen soll; es ist ein sehr guter und köstlicher Wein, aber je mehr ich davon trink, je mehr mich dürstet. Ich glaub, der Schatten des gnädigen Herrn Pantagruel heckt durstige Leut, wie der Mond die Husten und Schnupfen. – Darüber mussten alle lachen, die es hörten.

Als Pantagruel dies sah, sprach er: Nun, Panurg, was gibts? was lacht ihr? – Gnädigster Herr, antwortet' er, ich erzählt' ihnen eben, wie diese armen Teufelstürken so elend dran sind, dass sie auch nicht ein Tröpflein Wein zu saufen kriegen. Wenn in des Mahumets Alkoran auch sonst nichts Unrechts weiter stünd, ich möcht seinen Glauben schon darum nicht. – Nun aber, sprach Pantagruel, erzählt mir, wie ihr ihnen entkamet. – So helf mir Gott, gestrenger Herr, versetzt' Panurg, wo ich euch auch nur ein Wörtlein dran lüge.

Die Türken-Lümmel hätten mich an den Bratspieß gesteckt, wie ein Karnickel um und um gespickt, dieweil ich so hundsdürr war, dass ohnedies mein Fleisch fast zäh und nicht zu essen gewesen wäre; brieten mich solchergestalt lebendig. Derweil ich nun also gebraten ward, befahl ich mich der göttlichen Gnad, denn ich dacht an den guten Sankt Laurentium, und hofft' beständig auf Gott, dass er mich dieser Pein überheben würde, wie bald darauf auch wunderbarer Weis geschah. Denn während ich vom Grund der Seelen mich Gott befahl und rief: mein Herrgott hilf mir, mein Herrgott rette mich! O, du mein Herrgott, erlöse mich aus diesen Martern die mir hie diese Höllenhund um deines Glaubens Befolgung antun – siehe! da entschlief der Brater nach Gottes Ratschluss, oder auch eines frommen Mercurii, der den hundertäugigen Argus schlau in Schlaf wiegt'. Wie ich nun merk, dass er nicht mehr am Spieße drehet', schau ich ihn an und seh, er schläft: jetzt nehm ich einen Feuerbrand am andern End, wo er nicht glühet, zwischen die Zähn, und werf ihn meinem Bratenwender in den

Schoß, und einen andern, so gut ichs treffen mocht, unter ein Feldbett, das beim Kamin stund, darauf der Strohsack meines Herren Braters lag. Urplötzlich schlägt das Feuer zum Stroh, vom Stroh ins Bett, vom Bett ins Dach, das mit Tannenbalken nach Lichtstockart verschlagen war. Die Lust war aber, dass das Feuer, so ich dem Strauchdieb von Bratenwender erst in den Schoß geworfen hatt, ihm schier sein ganzes Bauchhaar verbrannt und in die Geilen zu schlagen anfing; aber der Stinkhals rochs nicht eher als mit der Feuersbrunst zugleich, da er dann wie ein verdutzter Bock aufsprang und was er konnt dal Baroth! dal Baroth! aus dem Fenster schrie, welches Feuer! Feuer! bedeutet, und graden Weges auf mich los, denn er wollt mich vollends gar ins Feuer werfen; hätt auch bereits die Strick zerhauen, womit mir die Hände gebunden waren, und schnitt mir schon an den Beinen herum. Jetzt aber kam der Herr des Hauses auf das Feuergeschrei und den Rauch von der Gassen, wo er eben mit etlichen andern Baschas und Muftis spazieren ging, so eilig er konnt, zu Hilf und Rettung seiner Sachen herbeigelaufen.

Und wie er kommt im vollen Schuss, zückt er den Spieß daran ich stak, und sticht meinen Brater mitten durch; daran er starb, aus Mangel an Wartung oder sonst; denn er stach ihm den Spieß etwas weniges über dem Nabel in die rechte Seit durch den dritten Lobus der Leber, stieß dann überwärts, dass ihm der Spieß durchs Zwerchfell ging und mit Zerschlitzung des Herzbeutels, über den Achseln zwischen dem linken Schulterblatt und den Rückenwirbeln wieder zu Tage kam. Ich nun, wiewohl ich, als er mir den Spieß aus dem Leibe zog, bei den Feuerböcken zur Erden fiel, auch mir der Fall zwar etwas weh tat, nahm doch weiter nicht sonderlichen Schaden davon, denn der Speck hielt die Gewalt des Stoßes auf. Mein Bascha aber, als er den Kasus desperat, sein Haus verbrannt, sein Hab und Gut unwiederbringlich verloren sah, ergab sich allen Teufeln, denn er rief Grilgoth, Astarot, Rappalus, und Gribullerich zu neun Malen in einem Atem.

Als ich das sah, stund ich für mehr denn fünf Gröschel Angst aus, denn ich dacht; jetzt werden gleich die Teufel kommen, den Narren da holen; wären sie auch wohl Manns genug dich mitzunehmen? halb bin ich schon gebraten: mein Speck wird mein Unglück sein, denn diese Teufel sind auf Speck erpicht, dafür haben wir schon das Ansehen des Philosophen Jamblichus und Murmalts in der Apologie *De Buckliacis et Excretis pro magistros nostros.* Aber ich schlug das Zeichen des Kreuzes und rief: Hagios, athanathos, ho theos, und keiner kam mir zu nah. Als dies mein Lump von Bascha inne ward, wollt er sich mit meinem Bratspieß den Garaus machen und's Herz abstoßen: setzt ihn sich auch an die Brust, aber er kam nicht durch damit, weil er zu stumpf war: er stieß, so derb er konnt, drauf zu, schafft' aber darum nix. Also tret ich dann vor ihn hin und sprech zu ihm: Messer Bougrino, du verlierst nur dein Weil damit; denn auf die Art wirst du dich niemals ums Leben bringen, wohl aber dir einen Schaden tun, dass du daran dein Leben lang wirst unter den Händen der Bader siechen. Willst du aber, so stech ich dich hier ganz ordentlich ab, dass du davon gar nicht einmal was spüren sollst: und kannst mirs glauben, denn ich hab wohl schon andre erstochen, denen es wohl bekommen ist. – Ha, sprach er, Freund, ich bitt dich drum, und so du's tun willst, schenk ich dir auch meinen Säckel; da nimm ihn, es sind sechshundert Seraphinen und etliche feine Demanten und Rubinen drin. – Und wo sind sie? frug Epistemon. – Beim heiligen Jan, antwort Panurg, schon ziemlich weit, wenn sie stets reisen. Wo ist der Schnee vom vorigen Jahr? das war der allergrößte Kummer des Pariser Poeten Franz Villon. – Nu mach ein End, ich bitt dich, sprach Pantraguel, dass wir endlich erfahren wie du den Bascha abgetan hast. – Auf Ehrenwort, antwortete Panurg, ich lüg kein Wörtlein. Fand daselbst einen halbverbrannten Hader, damit schnür ich ihn fest zusammen, bind ihm mit meinen Stricken dann so recht auf bäurisch Arm und Bein, dass er sich weder regen noch rühren konnt; darauf jag ich ihm meinen Bratspieß durch die Gurgel, und häng ihn damit an ein Paar starken Krampen auf, woran die Hellebarden staken. Und mach ein lustig Feuer drunter und röst euch meinen Herrn Mylourd, wie man die Pickling im Kamin dörrt. Lang mir dann seinen Säckel zu, nebst einem kleinen Jägerspieß von den Krampen, und fort im vollen Trott, und Gott ist der Bocksstank bewusst, den ich von mir gab. Unten auf der Gassen fand ich das Volk in hellen Haufen versammelt mit vielem Wasser zum Feuerlöschen, und wie sie mich halb gebraten sahen, gossen sie aus natürlichem Mitleid all ihr Wasser über mich her und erfrischten mich auf das lieblichste, das mir ein großes Labsal war; brachten mir dann auch was zu essen, aber ich aß nicht, denn sie gaben mir nichts zu trinken, als pures Wasser nach ihrer Art. Sonst tatens mir aber nichts zu leid, außer ein kleiner vertrackter Türk, er war vorn bucklick, der schnappt' mir heimlich nach meinem Speck: aber ich zog ihm mit meinem Spießel ein so Feuchtes über die Finger, dass ers nicht noch einmal probiert'. Und eine junge Korintherin, die mir ein Tröpflein mit emblischen Beenüssen [Butterbaum], überzuckert nach Landesart, zugesteckt hätt, die beschaut sich meinen armen verhozelten Backfisch, wie er am Feuer zusammengeschnurrt war, denn er ging mir kaum noch bis ans Knie. Ist aber wohl zu merken, dass mir die Braterei ein Lendenweh aus dem Grund vertrieb, daran ich länger denn sieben Jahr schon laborieret, just an der Stell, wo mich mein Brater, als er einschlief, hatt angehen lassen.

Jetzt während sie so um mich stunden und mich begafften, triumphiert' das Feuer hell auf, man wusst nicht wie, und stunden schon über zweitausend Häuser in Flammen: bis endlich einer von ihnen es merkt' und schrie: Potz Mahoms Bauch! die ganze Stadt brennt, und wir stehen hie und gaffen. – Damit rannt dann jeder nach seinen vier Pfählen, ich aber grad aufs Tor zu, und als ich nicht weit davon auf einen kleinen Holm gekommen, schau ich hinter mich, wie Lots Weib, und seh die ganze Stadt in Feuer, darob mir so wohl zu Mut geschah, dass ich mich schier vor Freuden bekackt hätt. Aber Gott straft' mich auch dafür. – Wie so denn? frug Pantagruel. – Denn während ich, antwort' Panurg, dem lustigen Feuerlein so recht fröhlich zuschaut' und mir den Bauch strich und sprach: O ihr armen Flöh, ihr armen Mäus, werd einen harten Winter han; das Feuer spukt euch schon im Stroh – siehe da schossen euch über sechshundert, ja mehr denn dreizehnhundertelf Hund all miteinander groß und klein, von dem Feuer gescheuchet, zur Stadt heraus und stracks im vollen Schuss auf mich zu, weil ihnen mein halbgar gebratnes Armsünderfleisch in die Nasen stach: und hätten mich auf der Stell verschlungen, wenn mir mein guter Engel nicht im Augenblick ein trefflich Mittel wider das Zahnweh inspirirt hätt. – Und weshalb, frug Pantagruel, hattest du vor dem Zahnweh Furcht? Stak dir dein Fluss noch in den Gliedern? – Zum Plunder auch! antwort' Panurg, gibt es auch wohl ein ärger Zahnweh, als wenn euch die Hund bei den Beinen haben? Aber alsbald besinn ich mich auf meinen Speck, den werf ich mitten unter sie, und meine Hund nicht faul, fallen übereinander her, hauen und reißen sich um den Speck mit Klaun und Zähnen; ließen mich mit dieser Manier meine Straß ziehen, und ich ließ sie einander zausen. Also entkam ich dann frisch und gesund, und *vivat* die Brätelbraterei!

Fünfzehntes Kapitel

Wie Panurg eine fast neue Mod die Mauern von Paris zu bauen angab

Pantagruel spaziert' einmal, von seinem Studieren sich zu erholen, nach der Vorstadt Saint Marceau; wollt da die Gobelinspossen sehen. Panurg war mit ihm, der allezeit das Fläschlein und etliche Schunkenschnitten unter dem Mantel bei sich führt': denn anders ging er niemals aus, nannt es sein Leibwehr, einen andern Degen trug er gar nicht; und als ihm Pantagruel einen geben wollt, dankt er schön', denn, sagt' er, er erhitzt mir nur die Milz. – Wenn man dich aber nun anfiel, sprach Epistemon, womit wolltest du dich wehren? – Mit guten

Stiefeltritten, versetzt' er, nur die langen Stoßklingen müssten verboten sein. – Auf dem Rückweg schaut sich Panurg die Mauern der Stadt Paris an und sprach spottweis zum Pantagruel: Seht nur einmal die schönen Mauern! O wie so fest und wehrhaft sie sind zu Käfigen für die jungen Huschegänslein. Bei meinem Bart! für einen Ort wie dieser sind sie lausig genug; denn wenn eine Kuh einen Furz lässt, fallen euch mehr denn sechs Klafter ein. – O mein Freund, sprach Pantagruel, weißt du auch was Agesilaus zur Antwort gab, als man ihn frug, warum die große Stadt Lacedämon nicht mit Ringmauern umgeben wär? Er wies auf die so kriegserfahrenen, wohl bewappneten tapfern Bürger und Einwohner der Stadt und sprach: da sind die Mauern! anzuzeigen, dass die beste Mauer aus Knochen bestehn müsse, und keine Stadt noch Festung sich eines stärkeren Schirms noch Bollwerks als der Tugend ihrer Bürger und Einwohner zu getrösten hab. So ist denn eben auch diese Stadt durch die Menge ihres streitbaren Volkes so stark, dass sie sich um andre Mauern nicht sorgen muss.

Zudem, wenn man sie so wie Straßburg, Orléans oder Ferrara ummauern wollt; es wär nicht möglich, des großen Aufwands und unerschwinglicher Kosten halber. – Schon gut, und doch, antwort' Panurg, lässt es nicht übel, so ein steinern Gebiss zu haben, wenn der Feind kommt: und wärs auch nur, dass man rufen könnt: wer ist da drunten? Und was ihr sagt von den zu diesem Mauerbau erforderlichen schweren Kosten, wollt ich, wenn mir die Herrn bei der Stadt ein gut Maß Wein verehrten, ihnen wohl eine ganz neue Mod angeben, wie sie sie leichten Kaufes erbauen könnten. – Und wie? frug Pantagruel. – Nun, so haltet mir reinen Mund, antwort' Panurg, wenn ichs euch lehre. Ich seh, es sind die Fitzlibutzli der Weiber hie zu Land wohlfeiler als die Baustein: von diesen müsst man die Mauern bauen nach gutem Proporz und symmetrischer Architektur, die größten in die erste Reih, dann nach Verjüngung des Eselsrückens [dem Querschnitt eines Eselsrückens ähnliche Form eines spätgotischen Bogens] die mittelmäßigen und zuletzt die kleinen. Darauf zwischendurch schläng sich ein kleines Girlandenwerk, in Demantspitzen, wie an dem großen Turm zu Bourges, von ebenso vielen steifen Plempen, wohnhaft im geistlichen Hosenlatz. Wer zum Teufel wollt solche Mauern zwingen? Kein Erz hält so lang Stich. Und dann, wenn sich die Couilleverinen [couille; Hoden] erst dran reiben, Blitz! dann sollt ihr sehen, wie die gebenedeite Frucht der großen Pocken hagelsdick flugs daran niederrieseln wird, risch [rasch] wie zehn Teufel! Überdem schlüg auch das Wetter niemals drein: denn warum? sie sind sämtlich konsackriert [Konsekration, verballhornt] und geweihet. Nur einen Kummer hab ich. – Ho ho ha ha! und welchen? sprach Pantagruel. – Dass die Fliegen drauf so über die Maßen erpicht sind und sich bald darein versammeln würden und ihr Geschmeiß und Unrat drein tun; da wär die Arbeit gleich verschimpft, und der heilige Vater bestünd mit Schanden. Aber ich weiß einen Rat dafür. Man müsst sie mit feinen Fuchsschwänzlein oder mit derben Farrenwadeln [Farre; junger Stier] aus der Provinz gehörig fegen. Hierüber will ich euch itzund gleich, auf unserm Weg zur Suppenschüssel, ein artig Beispiel aus des *Fratris Lubini libro de compotationibus mendicanlium* erzählen.

Zur Zeit, als die Tier noch reden konnten (s'sind keine drei Tag her) ging ein armer Leu [Löwe] im Wald von Bièvre spazieren, betet' im Gehen so sein Brevierlein sacht vor sich hin, und führt' ihn der Weg auch unter einem Baum vorbei, darauf ein Schelm von Köhler saß und Holz schlug. Als er den Leuen sah, warf er mit der Axt nach ihm und blessiert' ihn enormiter am Schenkel. Darauf hinkt' und haspelt nun der Leu im Wald umher nach Hilf und lief so lang bis er einen Zimmermann antraf, der ihm seinen Schaden freundlich besah, bestens säubert', so gut er konnt, mit Moos verband und ihm riet, die Wund ja wohl zu fegen, damit die Fliegen nicht drein schmeißten [koteten], während er säh, wo der Zimmermann das Loch gelassen, und das Kraut pflückt', das gut dafür wär. Wie nun der Leu also geheilt im Wald umherstrich, begab sichs zu derselbigen Zeit, dass auch ein steinalt Mütterlein im nämlichen

Wald Holz lesen ging und dürres Reisig zusammenstoppelt'. Als die den Leuen kommen sah, fiel sie vor Schrecken rücklings darnieder, dergestalt, dass ihr der Wind Rock, Jopp' und Hemd bis über die Achseln in die Höhe streift'. Als der Leu das sah, kam er voll Mitleids herbeigelaufen, ob sie sich irgend Schaden getan hätt, und gewahret' da ihr *Wasistdas*. Da rief er laut: ach armes Weib! wer hat dich also übel blessieret? Und während er das sprach, erblickt' er einen Fuchs, den rief er an: Gevatter Fuchs! He, ho, hallo! komm her, komm hieher! denn es tut Not.

Als nun der Fuchs gekommen war, sprach er zu ihm: Ach, lieber Freund, o, mein Gevatter, wie hat man doch dies brave Weib hier zwischen den Beinen so schändlich blessieret! o der handgreiflichen Solution des Continui! Schau nur die Wund an, wie groß sie ist: gehet sie nicht vom Steiß bis zum Nabel? vier bis fünf Spannen misst sie gut, ja sechstehalben. Das ist ein Axthieb! Ich sorg, es ist ein alter Schaden. Drum, dass die Fliegen nicht drein kommen, fege ihn tüchtig, ich bitt dich darum; innen und außen: du hast einen guten langen Schwanz, fege, mein Freund, ich beschwör' dich, fege, derweil ich lauf und Moos herbeihol, dass wirs verstopfen; denn also muss einer dem andern helfen und beistehn; ist Gottes Gebot. Nun fege derb, so! fege gut, Freund: denn dieser Schaden will oft gefegt sein, sonst kann die Person nicht Ruhe finden. So fege denn gut, mein liebes kleines Gevatterlein, Gott hatt dich stattlich mit Schwanz versehen, du hast ihn groß und stark im Advenant; nun fege tüchtig und lass dichs nicht verdrießen. Ein guter Feger, der mit dem Fächel kontinuierlich fegenzend fegt, wird von den Vögeln nimmer befenchelt. Fege, Fischlein, fege zu, liebs Gäuchel, ich werd auch nicht lang weg sein. – Lief damit fort, brav Moos zu suchen, und war noch nicht weit, da rief er dem Fuchs schon wieder: Nur immer zu, Gevatter, fege! fege nur! und lass nicht ab, brav zuzufegen, mein Gevatter! du sollst mir auch Großfeger bei der Königin Maria werden um Wochenlohn, oder beim Kastilianischen Peter. Nur fege, fege nur und nichts weiter! – Der arme Fuchs hielt sich sehr brav, er fegt' zum schönsten links und rechts, innewendig und außewendig; aber die arge Hexe pfeitzt' und fistet, das stank wie hundert Teufel. Der arme Fuchs war übel dran, denn er wusst nicht mehr, auf welche Seit er vor dem Fistweihrauch der Alten entschlüpfen sollt: und wie er sich so dreht' und wendet', sah er, dass zuhinterst noch ein ander Loch war, zwar nicht so groß, als das er fegt', daraus ihn dieser so giftige und stinkende Wind anfaucht'. Der Leu kam endlich wieder mit Moos beladen, mehr denn auf achtzehn Ballen ging, und hub mit einem Stock, den er sich mitgebracht, es in die Wund zu stopfen an; und hätt bereits an sechzehn Ballen und einen halben hineingefüttert. Da erschrak er: Teufel! ist diese Wund auch tief: es gehen mehr denn zween Fuder Moos drein: nun, es ist Gottes Will, nur zu! und stopft' und stopft'. Da warnt' ihn aber der Fuchs: O mein Gevatter Leu, mein Freund, ich bitt doch, stopf hier nicht alles Moos her, heb dir ein wenig auf, denn dahinten ist noch ein ander Löchlein, das müffzet wie fünfhundert Teufel, ich bin von dem Schwaden schier erstickt, so stinket es. – Also sollt man auch diesen Mauern die Fliegen abwehren und Feger dazu anstellen um Tagelohn.

Darauf sprach Pantagruel: Wie weißt du aber, dass die heimlichen Glieder der Frauen so wohlfeil sind? Denn in dieser Stadt gibt es viel ehrbare, züchtige Frauen und Fräulein. – *Et ubi findimus?* antwort Panurg. Will euch hievon, nicht etwa meine besondere Meinung, sondern die reine Wahrheit sagen, wie sich die Sach natürlich verhält. Dass ich ihrer vierhundertundsiebzehn versohlt hab, seit ich hier am Ort bin, und ist doch noch nicht über neun Tag, dessen berühm ich mich weiter nicht; doch waren auch stolze Himmelsbräut und Heiligenfresserinnen darunter. Heutmorgen aber bin ich einem frommen ehrlichen Menschen begegnet, der trug in einem Quersack, wie Äsopels [Äsop] seiner, zween junge Dirnlein, zwei bis drei Jahr alt, aufs höchst gerechnet, die eine hinten, die andre vorn. Er wollt von mir ein Almosen haben, aber ich gab ihm Bescheid, dass ich mehr Eier denn Geld im Sack hätt, und frug ihn darauf: Mein lieber Mann, sind diese Dirnlein da auch noch Jungfrauen? – Bruder, sprach er, es sind nunmehr zwei Jahr, dass ich sie so im Sack trag, und die da vorn, soviel ich glaub, weil ich sie immer vor Augen hab, mag wohl noch eine Jungfer sein, ich nähm aber drum nicht das Sakrament drauf. Was aber die hinterst anbelangt, von der weiß ich buchstäblich gar nix.

Du bist mir, sprach Pantagruel, führwahr ein artiger Gesell; und will dich in meine Farben kleiden. – Und ließ ihm einen stattlichen Anzug nach damals üblicher Landesart machen, ausgenommen, dass Panurg den Latz an seinen Hosen drei Schuh lang und nicht rund zu haben begehrt', sondern viereckt, wie auch geschah: und trug ihn schwunghaft. Und pflegt' öfters zu sagen, die Welt hätt noch den Nutzen und hohen Ersprieß der langen Lätz gar nicht erkannt: die Zeit würd aber eines Tages sie noch lehren, wie alle Ding zu ihrer Zeit erfunden wären.

Gott, sprach er, tröst den guten Kerl, dem der lange Latz sein Leben gerettet. Gott tröst ihn, dem der lange Latz auf einen Tag hundertsechzigtausendundneun Taler einbracht. Gott tröst auch den, der mittelst des langen Hosenlatzes eine ganze Stadt vom Hungertod erlöset hat! Und helf mir Gott, ich schreib auch noch einmal ein Buch über die Kommodität [Bequemlichkeit] der langen Lätz, wenn ich nur etwas mehr Zeit dazu find. Auch verfasst' er wirklich darüber ein schön groß Buch mit Figuren: ist aber noch nicht gedruckt, dass ich wüsst.

Sechzehntes Kapitel

Von Sitten und Lebensart Panurgens

Panurg war mittlerer Leibesstatur, weder zu groß noch zu klein; er hatt eine etwas gebogene Adlernas, in Figur eines Schermesserstiels, und stund damals in seinem fünfunddreißigsten Jahr oder da herum. Fein war er euch zum Vergulden, wie ein bleiern Schwertlein, dabei von Person ein gar stattlicher Mann, nur ein wenig liederlich und von Natur mit der Krankheit behaftet, die zu der Zeit Geldmangel hieß, dem Kummer ohnegleichen.

Gleichwohl hatt er an dreiundsechzig verschiedne Mittel, sich Geld zu machen, so viel er jederzeit bedurft, davon das gewöhnlichst und ehrlichste noch der Weg des heimlichen Mausens war. Ein Taugnichts, Gauner, Saufaus, Strotter [Strolch, Stromer, Räuber] und Pflastertreter, wie keiner mehr in ganz Paris; im übrigen der bravste Knab auf Gottes Erden. Und allzeit macht' er sich mit den Häschern und der Scharwach was zu tun.

Einstmals bracht er drei bis vier handfeste Bauernlümmel zusammen, ließ sie abends sich besaufen wie die Templer, dann führt' er sie bis oben auf Sankt Genoveven oder ans Collegium von Navarre, und zu der Stund, wenn die Scharwach da hinan zog, (welches er schon von weitem spürt', indem er seinen Degen aufs Pflaster und das Ohr dran hielt, und wenn er den Degen erzittern hört', so war es ein untrüglich Zeichen, dass die Wache nicht weit mehr war) just also um die Stund nahm er mit seinen Gesellen einen Kippkarren und gaben ihm einen derben Schub, dass er mit aller Macht zu Tal schoss und so die arme Scharwach sämtlich wie die Schwein in den Kot hinstreckte. Dann wischten sie auf der andern Seit davon: denn in weniger als zween Tagen hatt er alle Gassen, Gässlein und Schlippen [enger Raum zwischen den Wänden zweier Häuser, wodurch eine Rinne geht] von Paris im Kopf auswendig wie sein *Deus det* [Gott es gebe]. Ein ander Mal streut' er auf einen schönen freien Platz, darüber erwähnte Wache passieren musst, eine Zeil Kanonenpulver aus, und als sie mitten drauf war, steckt ers in Brand und hatt sein Kurzweil dran, zu sehen, wie sie so zierlich Reißaus nahmen, als ob ihnen das Sankt Tönigsfeuer [Antoniusfeuer] schon in den Beinen säß. Vor allen turbiert' [beunruhigte, störte] er aber die armen Magistri und Theologen. Wo er einen von diesen auf der Gass fand, da unterließ er niemals, ihm einen bösen Schabernack zu spielen. Bald tut er ihnen Schund [Unflat, Kot] in ihre dicken Gugelkragen, bald schmückt' er sie hinten mit Fuchsschwänzlein, mit Hasenohren, oder trieb sonst Unfug. Eines Tages, als sämtliche Theologen zur Untersuchung der Glaubensartikul in die Sorbonne beschieden waren, macht' er einen bourbonischen Kloß aus lauter Knoblauch, Galbanum, Assa Fötida, Bibergeil, ganz warmem Menschenkot, und rüht' ihn mit Eiter aus Schankerbeulen an: damit salbt' und schmiert' er am frühen Morgen alles Gitterwerk in der Sorbonne ein, dass kein Teufel hätt bleiben mögen. Und kotzten all die strengen Herren ganz öffentlich vor aller Welt, als ob sie das Kalb zur Welt anbänden; und starben ihrer zehn bis zwölf an der Pestilenz, vierzehn wurden räudig, achtzehn schäbig und mehr denn siebenundzwanzig kriegten das fränkische Übel davon. Er aber frug den Henker nichts darnach. Auch trug er gewöhnlich eine Peitsch unter seinem Rock und fuchtelt' damit die Pagen unbarmherzig durch, wenn er sie ihren Herren den Wein zutragen sah, damit sie flinker auftreten sollten. In seinem Wams führt er über sechsundzwanzig kleine Ficken und Täschlein, allzeit voll und wohl versehen: das eine mit etwas Scheidewasser und einem kleinen scharfen Messer, wie es die Kürschner zu brauchen pflegen, damit schnitt er die Beutel ab: das andere mit scharfem Traubenagrest, den er den ihm Begegnenden ins Gesicht sprützt': ein andres mit Kletten voll feinen Gäns- oder Hühnerflaums befiedert, die warf er den armen Leuten auf Röck und Mützen und fertigt' ihnen öfters artige Hörnlein draus, welche sie durch die ganze Stadt, ja etliche Zeit ihres Lebens trugen. Dergleichen setzt' er auch den Weibern zuweilen hinten an ihre Hauben, in Gestalt eines männlichen Gliedes. In einem andern ein Haufen Dütlein, voll lauter Flöh und Läus, die er den Prachern zu Sankt Innozenz abfing und sie mit feinen Röhrlein oder Schreibfederspulen den zartesten Fräulen, die er traf, in die Mieder schnellte; zumal in den Kirchen: denn niemals ging er oben aufs Chor, sondern blieb allezeit unten im Schiff bei den Weibern, sowohl in der Messe und Vesper, als während der Predigt.

In einem andern ein ganz Besteck voll Hamen [Angelhaken] und Heftel, womit er öfters in Gesellschaft, wenns gedrängt zuging, Männer und Weiber miteinander kopuliert', zumal wo etwa eine ein Kleid von Armesintaft trug: wenns dann zum Aufbruch kam, zerrissen sie sich die ganzen Kleider. In einem andern, ein Feuerzeug mit Schwefel, Zundel [Zunder], Stein und übrigem Zubehör.

In einem andern zwei bis drei Brenngläser, mit denen er dann und wann Männer und Weiber in der Kirchen schier toll macht' und außer aller Fassung brachte. Denn, Weiber scheuchen, schinden und placken, und Weiber mit weichen Hinterbacken, das reimt sich, meint' er, ziemlich gut.

In einem andern waren Nadel und Zwirn, damit trieb er tausend Teufelsstreich. Als eines Tages im großen Vorsaal des Parlaments ein Franziskaner die Herrenmess zu lesen hatt, half er ihn kleiden und ausstaffieren; nähet' ihm aber während des Anziehns die Stol an Rock und Hemd fest an und schlich sich dann weg, als die Herren vom Rat zu Anhörung der Mess erschienen und ihre Plätze einnahmen. Als aber nun beim *Ite, missa* der arme Frater die Stol wollt abtun, zog er auch Kleid und Hemd mit vom Leder, denn sie hingen sehr wohl zusammen, streift' sich bis an die Achseln auf und zeigt allen Leuten öffentlich sein Fitzlibutzli, das traun [fürwahr, wahrhaftig] nicht klein war. Und in einem fort zerret' und zog der Frater, aber je mehr er zerrt', je mehr deckt' er sich auf, bis endlich einer der Ratsherren sprach: Was! will uns etwan der saubere Pater hie seinen Steiß statt der Monstranz zum Küssen reichen? Ei, so küss ihn doch das Sankt Tönigs Feuer! – Von der Zeit an ward verordnet, dass sich die armen Messpfäfflein nicht öffentlich mehr entkleiden durften, sondern in ihrer Sakristei, vornehmlich, wo Weiber zugegen wären, denn man verführet' sie nur damit zu begehrlicher Sünd. Und frug die Welt: Woher kommt es doch, dass die Säck dieser Patrum so lang sind? Aber Panurg löst' das Problem sehr wohl und sprach: Was die Ohren der Esel so lang macht, ist, dass ihre Mütter ihnen kein Mützlein aufsetzen, wie *Alliacus* in seinen Suppositionen lehret. Gleichergestalt auch, was die Säck der armen Pfäfflein so lang macht, ist: dass ihre Hosen nicht Böden haben, da ihnen dann ihr armes Glied verhängten Zaumes ins Freie schießet und also bis an die Knie bammelt wie einer Frau ihr Paternoster. Warum man es aber ebenmäßig auch dick bei ihnen find, ist Ursach, dass durch dies Bammeln die Leibessäfte in mehr beregtes Glied hinabziehn. Denn nach den Legisten ist Agitation und immerwährende Bewegung eine Ursach der Attraktion.

Item, ein ander Täschel war voller Federweiß [feines Alaunpulver; Schneiderkreide], das streut' er den geschniegeltsten Dämlein, denen er aufstieß, in den Rücken, dass sie vor aller Welt sich entblößen und ausziehn mussten, und etliche tanzten wie Hähn auf glühenden Kohlen darnach, oder ein Schusser auf einer Trommel; andre rannten wie toll gassatim [auf den Gassen herumschwärmen wie Studenten], er immer hinter ihnen drein: und die sich entkleideten, denen warf er seinen Mantel über den Rücken, als ein galanter und sittiger Mann. Item, in einem andern hatt er ein kleines Fläschel mit altem Öl, und wo er Männer oder Weiber in schönen Kleidern kommen sah, beschmiert' und verschimpft' er ihnen damit die besten Stellen am ganzen Gewand, stellt' sich, als ob ers befühlen wollt, und sprach: ei schauns, das feine Tüchel, den feinen Atlas, den feinen Taft, mein Fräulein! Nun, Gott geb euch doch, was euer edles Herz begehret. Habt ein neu Kleid und neuen Freund dazu gefunden: Gott erhalts euch. Und damit legt' er ihnen die Hand aufs Koller [Schulterpasse, Kragen, Wams], dass der böse Schandfleck auf ewige Zeiten darin verblieb, so unverwüstlich fest gegraben in Leib und Seel und guten Namen, kein Teufel hätt ihn können herausschaben. Sprach darauf noch zu guter Letzt: Sehet euch vor, dass ihr nicht fallet, mein Fräulein, denn ihr habt da ein großes schmutzigs Loch vor euch! – In noch einem andern war nichts als lauter klargestoßnes Euphorbium [Gummiharz einer marokkanischen Euphorbiapflanze], und darein taucht' er ein feines Schnäuztuch von zierlicher Stickerei, das er der schönen Nähterin am Palais entwendet, als er ihr einen Floh von der Brust fing, den er ihr gleichwohl doch selber erst darauf gesetzt. Und wenn er dann in einer Gesellschaft mit ehrbaren Frauen zu sprechen kam, bracht er alsbald die Red auf das Weißzeug, legt' ihnen die Hand auf den Busen und frug: Was für Gespinnst ist dies? von Flandern? oder von Hennegau? Zog darauf sein Schnäuztuch hervor und sprach: da schauns, schauns, hier ist eine Arbeit drin! dies hab ich aus der Fickardi, es ist von Vecheln; und schüttelt's ihnen derb unter die Nasen, dass sie vier Stunden in einem Atem weg niesen mussten. Er aber unterdessen farzt' dazu wie ein Karrngaul: und die Weiber lachten und sprachen: Wie? ihr farzt, Panurg? – Nicht doch, Madam, antwortet' er, ich mach hie nur den Konterbass zu eurer Nasenmelodei.

Wieder in einem andern waren ein Dietrich, Haken, Pelikan [Axt, Beil)] und solches Gerät, wovor kein Kasten und keine Tür so fest war, die er nicht damit aufgehäkelt hätt. Ferner ein andres voll kleiner Becher, womit er gar künstlich zu spielen verstund; denn in den Fingern seiner Hand war er geschmeidiger als Minerva und Arachne: auch war er vor diesem mit Theriak [altes opiumhaltiges Allheilmittel] hausieren gegangen. Und wenn er einen Gulden oder sonst eine andre Münz wo wechselte, hätt der Wechsler wahrlich schlauer als Meister Muck sein müssen, wenn ihm Panurg nicht mindestens jedes Mal fünf bis sechs schwere Kreuzer dabei ganz öffentlich am hellen Tag vor aller Augen hätt blasen sollen. Dem Wechsler geschah kein Leid noch Schaden, er spürt' nur eben den Wind davon.

Siebzehntes Kapitel

Wie Panurg Ablass kaufte
und die alten Weiber verheiratete,
und was für Prozesse er in Paris hatte

Eines Tages traf ich [François Rabelais] Panurgen ein wenig still und kammhängig [schlecht drauf] an, dacht also wohl: er hat kein Geld mehr, und sprach zu ihm: Panurg, ihr seid krank, euer Ansehen gibts, und ich kenn auch das Übel; es ist der Durchlauf in euerm Beutel: aber grämt euch nur weiter nicht; ich hab noch sechs Gröschel und einen halben, da Vater und Mutter nix von weiß, die werden euch in der Not nicht fehlen, so wenig als der fränkische Grind. – Darauf gab er mir aber zur Antwort: Ei schad ums Geld! ich werd bald nicht mehr wissen wohin mit; denn ich hab einen Stein der Weisen, der zieht mir das Geld aus den Beuteln wie der Magnet das Eisen herbei. Aber, sprach er, wollen wir zwei zusammen gehen und Ablass kaufen? – Nun, sag ich drauf, ich bin sonst eben nicht hitzig darnach in dieser Welt; weiß nit, wie's in der andern sein wird; doch lasst uns gehen in Gottes Namen; um einen Pfennig, nicht mehr noch minder. – Aber, sprach er, leiht mir dazu einen Pfennig auf Zinsen. – Nix, nix, sag ich, ich schenk ihn euch aus gutem Herzen. – *Grates vobis dominos,* antwortet' er. So gingen wir denn zusammen aus und fingen bei Sankt Gervasen an; da nahm ich mir mein Ablassbrieflein am ersten Schrein und weiter nicht, weil ich hierin mit wenig vorlieb nehm: und murmelt' darauf mein Stoßgebetel und Sankt Brigitten-Horas her. Er aber kauft' an allen Schreinen und zahlt einem jeden Ablassmann überall Geld. Von da weiter begaben wir uns zu Notre-Dame, zu Sankt Anton, Sankt Johann und in die andern Kirchen mehr, wo Ablass feil war; ich meines Orts kauft weiter nichts, er aber, wo er nur hinkam, an allen Schreinen küsst' er die Reliquien und gab jedem. Zuletzt, auf dem Heimweg, führt' er mich zu Wein ins Wirtshaus zum Schloss und wies mir zehn bis zwölf seiner Täschel ganz mit Geld gespickt. So kreuz und segn' ich mich und frag ihn: Woher habt ihr dies viele Geld in der kurzen Zeit? Da gab er mir zur Antwort, er hätts aus den Ablassbecken genommen: denn, sprach er, immer den ersten Pfennig, den ich ihnen gab, den steckt ich so sänftlich drein, dass er ein schwerer Albus [Weißpfennig, alte deutsche Münz] zu sein schien, nahm darauf mit der einen Hand zwölf Pfennig, oder auch wohl zwölf Dreier oder Zweier zum wenigsten, und mit der andern drei bis vier Groschen, und immer so in allen Kirchen, wo wir gewesen sind. – Nun, sprach ich, so fahrt ihr kopfüber zur Höll wie ein Teufel, und seid ein Dieb und ein Kirchenräuber. – Ja doch, sagt' er, wie ihr meint, aber ich denke es anders: die Ablasshöker schenken mirs ja, wenn sie mir die Reliquien zum Küssen reichen und dabei sagen: *Centuplum accipies,* für einen Pfennig nimm dir hundert. Denn *accipies* ist zu verstehen nach der Hebräer Redensart, die das Futurum statt Imperativi gebrauchen, wie ihr in dem Gebot habt: *Diliges dominum, id est, dilige.* Wenn also der Ablassmann zu mir sagt, *centuplum accipies,* so meint er, *centuplum accipe;* und so erklärens auch Rabbi Kimi, Rabbi Aben Ezra, alle Masoreten [Überlieferer der Hebräischen Bibel im Judentum], *et ibi Bartolus.* Zudem hat mir ohnehin Papst Sixtus einst fünfzehnhundert Livres [frühere französische Währungseinheit; Rechnungsmünze] Renten auf seine Domänen und den Kirchenschatz verschrieben; denn ich kuriert ihn damals von einem bösen Schankerschlier [harter, weicher Schanker; Geschwür bei Geschlechtskrankheiten], der ihm so zusetzt', dass er daran Zeit seines Lebens zu hinken meinte. Ich mach mich also auf eigne Hand aus seinem Kirchenschatz bezahlt, denn's gibt doch keinen.

Hui, fuhr er fort, Freund! wenn du wüsstest, wie ich mein Pfeifel bei dem Kreuzzug geschnitten hab, du würdest staunen. Der hat mir mehr als sechstausend Gulden eingebracht. – Wo zum Teufel, sag ich, sind die aber? du hast ja nicht einen Deut mehr davon. – Da wo sie hergekommen waren, antwortet' er, sie haben bloß die Herren verwechselt. Doch hab ich wohl dreitausend davon mit Heiratsstiften und Ausstattungen vertan, nicht etwa junger Dirnen, denn es fehlt ihnen so nicht an Männern, sondern alter unsterblicher Vetteln, die keinen Zahn mehr im Schnabel hatten. Ich dacht bei mir: die guten Weiblein haben doch ihre Zeit in der Jugend sehr wohl genutzt, des Bürzelspiels mit männiglich in offenen Schranken steißaufwärts gepflogen, bis keiner mehr mocht; bei Gott, ich will sie vor ihrem End noch einmal getrumpft [„gestochen"] sehn. Und damit gab ich ihnen, der einen hundert Gulden, der andern zwei Schock, der dritten dreihundert, je nachdem sie recht gräulich, grausig und scheußlich waren: denn je furchtbarer und grässlicher, je mehr man ihnen geben musst; sonst hätt sie der Teufel nicht kacheln mögen. Flugs also hol ich mir von der Gass einen derben stämmigen Ballenbinder und schließ die Eh gleich selbst mit ihm; doch eh ich ihm noch die Alten zeig, halt ich das Geld ihm hin und sprech: komm her mein Bruder, schau dies ist dein, wenn du mal hackepetern willst, dass die Federn stieben. – Von Stund an fingen die armen Gäuch zu rossen an wie alte Maulhengst. Ich setzt ihnen brav zu essen vor, zu trinken vom Besten, stark gewürzt, damit die Alten in Brunst gerieten und hitzig würden. Das Ende vom Lied war, sie schackten [Schacke, weibliches Schaf; schaken, hurtig (los)gehen; (niederl.) en Meisje schaken, einem Mädchen Gewalt antun] wie alle guten Geister, und nur den allerschrecklichsten und schauderhaftesten Fratzen darunter henkt ich einen Sack vors Gesicht.

Außerdem hab ich auch mit Prozessen viel sitzen lassen. – Was für Prozess konntest du haben? frug ich ihn, hast du doch weder Haus noch Hof. – Mein Freund, sprach er, es hatten die Jungfern hier in der Stadt auf Eingebung des höllischen Feindes eine Art von Mieder oder steifer Krägen erfunden, von hohem Schnitt, die ihnen die Häls sogar versteckten, dass man auch nicht eine Hand mehr mocht drunter bringen; denn der Schlitz war hinten dran, und vorn alles zu; womit die armen, traurigen, kontemplativischen Amanten [Liebhaber] gar übel zufrieden waren. An einem schönen Dienstag nun geb ich ein Schreiben zu Gericht ein, ich werf mich gegen ernannte Jungfern zum Kläger auf und remonstrier, wie ich dabei viel Abbruch litt, beteuernd, dass ich mir ebenfalls mit gleichem Recht meinen Hosenlatz wollt hinten an den Arß nähen lassen, wenn nicht das Gericht ein Einsehen hätt. Mit einem Wort, die Jungfern formierten ein Syndikat, produzierten Fundament' und gaben Blankett zur Führung ihrer Sach: aber ich setzt ihnen so scharf zu, dass von Rechts wegen die hohen Mieder ihnen zu tragen verboten wurden, sofern sie nicht vorn ein wenig geschlitzert wären. Es kostete mich aber ein schön Stück Geld. Dann hatt ich auch einen fast schmutzigen säuischen Handel wider Herrn Stinkwitz und Konsorten, dass sie nicht mehr heimlich des Nachts weder das Tönnel, Oxhoft, noch Quart der Sentenzen sollten lesen dürfen, sondern am hellen lichten Tag, und zwar in den Schulen der Futtergass, vor den Augen aller Artium Magistri und Sophisten; dabei ward ich wegen einer Förmlichkeit im Schergenbericht in die Kosten verurteilt. Ein andermal stellt ich beim Parlament eine Klage an, wider die Maultier derer Präsidenten, Räte und andrer; des Innhalts, dass, wenn man sie unten im Schlosshof müßig stehen und ihren Kappzaum [Halfterzaum ohne Mundstück] nagen ließ, die Rätinnen ihnen schöne Geiferlätzlein machen sollten, dass sie mit ihrem Geifer nicht das Pflaster beschmutzten; es könnten sonst die Pagen nicht mehr nach Herzenslust und ihrer Hosen unbeschadet, drauf knien, wenn sie knöchelten [Würfelspiel] oder Totstrafmir [»reniguebieu«; je renie Dieu, verleugne Gott?] zusammen spielten. Da ward mir ein schönes Urtel zu Teil, aber es kam mich etwas teuer. Jetzt überschlag auch noch dazu, was mich die kleinen Schmäuslein kosten, die ich den Schlossbuben immerfort aus meiner Taschen geb. – Und wofür? frug ich. – Mein Freund, antwortet' er, du hast auch keinen Spaß auf der Welt; ich aber hab dessen mehr als der König: und wenn du dich mit mir verbünden wolltest, wir führten Teufel an. – Nein, nein, sag ich, bei Sankt Adauras [Luft?], denn du wirst eines Tages gehangen. – Und du, sprach er, wirst eines Tages beerdigt. Was ist ehrlicher, Luft oder Erd? O armes Schaf! Hing nicht der Herr Christus selbst in der Luft?

Aber zur Sach. Derweil die Buben nun schmausen, halt ich ihnen die Maultier und schneid unmerklich dem einen und andern die Steigriemen auf der Schrittseit entzwei, dergestalt, dass sie nur noch an einem dünnen Fäslein hangen. Jetzt, wenn der dicke Wanst von Rat oder was er ist, im vollen Schwung aufsitzen will, so fallen sie euch vor allen Leuten, wie die Schweine, der Läng lang hin, und geben uns für mehr als hundert Franken zu lachen. Ich aber lach noch einmal so gut, denn wenn sie erst nach Hause kommen, dann lassen sie den Monsieur Buben auspauken wie grünes Sommerkorn. Da schmerzt mich dann die Zech nicht groß, die ich für sie hab aufgehen lassen. In Summa, er hatt, wie schon gesagt, dreiundsechzig Mittel und Weg, sich Geld zu machen, aber deren zweihundertundvierzehnm es zu vertun, die Gurgelwäsch nicht mitgerechnet.

Achtzehntes Kapitel

Wie ein großer Gelahrter aus Engelland
mit Pantagruel argumentieren wollt
und vom Panurg überwunden ward

In eben diesen Tagen kam auch ein grundgelahrter Mann mit Namen Thaumastos, auf das Gerücht und den Ruf von Pantagruels unvergleichlicher Weisheit, aus Engelland an, in der einzigen Absicht, ihn zu sehen und kennenzulernen und zu erproben, ob seine Weisheit fürwahr so groß wär, als man sie rühmt'. Rückt' alsobald nach seiner Ankunft in Paris dem Pantagruel vors Quartier, der im Hof Sankt Denis wohnt' und mit Panurgen just zu der Zeit auf peripatetisch im Garten spazierend philosophische Zwiesprach hielt. Zwar beim ersten Eintritt schrak er vor Furcht zusammen, da er ihn so groß und stark sah, grüßt' ihn aber rasch fein höflich nach der Sitt und sprach zu ihm: Wohl ist wahr, was Plato, der Weltweisen Fürst, sagt, dass, wenn das Bild der Wissenschaft und Weisheit leibhaft und den Augen der Sterblichen vernehmlich wär, sie alle Welt zur Bewunderung ihrer Schönheit entzücken würde. Sintemalen schon ihr Ruf in Lüften verbreitet, wenn er den Schülern und Freunden von ihr (den Philosophen) zu Ohren kommt, sie nimmer ruhen noch mit Gemächlichkeit schlafen lässt; so entzündet und spornt er sie, den Orten und Männern zuzulaufen, in denen Wissenschaft ihre Tempel erbaut zu haben und ihre Orakel mitzuteilen, versichert wird. Wie es uns deutlich gelehret worden an der Königin von Saba, die von den Grenzen des Aufgangs und dem Persermeer gezogen kam, des weisen Salomons Haushalt zu sehen und seine Klugheit zu vernehmen. Am Anarcharsis, der aus Skythien um Solons Villen bis nach Athen ging. An Pythagoras, der die Wahrsager in Memphis, an Plato, der die ägyptischen Magier und den Archytas von Tarent besucht'. An Apollonius von Tyana, welcher bis zum Berg Kaukasus durch die Skythen, Massageten [antikes Reitervolk] und Inder, über den großen Strom Physon, ja bis zu den Brachmanen zog, den Hiarchas zu sehen: und von da weiter in Babylonien, Chaldäa, Medien, Assyrien, Parthien, Syrien, Phönizien, Arabien, Palästina, Alexandrien bis tief in Äthiopien, die Gymnosophisten mit Augen zu schauen. Ein gleiches Beispiel haben wir auch am Titus Livius, welchen zu hören und zu sehen viel lernbegierige Leut nach Rom aus den entlegensten Gauen von Frankreich und Spanien kamen. Ich wag mich nicht in Reih und Glied mit so vollkommenen Männern zu stellen: möcht aber doch für einen Lernbegierigen gelten, als Freund nicht nur des Wissens, sondern auch der Wissenden. Derhalb, sowie zu mir der Ruf von deiner unschätzbaren Weisheit erschollen, hab ich verlassen Vaterland, Haus, Hof und Freundschaft und hierher mich aufgemacht, nicht achtend weder des Weges Länge, der See Unbilden, noch Neuheit eines fremden Landes, nur dich zu sehen und mich mit dir über etliche Punkte zu beraten in der Philosophie, Geomantie und Kabbala, darin ich Zweifel heg und mein Gemüt nicht beschwichtigen kann. So du mir aber die möchtest lösen, ergeb ich mich dir von Stund an zum Knecht, nebst meinem Samen für und für; denn andre Gaben hab ich nicht, die ich für wichtig achten möchte, es dir zu lohnen. Also will ichs denn schriftlich fassen und morgen allen Gelahrten hier in der Stadt zu wissen tun, dass wir vor ihnen öffentlich darum disputieren.

Nun aber merke dir die Art, wie ich zu disputieren meine: ich disputier nicht *pro et contra,* wie die dummen Sophisten hier am Ort und anderwärts, desgleichen auch nicht nach der Akademiker Art durch Deklamation, noch auch mittels Zahlen, wie Pythagoras tät und Picus Mirandula [Giovanni Pico della Mirandola, 1463-1494] in Rom tun wollte. Sondern, ich will disputieren durch Zeichen allein, ohn alle Wort, weil es so schwierige Materien sind, dass keine menschliche Sprach im Stand ist, sie auszudrücken, wie ich möcht. Woll' also Euer Magnifizenz sich dabei einzustellen geruhen: wird sein im großen Saal von Navarre, morgens sieben Uhr.

Nach Endigung sotaner Red antwort' ihm Pantagruel geziemend und sprach: Lieber Herr, von den Gaben, die ich von Gott empfangen hab, möcht ich, soviel an mir ist, niemandem mitzuteilen mich weigern. Denn alles Gute kommt von *Ihm*, und ist *Sein* Wille, dass es weiter fortgepflanzt werden soll, wenn man mit Leuten zusammen ist, welche dies himmlische Manna echter Erkenntnis zu empfangen würdig und geschickt sind. Wie ich nun schon vorerkannt, dass unter diesen du heutzutag der *Erste* bist, entbiet ich dir, dass du mich auch allstündlich und in allen Stücken, nach meinen schwachen Kräften, dir auf dein Begehr zu dienen willig sollst finden: wenn ich schon zwar eher von dir müsst lernen, als du von mir. Jedennoch aber, wie du verlangt hast, wollen wir deine Zweifel gemeinsam miteinander beherzigen und deren Lösung bis auf den Grund des unerschöpflichen Brunnens suchen, darin nach Heraklitus, die Wahrheit verborgen ist. Auch lob ich höchlich die Art der Unterredung, die du erkoren hast, nämlich durch Zeichen ohne Wort: denn damit werden du und ich einander verstehen, unbelästigt von diesem albernen Händegeklatsch, das die Sophisten hier erheben just, wenn man bei einem gelehrten Gespräch im besten Argumentieren ist. Werd also morgen nicht verfehlen, zu rechter Zeit und an dem Ort, den du mir vorbeschieden hast, mich einzufinden, bitt dich aber: lass allen Streit und Lärmen von uns ferne sein, nicht unsern Ruhm, noch Lob vor Menschen damit suchen, sondern die Wahrheit lediglich. – Darauf versetzt' Thaumastos [bewunderungswürdig]: Herr, erhalt dich Gott in seinen Gnaden und lohn es dir, dass deine hohe Magnifizenz sich also tief zu meiner kleinen Dürftigkeit erniedrigen will. So Gott befohlen, bis morgen. – Gott befohlen, sagte Pantagruel.

Ihr Herren, die ihr dies Büchlein leset, glaubt nicht, dass jemals in der Welt zwei tiefnachdenklichere Leut und verzückteren Geistes gewesen wären, als selbige die ganze Nacht, sowohl Thaumastos als Pantagruel. Denn Thaumast sprach zu dem Burgvogt des Clunyhofes, wo er hausiert', dass er in seinem Leben noch nicht so durstig, wie in dieser Nacht, gewesen sei. Mir ist, sagt' er, als wenn mich schier Pantagruel bei der Gurgel hätt. Schafft uns zu trinken, ich bitt euch drum, und frisches Wasser, dass ich mir den Gaumen ausspül!

Andrerseits warf sich Pantagruel bass ins Zeug und wälzt' ohn Umsehn die ganze Nacht in einem fort:

Das Buch des Beda, *de Numeris et signis.*
Das Buch Plotini, *de Inenarrabilibus.*
Das Buch des Proclus, *de Magia.*
Die Bücher des Artemidorus, *peri Oneirocriticon.*
Des Anaxagoras, *peri Semeion.*
Ynarii, *peri Aphaton.*

Die Bücher des Philistion.

Hipponax, *peri Anecphoneton,*

und einen Haufen mehr, bis endlich Panurg ihm zusprach: Gnädiger Herr, entschlagt euch nur all dieser Gedanken und legt euch schlafen, denn ich seh, ihr habt euch den Geist schon so erhitzet, dass euch dies strenge Studieren bald ein ephemerisch Fieber zuziehn muss. Trinkt lieber noch zuvor fünfundzwanzig bis dreißig gute Schluck, dann legt euch aufs Ohr und schlaft getrost, denn morgen werd ich dem Herren Engelländer schon respondieren und demonstrieren; und wo ich ihn euch nicht *ad metam non loqui* in das Bockshorn jag, heißt mich einen schlechten Kerl.

Wohl, sprach Pantagruel, er ist aber erstaunlich gelehrt, mein Freund Panurg! wie wirst du ihn können zufrieden stellen? – Gar leicht, antwortet' Panurg, ich bitt euch, redet nur weiter nicht davon, und lasst mich machen. Kann ein Mensch wohl so gelehrt sein wie die Teufel? – Fürwahr nicht, sprach Pantagruel, außer durch Gottes besondere Gnad. – Und gleichwohl, sprach Panurg, hab ich mit denen manch schönes Mal disputiert und sie in den Sack hinein und wieder heraus gebeutelt. Drum macht euch weiter nur keine Sorg um diesen stolzen Engelländer, denn er soll morgen Käslab scheißen vor aller Welt. – Darauf zecht' und knöchelt' Panurg mit den Pagen die ganze Nacht durch, verspielt' seine letzten Hosennestel im Primus Secundus und Riberle, und endlich zu der bestimmten Zeit führt' er seinen Herrn und Meister Pantagruel an den bewussten Ort. Und glaubt nur dreist, dass Alt und Jung und was nur Bein in Paris hätt, da nicht ausblieb. Ein jeder dacht, dieser Teufel Pantagruel, der all die Sorbonnischen Laffen und Querköpf so abgetrumpft hat, itzo wird man ihm's Maul auch wischen. Denn dieser Englische ist ein zweiter Teufel von Vauvert. Wir wolln doch sehn, wer das Feld behält.

Nachdem sich alles versammelt, erwartete sie so Thaumastos dort, und als Pantagruel mit Panurgen in den Saal trat, fingen all diese Schulfüchs, Artemagistri und Intranten [Neueintretende], nach ihrer Kalbsgewohnheit, mit den Händen zu klatschen an.

Aber da erhub Pantagruel seine Stimm so furchtbar laut, dass es klang wie ein Doppelkanon, und sprach Ruh! in des Teufels Namen, haltet Ruh, ihr Schurken, oder bei Gott, wenn ich mich hier geheiet, hol ich euch allen die Köpf herunter. – Von diesen Worten waren sie sämtlich wie die wilden Enten verdutzt, und keiner getraut' sich auch nur zu räuspern, und wenn er gleich fünfzehn Pfund Flaumenfedern im Hals gehabt hätt. Und waren all von der einzigen Stimm schon so durstig worden, dass sie die Zung einen halben Schuh lang aus dem Schlund hingen, als ob Pantagruel ihnen die Kehlen versalzen hätt.

Jetzt nahm Panurg das Wort und sprach zum Engelländer: Lieber Herr, bist du kommen, strittigerweis über die Sätz, so du gestellt hast, zu disputieren oder aber um Lernens und der Wahrheit willen? – Darauf antwort' ihm Thaumastos: Herr, ich hab weiter keinen Betrieb als Wissenschaft und redliches Verlangen, dessen, daran ich nun mein Lebelang gezweifelt hab, belehrt zu werden, als der ich niemals weder ein Buch noch Menschen gefunden, die meine vorberegten Zweifel mir hätten zu Dank erledigen mögen. Was aber den streitigen Wortzank anbelangt, so mag ich ihn nicht, auch ists ein gar armselig Ding, und lass ihn lieber den sophistischen Krippenbeißern, die in ihren Disputationen nicht Wahrheit, sondern nur Widerspruch und Hader suchen.

Also, versetzt Panurg, wenn ich nun, der ich doch nur ein kleiner Schüler meines gnädigen Herren und Meisters Pantagruel bin, dir überall und in allen Stücken genugtun möcht, wär es nicht ziemlich, diesen meinen Meister damit zu behelligen. Wär also besser, dass er sich als Schiedsmann unseres Colloquii [Kolloquiums] auf das Katheder stellt' und dir aushilflichen Bescheid erteilte, wo es dir etwa bedünken sollt, als hätt ich deinen Wissensdurst nicht sattsam gestillet. – Wahrlich, sprach Thaumast, dies ist sehr wohl gesprochen. Lasset uns zur Sach.

Nun merket wohl, dass sich Panurg an seinen langen Hosenlatz ein schönes Quästlein von roter, weißer, grüner und blauer Seiden gehangen, und eine stattliche Pomeranz innewendig hineingesteckt hätt.

Neunzehntes Kapitel

Wie Panurg den englischen Zeichenfechter ad absurdum führt'

Jetzt, während nun alles mäusleinstill umherstand und die Ohren spitzt', erhub der Engländer beide Hände getrennet hoch in die Luft empor, wobei er alle Spitzen der Finger in der Figur zusammenkniff, die man um Chinon Hühnerarß nennt, und mit den Nägeln der einen viermal gegen die andre schlug: dann tat er sie auf und schlug sie, dass es klatscht', einmal zusammen, schloss sie wiederum und schlug zweimal wie vorhin; tät sie dann viermal wieder auf. Darnach legt' er sie lang und platt aneinander, wie in andächtigem Gebet.

Alsbald erhub Panurg die Rechte, steckt' dann den Daumen selbiger Hand ins rechte Nasenloch, hielt die vier Finger ausgestreckt und in ihrer Reih parallelisch zusammengeschlossen gegen das Nasenbein, wobei er das linke Aug ganz zudrückt' und mit dem Rechten blinzelt', dass die Brau und Wimper tief heruntergepresst waren. Dann hub er die linke Hand in die Höh, den Daumen aufrecht, die vier Finger fest aneinander und ausgereckt, und hielt sie so in gleichem Strich zur Positur der rechten, sodass zwischen beiden Händen eineinhalb Schuh breit Raum verblieb. Hierauf neigt' er in gleicher Gestalt die zwo Händ zur Erden, und endlich hielt er sie in die Mitt, als wollt er damit dem Englischen grad nach der Nasen zielen.

Und wenn Merkur, sprach der Engelländer. – Da fiel ihm aber Panurg ins Wort und rief: ihr habt gesprochen, Maske! – Jetzt macht' der Engländer dieses Zeichen: Die linke Hand hielt er ganz offen hoch in die Luft, dann ballet' er die vier Finger daran zur Faust zusammen, und setzt' den Daumen ausgestreckt ans Nasenbein. Hub gleich darauf die rechte Hand ganz offen empor und neigt' sie auch ganz offen wieder, indem er den Daumen an den Ort legt', wo sich der kleine Finger der linken zusammenballt', und bewegt' die vier Finger an selbiger langsam in der Luft. Dann tät' er umgekehrt mit der Rechten wie er zuvor mit der Linken getan und mit der Linken wie vorher mit der Rechten.

Panurg, hiervon nicht sehr erschreckt, zog seinen trismegistischen Latz mit der linken an die Luft, und mit der Rechten langt' er aus ihm ein kleines Schnitzel weiße Rindsripp und ein Paar Stücklein Holz von gleicher Gestalt, das eine schwarzes Ebenholz, das andre Brasilianisch inkarnat. Die legt' er zwischen den Fingern der Hand in guter Symmetrie zusammen und schlugs aneinander, dass es klang, als ob die Räudigen der Bretagne mit ihren Klappern hausieren gingen, nur etwas besser und lieblicher: und zog dabei die Zung im Mund ein, mit der er lustig schnalzt', und immer den Engelländer starr dabei ansah.

Die Theologen, Ärzt und Wundärzt dachten, dies Zeichen sollt bedeuten, dass der Engländer räudig wär. Die Rät, Legisten und Dekretisten dachten, er wollt etwan daraus folgern, dass eine Art des menschlichen Glücks im Stand der Räudigkeit bestünd, wie weiland unser Herr gelehrt hat. Der Engländer aber verzagt' drum nicht, hub beide Händ empor in der Art, dass er die drei Mittelfinger zusammenballt' und die Daumen zwischen die Zeigefinger und mittelsten steckt', die Ohrfinger aber lang ausgestreckt ließ: also hielt er sie dem Panurg hin, darauf legt' er sie dergestalt zusammen, dass der rechte Daumen den Linken, und der kleine Linke den Rechten bedrückte.

Panurg hierauf sprach nicht ein Wort, erhub die Händ und macht' dies Zeichen: die Nägel des Zeigefingers und Daumens der linken Hand fügt' er zusammen, sodass gleichsam eine

Schnall im Zwischenraum formieret ward: ballet' alle Finger der Rechten, bis auf den Zeigefinger zusammen, welchen er durch die zween vorgedachten der Linken öfters stieß und zog. Dann streckt' er den Zeiger und Mittelsten der rechten Hand aus, spreizet' sie, so weit er konnt, auseinander, und reckt' sie nach Thaumasten: setzt' darauf den linken Daumen an den Winkel des linken Auges, während er die ganze Hand wie eine Fischfloss oder wie einen Vogelfittich der Läng nach ausdehnt' und possierlich hin und her schwenkt', ebenso mit der Rechten am rechten Augenwinkel, und trieb es so in einem fort wohl eine reichliche Viertelstund.

Da fing Thaumast zu zittern an und ward ganz bleich und macht' ihm dies Zeichen: Mit dem mittelsten Finger der Rechten schlug er gegen den Handtellermuskel, der unter dem Daumen ist; drauf steckt' er den Zeigefinger der rechten Hand durch eben solch eine Schnall in der Linken, aber er steckt' ihn nicht, wie Panurg, zu oberst, sondern zu unterst hinein.

Jetzt schlägt Panurg die Händ zusammen und haucht darein, steckt abermals den Zeigefinger der rechten Hand in die Schnall der Linken, zieht und schiebt ihn wiederholt zwischendurch, hängt dann das Kinn lang und betrachtet Thaumasten aufmerksam. Die Leut, die nichts von diesen Zeichen verstunden, sahen doch wohl, dass er damit Thaumasten pantomimisch wollt fragen, was er darauf zu sagen hätt. Auch fing Thaumastos schon in Wahrheit dicke Tropfen zu schwitzen an und schien in tiefer Beschaulichkeit wie außer sich verzückt: darnach bedacht er sich, legt' alle Nägel der linken Hand an die Nägel der Rechten, sperret' die Finger in halben Zirkeln auseinander und hub in dieser Positur die Hände, so hoch er konnt, empor.

Panurg hierauf schob flugs den Daumen der rechten Hand unter die Kiefern und den rechten Ohrfinger in die linke Schnall und klappt' dazu mit seinen Zähnen gar melodisch, dass die untern gegen die obersten rasselten.

Thaumast, vor schwerer Angst, stund auf; aber bei dem Aufstehn entfuhr ihm ein gewaltiger Bäckerfurz, denn die Hef kam hinterdrein, und seicht' den schärfsten Käslab, dass es wie alle Teufel stank, und was nur Händ hätt sich die Nasen zuhielt, denn er beschiss sich für Schwulitäten. Alsdann erhub er die rechte Hand gekrümmt, dass alle Spitzen der Finger zusammentrafen, und legt' die Linke platt auf die Brust. Worauf Panurg seinen langen Latz mit dem Quästlein vorzog, anderthalb Schuh lang ausreckt' und mit der linken Hand in die Luft emporhielt. Mit der Rechten nahm er die Pomeranz, warf sie bis sieben Mal in die Luft, zum achten aber fing er sie in die rechte Faust und hielt sie ruhig hoch, fing darauf an, mit seinem schönen Latz zu schlenkern, und wies ihn Thaumasten.

Alsobald begann Thaumastos beide Backen wie ein Sackpfeifer aufzublähen und faucht', als ob er eine Schweinsblas hätt aufblähen wollen. Worauf Panurg einen Finger der Linken ins Arßloch steckt' und mit dem Mund die Luft einsog, wie wenn man Austern in Schalen isst oder Suppen schlürft; dann öffnet' er den Mund ein wenig und schlug flach mit der rechten Hand drauf, dass es laut und tief klang, gleich als ob der Schall von der oberen Fläche des Zwerchfells durch die Luftröhr käm, und dieses tat er sechzehn Mal. Thaumastos aber faucht' immer zu wie eine Gans. Jetzt steckt' Panurg den rechten Zeiger in den Mund, klemmt' mit den Muskeln des Mundes ihn fest ein und zog ihn wieder heraus, dass beim Herausziehn ein lauter Schall verspüret ward, wie wenn die Kinder mit schönen Rüben aus Holderbüchsen schießen, und tat es neunmal.

Da rief Thaumastos: Ha, ihr Herren! das große Mysterium! Itzund hat er die Arm drin bis zum Ellenbogen! Zog dann einen Dolch, den er bei sich trug, und hielt ihn mit der Spitz zu unterst. Drauf nahm Panurg seinen langen Latz und schlenkert' ihn gegen seine Schenkel, so stark er konnt, verschränket' dann die beiden Hände wie einen Strähl über dem Kopf und streckt' dazu die Zung, so lang er konnt, hervor, verdrehet' dabei die Augen im Kopf wie eine sterbende Geis. – Ha! sprach Thaumast, ich merk schon, doch wie nun? und macht' ein Zeichen mit seinem Dolch, davon er das Heft sich auf die Brust setzt' und, mit ein wenig rückwärtsgebogenen Fingerkuppen, die flache Hand auf die Spitz hielt. Hierauf neigt' Panurg das Haupt zur Linken, steckt' den mittelsten Finger ins rechte Ohr, den Daumen hielt er steilrecht in die Höh. Kreuzt dann die beiden Arm auf der Brust und hustet fünfmal; zum fünften stampft er mit dem rechten Fuß die Erd, hebt dann den linken Arm empor, ballt alle Finger zusammen, den Daumen gegen die Stirn gekehrt, und schlägt mit der Rechten sechsmal an die Brust. Aber Thaumast, wie nicht zufrieden hiemit, legt seinen linken Daumen an die Nasenspitz und schließt die übrigen Finger derselben Hand. Da legt Panurg die zween Mittelfinger an beide Mundwinkel, zieht den Mund, so weit er kann, auseinander und zeigt sein ganz Gebiss, wobei er noch mit beiden Daumen die Augenwimpern gar tief herabdrückt', dass er traun nach Urteil der Versammelten eine sehr leidige Fratzen schnitt.

Zwanzigstes Kapitel

Wie Thaumast Panurgens Tugenden und Gelehrsamkeit rühmt'

Jetzo stund Thaumastos auf, zog sein Barettlein und bedankte sich bei dem Panurg aufs Freundlichste. Dann sprach er mit erhobener Stimm zur ganzen Versammlung: Liebe Herren, heut kann ich wohl mit Wahrheit sagen, wie es im Evangelio heißt: *est ecce plusquam Salomon hic.* Ihr habt hier einen Schatz ohnegleichen in eurer Mitte an dem hohen Meister Pantagruel, von dem der Ruf mich aus den innersten Gauen Englands hieher gezogen, um mit ihm von unauflöslichen Problemen der Alchimie, Magie, Kabbala, Geomantie, Astrologie und Philosophie zu konferieren, die ich im Sinn hatte. Aber itzo bin ich dem Ruf zu zürnen geneigt, der gegen ihn mir neidisch gesinnt scheint, weil er auch nicht den tausendsten Teil dessen, was er in Wahrheit ist, berichtet. Ihr habt all gesehen, wie mich schon sein bloßer Schüler zufrieden gestellt und mir davon mehr offenbart hat, als ich frug, auch außerdem viel andre unschätzbare Zweifel erlediget: worin ich euch beteuern kann, dass er mir den wahrhaftigen Brunnquell und Schacht der Encyklopädie eröffnet hat, ja dergestalt, dass ich zuvor bei keinem Menschen auch nur die ersten Anfangsgründ davon, zu finden verhofft. Dies war, als wir uns ohn ein Sterbenswörtlein durch Zeichen miteinander besprachen. Werd aber bald, was hier geredt und von uns ausgemacht ist worden, in Schriften fassen, damit man es nicht für Gespött hält, und es drucken lassen, auf dass ein jeder dran lernen mag, wie ich gelernt hab. Da ihr dann ermessen werdet, was erst der Meister hätt sagen mögen, wo der Schüler sich also mannhaft erwiesen hat. Denn *non est discipulus super magistrum.*

Auf allen Wegen sei Gott gelobt und euch dienstschuldigst für die Ehr gedankt, die ihr uns bei dem Actus erwiesen. Gott lohn es euch ewiglich. – Gleiche Danksagungen erstattet' auch Pantagruel öffentlich dem ganzen Coetus [der Zusammenkunft, Versammlung] und führt' Thaumasten von da mit sich zum Imbiss heim. Da glaubt dann, dass gebechert ward, bis ihnen die Knöpf von den Bäuchen sprangen (denn dazumal knöpft' man die Bäuch, wie jetzt das Koller mit Knöpfen ein), bis die Leut einander frugen, woher kommst du? Ei heilige Frau, da ging es an ein Weinschlauchsaugen, ein Flaschentraben! Da ward getutet: lauf und schaff, Bursch, ins Teufels Namen! Wein her! Bring hier! Stell hin! Setz auf! Nicht einer war drunter, der nicht mindest fünfundzwanzig bis dreißig Ohm [Hohlmaß von ca. anderthalb Hektoliter] getrunken hätt; und wie? *sicut terra sine aqua;* denn es macht' warm, und hatten sich dazu noch durstig disputieret. Hinsichtlich nun die Auslegung der Thaumastischen Streitsätz und Verständnis der Zeichen, womit sie disputierten, wollt ich euch dieselben nach ihrem mündlichen Bericht erklären: aber ich hab gehört, dass Thaumastos ein großes Buch hierüber zu

London in Druck gestellt hat, darin er unvergessen alles und jedes erläutert. Dieserhalb will ichs für itzo bewenden lassen.

Einundzwanzigstes Kapitel

Wie Panurg in eine hohe Pariser Dam verliebt war

Panurg kam nachgerad zu Ansehn in Paris durch diesen Sieg über den Engelländer und trug von Stund an seinen Hosenlatz höher, ließ ihn oben mit Flunkern [Glitzer, Glanz] sticken nach der romanischen Hosenmode, und das Volk lobpries ihn öffentlich und macht' auf ihn einen Gassenhauer, den Kind und Katz im Kapploch [ein kleines Dachfenster] sang. Auch war er in allen Damen- und Fräuleinsozietäten sehr gern gesehen. Da schwoll ihm bald der Kamm so hoch, dass er sich an eine der ersten Damen der Stadt zu machen wagte.

Flugs also mit Beiseitesetzung eines langen Schwalls von Präambuln und Schwüren, wie unsre Jammeramanten und kontemplativischen Fastnachtsritter – denn sie kommen dem Fleisch nicht zu nah – gemeinlich brauchen, sagt' er einst zu ihr: Madam, gemeinem Wesen wär es ersprießlich, Euch ergötzlich, euerm Stammbaum zur Ehre gereichend, und mir notwendig, dass ihr euch mit meiner Rass belegen ließet. Und glaubet mirs, denn die Erfahrung wird es euch lehren. – Bei diesem Wort stieß ihn die Dam auf hundert Meilen weit von sich und sprach: Verhasster Narr, geziemt euch diese Sprach zu mir? Wen meint ihr, dass ihr vor euch habt? Nun packt euch fort und kommt mir nur nie mehr vor Augen! Denn wenig fehlt, so lass ich euch Arm und Bein zerschlagen.

Hum, sprach er, mich fichts wenig an, ob man mir Arm und Bein zerschlägt, wenn ihr und ich nur unser Späßlein einmal zusammen haben könnten; ich mein, das Sägemännelspiel im Tiefenborn: denn sehet hier! (und wies auf seinen langen Latz) hier wohnt Hans Heidi, der sollt euch traun einen Hopser spielen, dass ihr ihn bis in das Mark der Gebein verspürtet. Er ist gar wacker, findet euch die kleinen Allotria und Kernschlier im Ratzenwinkel so trefflich aus, es braucht ihm niemand nach zu fegen.

Die Dam antwortet': Fort, ihr Unflat! nur fort! wo ihr mir noch ein Wort sagt, ruf ich die Leut herbei und lass euch hie bläuen, dass ihr zu Boden stürzet. – Ho, sprach er, ihr seid doch nicht so schlimm, als ihr euch stellt: nicht doch! da müsst ich mich sehr in euerm Gesicht betrügen. Denn eher führ ja die Erd gen Himmel, und fiel der höchste Himmel zum Abgrund, ja alle Ordnung der Natur müsst umgekehrt sein, wenn in einer so hohen und zarten Schönheit wie ihr auch nur ein Tröpflein Gall oder Bosheit wohnen sollte. Zwar spricht man wohl, das Weib das schön ist, lebt nicht mehr, die nicht auch widerspenstig wär; aber dies gilt nur von den niedern plebejischen Schönen. Eure Schönheit ist so ausbündig, einzig, himmlisch, dass ich glaub, es hat die Natur euch als ein Muster damit geziert, uns sehen zu lassen, wie viel sie tun kann, wenn sie all ihre Macht und Weisheit gebrauchen will. Es ist eitel Honig, eitel Zucker und himmlisch Manna, was an euch ist. Den güldenen Apfel hätt Paris Euch und nicht der Venus, noch Juno, noch Minerven sollen zuerkennen; denn nimmermehr war so viel Herrlichkeit in Juno, so viele Weisheit in Minerven, so viel Holdseligkeit in Venus, als in Euch. O ihr himmlischen Götter und Göttinnen, wie selig wird *der* sein, dem ihr in Gnaden gönnet, *diese* zu halsen, *diese* zu küssen, an *dieser* seinen Speck zu reiben! Ha bei Gott! und der bin *ich*, das seh ich klar, denn schon liebt sie mich inniglich. Ich erkenn's, ich bin dazu von den Feen prädestinieret. Frisch also, keine Zeit verloren, drauf und dran und aufgebockt!

Und damit wollt er sie umfangen, aber sie stellt sich, als wenn sie die Nachbarn aus dem Fenster zu Hilf wollt rufen: also entwich Panurg sofort und sprach noch auf der Flucht zu ihr: Wartet Madam, ich komm gleich wieder, ich hol sie selbst, bemüht euch nicht. – Ging damit weg, grämt' sich nicht groß um den erhaltenen Abschied, ließ sich darauf auch das Essen nicht schlechter schmecken.

Tags darauf begab er sich um die Stund, da sie zur Messen ging, an die Kirch und reicht' ihr in der Tür mit einer tiefen Verneigung den Weihbrunn. Darauf kniet' er traulich neben ihr nieder und sprach: Madam, wisst, ich bin so verliebt in euch, es lässt mich weder brunzen noch ferchen [koten]. Ich weiß nicht, was euch dazu dünket; wenn ich ein Unglück davon hätt, was sollt draus werden? – Geht, geht! sprach sie, mich kümmerts nicht und lasst mich hier mein Gebet verrichten. – Aber, sprach er, anagrammatisieret einmal: »Schwarz Hänsel roch Lauch.« – Ich weiß nicht, sprach sie. – Es heißt, antwortet' er: »Rauch Loch, harts Schwänzel.« und damit bittet Gott, dass er mir allzeit geben woll, was euer edles Herz begehrt, und habt die Gnad, reicht mir doch mal dies Rosenkränzel. – Da nehmt, sprach sie, und plagt mich nicht weiter.

Mit diesen Worten wollt sie ihm ihren Rosenkranz, der von Zedernholz mit großen güldnen Marken war, übergeben; aber Panurg zog hurtig eins von seinen Messern und schnitt ihn glatt ab, trug ihn dann auf den Trödelmarkt und frug sie: wollt ihr etwa mein Messer? – Nein, nein, sprach sie. – Es steht euch aber doch gern zu Dienst, mit Sack und Pack, mit Darm und Dung. – Der Dam inzwischen ward nicht gar wohl um ihren Rosenkranz zu Mut, denn er war ihr in der Kirch mit eine von ihren Herzstärkungen, und dacht bei sich: dies Großmaul da ist irgendein hergelaufner Schwindler aus der Fremd, ich werd sobald meinen Rosenkranz nicht wieder sehen. Was wird mein Mann dazu sagen? er wird mir zürnen: aber ich werd ihm sagen, es hätt ihn in der Kirch ein Dieb mir abgeschnitten: das glaubt er leicht, wenn er das Band noch am Gürtel siehet.

Nach dem Essen ging Panurg, mit einem großen Beutel voll Palaisdukaten und Rechenpfennig im Ärmel, wieder hin zu ihr, und fing an: welches von uns beiden hat wohl das andre lieber, ihr mich, oder ich euch? – Da antwort' sie: Was mich betrifft, hass ich euch nicht, denn ich hab alle Menschen lieb, wie Gott befiehlt. – Ja aber, sprach er, ich mein, ob ihr nicht in mich verliebt seid? – Hab ich euch nicht schon vielmals gesagt, antwortet' sie, dass ihr mir nicht mehr solche Reden führen sollt? Sprecht ihr mir nur noch ein Wort davon, werd ich euch zeigen, ob ich es bin, der ihr von Unzucht schwatzen dürfet. Hinweg! und meinen Rosenkranz gebt mir zurück, dass nicht mein Mann mich darnach frägt.

Wie denn, Madam? antwortet' er, euern Rosenkranz? Das lass ich bleiben, bei meinem Veit; aber ich schenk euch wohl einen andern. Wie hättet ihrs lieber? von Gold mit Schmelzwerk, in Form großer Kugeln, oder mit artigen Liebesknoten? ganz massiv, wie starke Barren? oder wollt ihrs von Ebenholz, oder von großen Hyazinthen, großen geschnittnen Granaten mit Marken von feinen Türkisen? oder von edeln Topasen mit feinen Saphiren markiert? oder etwan von schönen Balasen mit großen Marken von Diamanten achtundzwanzigfach brillantiert? Nein, nein, es ist noch viel zu wenig. Ich weiß ein schön Kränzel von feinen Smaragden, mit Marken von grauem geflecktem Ambra, am Schloss hats eine persische Perl pomeranzengroß, es kostet nicht mehr als fünfundzwanzigtausend Dukaten. Ich will euch ein Präsent damit machen, denn Barschaft hab ich; und dazu klirrt' er mit seinen Rechenpfennigen drein, als wenn es Sonnentaler wären. Oder wollt ihr ein Stück Sammet, scharlach, karmesinviolett? Ein Stück broschierten Atlas oder auch karmesinrot? Wollt ihr Ketten, Ring, Flunkern, Goldschmuck? Sagt nur ja: bis fünfzigtausend Dukaten ist mirs ein Kinderspiel. – Mit solchen Reden macht' er ihr nun den Mund zwar wässrig, doch sprach sie: nein, ich dank euch, ich will nichts von euch. – Nun, so mir Gott, antwortet' er, ich aber will von euch was, und es kostet euch nichts, macht euch nicht ärmer. Schauet her! (hier wies er auf seinen langen Latz) hier ist Hans Hupfel, der sucht Quartier, und damit wollt er sie umhalsen. Aber sie fing zu schreien an, wiewohl jedoch nicht überlaut. Jetzt kehrt' Panurg sein falsch Gesicht hervor und sprach: So wollt ihr denn in Gutem mich nicht ein wenig machen lassen? Ei, schad für euch, ihr seid der Ehr und des hohen Glückes gar nicht wert. Aber bei Gott, jetzt will ich die Hund über euch schicken, dass sie euch reiten! Und damit floh er im scharfen Trott auf und davon, aus Furcht vor Schlägen, denn er war stockscheu von Natur.

Zweiundzwanzigstes Kapitel

Wie Panurg der Pariser Dam einen Streich spielt',
der nicht zu ihrem Vorteil war

Nun merket wohl, auf den Tag darauf fiel eben das hohe Frohnleichnamsfest, an welchem alle Weiber sich in ihren höchsten Kleiderstaat werfen: wie denn auch vorerwähnte Dam auf diesen Tag ein stolzes Kleid von karmesinrotem Atlas trug, nebst einem prächtigen weißen Samtrock. Panurg, am Feierabend zuvor spioniert' in allen Gassen so lang umher, bis ihm gelang eine orgoosische Lyciskam [läufige Hündin] aufzutreiben; die band er sich an seinen Gurt fest, führet' sie auf seine Kammer, füttert' sie den Tag und die Nacht durch bestens, früh am Morgen aber schlug er sie tot, und nahm davon das, was den griechischen Geomanten bewusst ist; hackt' es in kleine Stückel, so fein er konnt, verbarg es wohl, und ging damit an den Ort, wo die Dam, um zu dem Zug zu stoßen, erscheinen musst', wie es der Brauch am selbigen Fest ist. Als er sie nun kommen sah, reicht' er ihr mit höflichem Gruß den Weihbrunn dar; darauf nach einer kleinen Weil, als sie ihr Sprüchlein ausgebetet, pflanzt' er sich zu ihr in ihre Bank und gab ihr ein beschrieben Blatt mit einem Rundreim, lautend wie folgt:

Rund-Reim

Für diesmal, als ich euch o holde Schöne!
Mein Leid geklagt, wiest ihr mir scheel die Zähne,
Verstießet ohn Erbarmen mich von euch;
Der ich doch nie mit einem bösen Streich
In Wort noch Werk, Schimpf oder Scherz euch höhne.
Missfällt euch aber so mein Liebsgestöhne,
Schickt mir nicht Mäkler, diesen oder jene,
Sagt lieber selbst: Freund, trollt euch fort sogleich
Für dieses Mal.

Tu ich euch doch kein Leid, wenn ich erwähne
Dass mir mein Herz entbrennt wie dürre Späne,
Von eurer Schönheit, die so voll und reich.
Drum gönnet mir, dass ich mein Sattelzeug,
Mehr fordr ich nicht, auf eures fröhlich lehne
Für dieses Mal.

Und während sie das Papier nun aufschlug, um nachzusehen, was darin stünd, da besäet' Panurg sie hurtig von hinten mit seiner Spezerei an vielen Stellen, sonderlich in den Falten der Ärmel und des Kleides; sprach dann zu ihr: Gestrenge Frau, den armen Amanten geht es oft hart; was mich betrifft, so hoff ich, es werden die schlimmen Nächt, Stürm und Gefecht, die ich um euch erduldet hab, mir von der Fegfeuerspein dereinstmals noch in Abzug kommen. Bittet zum wenigsten Gott für mich, dass er mir woll in meinem Elend Geduld bescheren!

Er hatt noch nicht ausgeredet, als alle Hund, so viel nur in der Kirchen waren, auf die Dam zuschossen nach der Witterung der Spezerei, womit er sie bestreuet. Groß und kleine, dick und dünne kamen scharenweis, spitzten die Glieder, umschnoperten und beharnten sie dann über und über! es war der leidigste Spuk von der Welt.

Panurg verscheucht' sie ein klein wenig, sodann beurlaubt' er sich von ihr, und schlupft' in eine Kapelle, die Hatz mitanzusehen. Denn das Hundsgeschmeiß bekackt' und beharnt' ihr die ganzen Kleider, bis endlich gar ein großer Windhund ihr aufs Haupt pisst', etliche in die Ärmel, andre aufs Gesäß, die kleinen seichten ihr auf die Schuh, und all die andern Weiber darneben konnten sie mit knapper Not vor den Hunden retten. Da lachte Panurg und sprach zu einem der Herrn von der Stadt: Ich glaub, die Dam ist läufig, oder es hat sie ein Windhund frisch belegt. Und als er die Hund jetzt, wie sie pflegen, wo eine läufige Hündinn ist, rings um sie knurren und brömmeln sah, lief er fort, den Pantagruel herbeizuholen, und überall, wo er nur Hund auf den Gassen fand, gab er ihnen mit dem Fuß einen Tritt und sprach, warum gehet ihr nicht mit euern Gesellen zur Hochzeit? vorwärts in Teufels Namen, vorwärts, marsch! Und als er heim kam, sprach er zum Pantagruel: Meister! kommt, ich bitt euch, und sehet alle Hund des Landes um eine schöne Dam versamelt, es ist die schönst' am ganzen Ort, und wollen sie rammeln. – Pantagruel war es sehr wohl zufrieden und nahm das Mysterium in Augenschein, das ihm gar schön und neu bedünkte. Aber das Beste kam bei dem Umgang, in welchem ihr über sechshunderttausendundvierzehn Hund zur Seiten gingen und tausend gebranntes Herzeleid täten: denn überall, wo sie ging und stund, da folgten ihr immer neue Hund auf der Spur nach und beseichten den Weg, wo sie mit ihren Kleidern gestreift war. Und alles Volk blieb stehen und sah dem Schauspiel zu, den Hundsgebärden, wie sie ihr bis zum Halse stiegen und all ihr gutes Zeug verdarben. Es war zuletzt keine Rettung mehr, als bis sie in ihre vier Pfähl entwischt', und immer die Hund ihr nach, und sie versteckt' sich, und die Zofen lachten. Kaum war sie aber ins Haus hinein, und das Pförtlein hinter ihr zugeschlossen, kamen auf eine halbe Meil alle Hund herbei und brunzelten so hitzig gegen die Tür des Hauses, dass aus dem Harn ein Bach entstund, darin die Enten geschwommen wären. Und dieses ist derselbe Bach, der itzo auf Sankt Victor läuft, wo Gobelin seinen Scharlach drin färbt, wegen des Hundsharns spezifischer Tugend und Eigenschaft, wie unser Meister Dorian weiland publice [öffentlich] predigt'. Ja, helf uns Gott! es hätt darin eine Mühl gar füglich mahlen mögen. Doch aber gleichwohl nicht so gut als im Basakel bei Toulouse.

Dreiundzwanzigstes Kapitel

Wie Pantagruel, auf Botschaft von der Dipsoden Einfall ins Amaurotenland, von Paris aufbrach, und aus was Ursach die Meilen in Frankreich so kurz sind

Bald darauf kam dem Pantagruel Botschaft, dass sein Vater Gargantua ins Land der Feen versetzt worden durch Morgana, wie Ogier [der Däne; Holger Danske] und Artus weiland, und dass auf Nachricht von dessen Versetzung die Dipsoden aus ihren Gemarken ausgefallen, ein großes Stück des Utopierlandes verwüstet hätten und dermal eben die große Stadt der Amauroten belagert hielten. Er also, ohn auch nur einem Menschen, behüt dich Gott, zu sagen, brach von Paris auf, denn die Sach hatt Eil, und kam gen Rouen. Unterwegs nun, als Pantagruel inneward, dass die französischen Meilen gegen der andern Herren Länder Meilen allzu kurz wären, frug er Panurgen nach Grund und Ursach. Der erzählt' ihm eine Geschichte, die uns Marotus vom See, der Mönch, im Buch von den Kanarischen Königstaten berichtet, wonach vor Alters die Länder weder nach Meilen, Stadien, Parasangen [altpersisches Wegemaß], noch Milliarien eingeteilet gewesen wären, bis König Pharamund zuallererst sie eingeteilt hätt, und dies in folgender Weis: er nahm zu Paris einhundert junge schmucke Bürschlein, frisch auf dem Zeug und resolut, desgleichen auch hundert artige Dirnlein von der Picardie, ließ sie acht

Tage lang aufs Beste verpflegen und alimentieren. Darnach beschied er sie vor sich, gab einem jeden sein Dirnlein und ein brav Zehrgeld und hieß sie wandern nach allen Straßen hierhin und dahin. Und aller Orten, wo einer sein Schätzel bunzeln würd, da sollt er einen Meilenstein hinsetzen. Zogen also die lieben Brüder fröhlich von dannen, und weil sie fein munter und ausgeruht waren, so puderten sie auf jedem Feldrain, und daher kommt es dass die französischen Meilen so kurz sind.

Als sie nun aber ein gut Stück Wegs zurückgelegt und sich müd und matt wie die armen Teufel geloffen hatten, auch ihnen das Öl im Krügel schier ausging, da hammelten [rammelten] sie nicht mehr so oft und nahmen (ich mein die Kerls) mit einem einzigen leidigen lumpigen Mal des Tags vorlieb. Und daher kommt es, dass die Meilen der Bretagne, Lanes [Landes], Deutschland und andern noch entlegeneren Ländern so lang sind. Andre geben zwar andre Gründ dafür, doch dieser scheint mir der beste. – Dies ließ sich dann Pantagruel auch wohl gefallen.

Von Rouen weiter kamen sie gen Hommefleur [Honfleur], wo Pantagruel, Panurg, Epistemon, Eusthenes und Karpalim zu Wasser gingen. Und während sie am selbigen Ort auf guten Fahrtwind harrten, auch ihr Schiff kalfatern ließen, kam ein Brief von einer Dam in Paris, die er eine gute Weil auf seinen Leib sich gehalten hätt; auf dem stund obenauf geschrieben:

Dem Vielgeliebtesten der Schönen und Treuvergessensten der Helden
P. N. T. G. R. L.

Vierundzwanzigstes Kapitel

Brief einer Dame in Paris, den ein Bote dem Pantagruel brachte, nebst der Erklärung eines Wortes, welches auf einem güldenen Ring stund

Pantagruel, als er die Aufschrift gelesen, erschrak fast sehr, befrug den Boten nach dem Namen der Person, die ihn geschickt hätt, erbrach den Brief und fand nichts weiter darin geschrieben, sondern bloß einen güldenen Ring mit einem Tafeldiamanten. Da rief er Panurgen und wies ihm den Kasus. Der meint', das Blatt wär wohl beschrieben, nur aber so fein, dass man die Schrift nicht drauf sehn könnt, und bracht es ans Feuer, ob es etwan mit aufgelöstem Salmiaksalz geschrieben wär. Dann taucht' er's ins Wasser, ob vielleicht die Schrift mit Wolfsmilchsaft gemacht wär. Dann hielt er's ans Licht, im Fall es mit weißem Zwiebelsaft beschrieben. Dann rieb er ein Fleck mit Nussöl ein, zu sehen, obs irgend mit Feigenlauge geschrieben wär. Dann wieder ein Stück mit Frauenmilch, die ihre erste Tochter stillet, ob es mit Froschblut geschrieben wär. Dann rieb er ein Ecklein mit Schwalbennestasche, falls es mit Tau geschrieben wär, den man in Jüdenkirschen findet. Dann wieder rieb er ein andres Ende mit Ohrenschmalz, wenn es mit Rabengalle geschrieben wär. Dann weicht' ers in Essig, ob es mit Springkrautsaft geschrieben. Dann schmiert' ers ein mit Fledermausschmer, wenn es mit Spermaceti oder grauem Ambra geschrieben wär. Dann legt' ers säuberlich in ein Becken mit frischem Wasser und zogs schnell wieder heraus, wenn es mit Federweiß geschrieben wär. Und als er sah, dass er nichts weiter herausbracht, rief er den Boten und frug ihn: Du, Gesell, hat dir die Dam, die dich geschickt hat, nicht einen Stecken mitgegeben? Denn er dacht, es wär etwa der Pfiff aus dem Aulus Gellius. Aber der Bot antwortet': Herr, mitnichten. Hierauf wollt' ihm Panurg das Haar abscheren, um nachzusehen, ob nicht die Dam mit scharfer Schwärz ihm ihre Meinung irgendwo auf seinen kahlen Kopf geschrieben: doch als er sah, dass sein Haar sehr dick war, ließ ers bleiben, in Erwägung, dass es in dieser kurzen Frist nicht wieder so lang hätt wachsen mögen. Und sprach jetzt zum Pantagruel: Meister, bei dem lebendigen Gott! ich weiß nicht Rat noch Hilfe mehr: ich hab, um zu erforschen, ob irgendwas Geschriebenes drin stünd, ein Teil der Mittel probieret, die Messere Francesco di Nianto, der Toskaner, angibt, der von der Art und Weis, unkenntliche Schriften zu lesen, ein Buch geschrieben, desgleichen was Zoroaster verkündet *peri grammaton acriton,* und Calphurnius Bassus *de litteris illigibilibus,* aber ich krieg nix los und glaub s'ist weiter nichts als der Ring. Wohlan, lasst ihn mal sehen. – Betrachteten ihn also genauer, und fanden auf hebräisch darinnen: *lamah hasabhtani* [»lema sabachtani«] geschrieben. Unverzüglich ward Epistemon herbeigerufen und befragt, was dies heißen sollt. Der antwortet' ihnen, es wären hebräische Wort und hießen: warum hast du mich verlassen? Sogleich versetzt' Panurg: ich habs! Seht ihr den Diamanten hier? es ist ein falscher Diamant. Die Dam also will sagen: *Di,* (sprich) falscher Amant, warum hast du mich verlassen? – Diese Auslegung verstund Pantagruel sogleich, denn ihm fiel ein, wie er ohn Abschied von ihr zu nehmen, verreiset war, und wär sehr gerne wieder umgekehrt gen Paris, mit ihr sich zu versöhnen: aber Epistemon führt' ihm das Scheiden Aeneä von der Dido und des Tarentiners Heraklides Ausspruch zu Gemüt: dass, wenn das Schiff vor Anker hing und Not an Mann ging, man die Sträng eher abhaun müss, als mit Zeitverlust aufzuknüpfen, und dass er sich aller andern Gedanken entschlagen müsst, um seiner Vaterstadt beizustehn, die in Nöten wär. – Die Stund darauf erhub sich aus Nord-Nord-Westen ein steifer Wind, da gingen sie mit vollen Segeln in hohe See, passierten wenige Tage danach Porto Santo und Madeira, und landeten an den Kanarischen Inseln. Von da weiter kamen sie beim Capo Blanco, Senegien, Cap Virido, Gambrien, Sagrien, Melli und Capo di Bona Speranza vorüber und landeten im Königreich Melinde. Von dort mit Tramontanwind, über Medin, Uti, Uden, Gelasim, die Inseln der Feen, am Königreich Achorien [Fantasielandschaft] hin, liefen endlich im Hafen von Utopien ein, drei Meilen weit von der Amauroten Hauptstadt und wenig mehr gelegen.

Nachdem sie sich nun am Land ein wenig geletzet, sprach Pantagruel: Kinder, die Stadt ist nicht weit von hier; bevor wir weitergehen, wär es gut, dass wir uns miteinander berieten, was zu tun ist, damit wirs nicht wie die Athenienser machen, die allezeit erst hinterdrein ihre Sach erwogen. Seid ihr mit mir zu leben und zu sterben entschlossen? – Ja, Herr! riefen sie insgesamt: zählet so gewiss auf uns, wie auf die Finger eurer Hand. – Wohlan denn, sprach er, so hab ich nur noch einen Skrupel, der mir im Geist zu schaffen macht: dass ich die Ordnung und Zahl der Feind, die die Stadt belagern nicht weiß; denn wüsst ichs, würd ich getroster drauf losgehen. Darum lasset uns auf Mittel denken, wie wir es erfahren mögen. – Da versetzten sie all einmütig: Lasset uns nur hin und zusehen, und verweilet ein wenig hier, denn spätestens bis auf den Abend bringen wir euch gewisse Botschaft.

Ich, sprach Panurg, nehms auf mich, in ihr Lager zu gehen durch Runden und Wächter mitten durch; ich bankettier und pauk mich mit ihnen auf ihre eigne Gefahr herum, kein Mensch erkennt mich. Ich visitier die Artillerie und alle Zelte der Hauptleut; groß und breit will ich durch ihre Reihen einherstolzieren, nie kriegt mans spitz. Der Teufel selber beluchst mich nicht, denn ich bin vom Stamm des Zopirus. – Ich, sprach Epistemon, weiß alle Stratagemata und Heldentaten der tapfern Streiter und Hauptleut aus dem Altertum, alle Finten und Listen des Kriegshandwerks. Ich geh und, ob man mich auch entdeckt und ertappt, entwisch ich ihnen doch und mach ihnen dazu weiß von euch, was mir beliebt, denn wisst, ich bin vom Stamm des Sinon. – Ich, sprach Eusthenes, stürz mich durch Schanzen und Verhau trotz aller Wachen und Runden durch, denn ich steig ihnen auf den Leib und schlag ihnen Arm und Bein entzwei, und wenn sie so stark wie der Teufel wären, denn ich bin vom Stamm Herkules. – Ich, sprach Karpalim, komm hinein, wo ein Vogel hinkommt, denn ich bin so behänden Leibes, überhüpf euch Schanz und Gräben, ja, ich renn durchs ganze Lager, eh es einer nur innewird, und fürcht mich weder vor Pfeil noch Kugel; da ist kein Ross so flink, und wärs der Pegasus des Perseus, wär es Pacolet, ich überlauf es frank und frisch. Ich will auf den

Ähren des Kornes gehn, auf dem Wiesengras; kein Hälmlein soll sich unter mir beugen, denn ich bin vom Stamm der Amazone Camilla.

Fünfundzwanzigstes Kapitel

Wie des Pantagruels Gefährten, Panurg, Karpalim, Eusthenes und Epistemon, sechshundertsechzig Reitern sauber den Garaus machten

Während Karpalim dieses sprach, sahen sie an sechshundertsechzig leichte Reiter auf schnellen Gäulen des Weges kommen, dem Hafen zu, das Schiff in Augenschein zu nehmen, so eben gelandet war; und sprengten mit verhängten Zügeln, ob sie sie etwa fangen möchten. Jetzt sprach Pantagruel: Kinder, geht ins Schiff, dort kommen von unsern Feinden: aber ich will sie euch hier erschlagen wie das Vieh, und wären ihrer zehnmal so viel; inzwischen gehet und habt euern Kurzweil dran. – Darauf antwortet' ihm Panurg: Herr, nicht doch! es wär ja nicht recht, dass ihr so tätet, sondern geht vielmehr ihr und die andern ins Schiff, denn ganz allein will *ich* sie hier abfangen. Aber es gilt kein Zaudern. Eilt. – Wohlgesprochen! riefen die andern: Herr, entfernet euch, so wollen wir hie Panurgen helfen, und ihr sollt sehn ob wir was können. – Darauf sprach Pantagruel: nun wohlan, ich bins zufrieden, so ihr aber den Kürzern zieht, werd ich euch nicht im Stiche lassen. – Jetzt nahm Panurg zwei große Schiffstau, band sie an das Gangspill auf dem Deck und warf sie in einem großen Kreis aufs Land, den einen weiter, den andern enger innerhalb des weitern, und sprach zum Epistemon: Lauft aufs Schiff, und wenn ich euch zuruf, so drehet den Spill auf dem Deck nur fleißig um und immer die beiden Tau nach dem Schiff zu. – Dann, zu Eusthenes und Karpalim: Kinder, bleibt hier, haltet dem Feind gutwillig Stand, gehorchet ihm und tut, als ob ihr euch ergäbet, aber hütet euch wohl, dass ihr nicht in den Ring der Taue hier kommt, haltet euch immer draußen. – Damit sprang er plötzlich aufs Schiff, nahm eine Last Stroh und eine Tonn Kanonenpulver, streuet' es zwischen den Ring der Taue und stellt' sich mit einer Granate dicht daneben. Flugs kamen die Reiter im vollen Schuss daher, und sausten die vordersten bis ans Schiff heran, und weil das Ufer schlüpfrig war, fielen ihrer vierundvierzig, Ross und Mann der Läng lang hin. Die Übrigen, als sie es sahen, kamen herbei, in der Meinung, man hätt sie mit Sturm empfangen. Aber Panurg sprach zu ihnen: Ihr Herrn, ich sorg, ihr habt euch ein Leids getan: verzeiht es uns, denn es ist nicht unsre Schuld, sondern die der Schlüpfrigkeit des Wassers, weil das Meer allzeit ölig ist. Wir ergeben uns euch auf Gedeih und Verderb. – So sprachen auch seine beiden Gefährten und Epistemon vom Verdeck. Derweil machte sich Panurg davon, und als er sie nun all im Kreis der Taue umstrickt, und seine beiden Gesellen weit zur Seiten sah, weil sie den Reitern Platz gemacht, die haufenweis das Schiff und was darin war, zu begaffen rannten, rief er plötzlich dem Epistemon: Dreh! dreh! und Epistemon drehet' das Spill um. Da schlangen sich die beiden Taue um die Pferd und streckten sie unschwer samt den Reitern zu Boden. Als die dies sahen, zogen sie blank und wollten sie zerhauen. Jetzt warf Panurg das Feuer in den Tross und äschert sie mit Ross und Mann wie die verdammten Seelen zusammen; und entkam keiner, außer einem, der sich auf einem Türkengaul davon macht'. Aber nicht sobald ersah ihn Karpalim, so rannt er ihm auch jähling haarscharf nach, dass er auf noch nicht hundert Schritt ihn einholt', sich dem Gaul aufs Kreuz schwang, ihn hinterrücks umhalset' und mit sich zum Schiff bracht.

Dieses Sieges war Pantagruel wohl vergnügt, gab seinen Gesellen großes Lob wegen ihrer Geschicklichkeit und ließ sie fröhlich am Meeresstrand sich letzen, satt fressen, auch tapfer zechen, bis ihnen die Bäuch zur Erde hingen; und ihr Gefangener neben ihnen, freundbrüderlich. Es trauet zwar der arme Teufel noch nicht recht, ob ihn Pantagruel gar mit Haut und Haar verspeisen möchte, was er mit seinem weiten Schlund auch traun so leicht prästieret hätt, als ihr ein Zuckerkörnlein äßet: es hätt ihn nicht schwerer im Mund gedrückt, als ein Hirsekorn in des Esels Rachen.

Sechsundzwanzigstes Kapitel

Wie Pantagruel mit seinen Gesellen das Pökelfleisch zum Ekel ward, und wie Karpalim Wildbret jagen ging

Während sie nun so tafelten, rief Karpalim: Aber zum heiligen Velten! solln wir denn nimmermehr Wildbret essen? dies Pökelfleisch versalzt mir schier noch die Gurgel. Ich werd euch einen Schunken von den gebratenen Pferden dort holen; wird nun wohl gar sein. – Und wie er jetzt aufstund und es tun wollt, da erblickt' er von weitem am äußersten Saum des Waldes einen schönen großen Rehbock, der aus dem Dickicht hervor spaziert war, wie ich glaub, weil ihm das Feuer Panurgens in die Augen stach. Und Karpalim ihm augenblicklich so haarscharf nach, man hätt ihn eher für einen Armbrustbolzen gehalten, hascht' ihn in einem Augenblick, und während des Laufens griff er noch mit seinen Händen aus der Luft vier große Trappen, sieben Birkhähn, sechsundzwanzig graue Rebhühner, zweiunddreißig rote, sechzehn Fasane, neun Schnepfen, neunzehn Reiher, zweiunddreißig Ringeltauben und mit den Beinen ertrat er zehn bis zwölf Stück kleines Wild, halb Hasen, halb Karnickel, die auch schon die Kinderschuh vertreten hatten, achtzehn Wachtelkönige, Paar und Paar, fünfzehn Frischlinge, zwei Dachse, drei große Füchs; gab jetzt dem Rehbock mit seinem Malchus [(Breit-)Schwert] eins über den Schädel, dass er starb, las auf dem Rückweg das andre Wild, die Hasen, Frischlinge und Fasanen zusammen und schrie dabei, so weit man ihn nur hören mocht: Panurg, mein Freund! Weinessig: Essig! Da dacht der gute Pantagruel, dass ihm etwa flau wär worden, und befahl ihm, Essig zu holen. Panurg merkt' aber den Hasen im Pfeffer gar wohl und wies sogleich dem edeln Pantagruel den schönen Rehbock, den er am Hals trug, und wie er um den ganzen Gurt mit Hasen bespickt war. Alsobald schnitzt' Epistemon, in der neun Musen Namen, neun schöne hölzerne Bratspieß auf antikisch, Eusthenes half abziehn, und statt der Brandböck stellt' Panurg geschickt ein Paar Rüstsättel von den Reitern auf; dann gaben sie ihrem Gefangenen, die Spieß zu drehen, und brieten ihr Wildbret am selbigen Feuer, bei dem sie zuvor die Reiter geschmort. Und jetzt gings hoch her, muldenweis Weinessig drüber; des Teufels wär der Mann, dems nicht vom Herzen ging, war ein Triumph, sie schnarpen [knirschend in harte Gegenstände beißen] zu sehen.

Da sprach Pantagruel: wollt Gott, dass jeder von euch an seinem Kinn zwei Paar Falkenschellen hängen hätt, und ich an meinem die großen Glocken von Rennes, Poitiers, Tour und Cambrai; so sollt mal einer das Ständlein hören, das wir mit unserm Kinnbackentanz anheben wollten. – Aber, fing Panurg an, besser wär's doch, wir dächten ein wenig an unsre Sach, und wie wir die Feinde bezwingen möchten. – Ist wohl bedacht, sprach Pantagruel, und frug sofort den Gefangenen: Jetzt, Freund, sag uns ohne Lug und Trug die lautere Wahrheit, so du nicht lebendig willst geschunden sein. Denn wisse, *ich* bin derjenige, welcher die kleinen Kinder frisst. Darum meld uns genau des Feindes Zahl, Ordnung und Heeresmacht.

Drauf antwortete der Gefangene: Herr, die Wahrheit euch zu sagen, wisset: es sind im Heer dreihundert Riesen, über und über in Werkstein geharnischt und wundergroß, wiewohl nicht gar so groß als *Ihr* hier, bis auf einen, ihr Oberhaupt; sein Name ist Werwolf; dessen Rüstung bestehet aus lauter Zyklopischem Amboss. Hundertdreiundsechzigtausend Fußvolk, ganz in Koboldshaut, beherzte Leut und stark. Elftausendvierhundert Kürisser [Kürassier], dreitausendsechshundert Doppelkanonen, Balester [Kugelarmbrust] ohn Zahl, vierundneunzigtausend Schanzgräber, hundertfünfzigtausend Huren, schön wie die Göttinnen (Futter für mich! fiel Panurg hier ein), deren sind etlich Amazonen, etlich aus Lyon, Paris, Anjou, Poitou, Normandie, Tourain', aus Schwaben, von allen Ländern und Zungen sind drunter. – Aber, frug Pantagruel, ist auch der König dabei? – Ei wohl, Sire, antwortete der Gefangene, er ist in eigner Person dabei und nennet sich Anarchos, der Dipsoden König, das will heißen: der durstigen Leut, denn nimmer saht ihr ein durstiger und zechlustiger Volk. Und hat sein Zelt in der Riesen Wacht. – Genug schon! rief Pantagruel: Auf, Kinder! seid ihr entschlossen, mit mir daran zu gehen? – Verdamm Gott den, antwort Panurg, der von euch lässt. Ich hab mir schon ausgedacht, wie ich sie euch all miteinander totschlagen, wie die Schwein abschlachten, will, dass von ihnen auch nicht eine Klau zum Beelzebub entwischen soll. Nur hab ich noch ein klein Bedenken. – Und welches? frug Pantagruel. – Wie ich, sprach Panurg, all die Huren, die mit ihnen sind, an diesem einzigen Nachmittag so hurtig durchpallaschen [Pallasch; schwerer Säbel] soll, dass auch nicht eine mir entkomm, die ich nicht nach gemeinem Strich über des Schusters Leisten schlug. – Ha ha ha, sprach Pantagruel. – Und Karpalim: Dass dich der Teufel von Biterne [Viterbe]! Ich werd bei Gott auch eine auspolstern. – Und wie dann ich? sprach Eusthenes, was? ich, dem nun der Zeiger seit Rouen nicht gestanden ist, zumindest nicht bis auf Zehn oder Elf, und hab ihn doch so stark und hart wie hundert Teufel. – Verlass dich drauf, antwort Panurg, die allerderbsten und mastigsten, die sollst du haben. – Was? sprach Epistemon, reiten sie all, und soll ich etwan den Esel führen? Der Teufel hol den, der dies tät. Wir brauchen Kriegsrecht, *qui potest capere capiat.* – Nix nix da, sprach Panurg, häng nur deinen Esel an den Zaun und reit mit den andern! – Und der gute Pantagruel lacht' zu dem allen mit; darauf sprach er zu ihnen: Ihr macht die Rechnung ohn euern Wirt; ich sorg fast sehr, euch noch vor Nacht so weit zu sehen, dass euch das Brunsten wohl vergehen wird, da man mit schweren Pikenstößen und Lanzen auf euch reiten dürft. – Basta, sprach Epistemon, ich schaff sie euch her zum Braten, Sieden, Schmoren, zu Pastet oder Frikassee. Sind ihrer lang noch nicht so viel als Xerxes hatt; das waren dreißigmalhunderttausend streitbar Volk, wenn ihr anders dem Herodot und Trogus Pompeius glauben wollt; und gleichwohl hat sie Themistokles mit einer Handvoll Leut geschlagen. Macht euch, um Gott! nur keine Sorg. – Ei Quark, Ouark! rief Panurg, mein Latz hier, mein bloßer Latz kartätscht euch das Mannsvolk so viel ihrer sind; und Sankt Fegeschlott, der drinnen wohnt, die Weibsen. – Auf dann, sprach Pantagruel, vorwärts Kinder! und lasset uns, uns auf den Weg begeben.

Siebenundzwanzigstes Kapitel

Wie Pantagruel ein Trophäum zu ihres Sieges Gedächtnis erhub, und Panurg eins zu der Hasen Gedächtnis, und wie aus des Pantagruels Fürzen die kleinen Männlein, und aus seinen Fisten die kleinen Weiblein geboren wurden, und wie Panurg einen dicken Stock auf zwei Gläsern entzweibrach

Doch ehe wir von hinnen gehen, fuhr Pantagruel weiter fort, will ich an diesem Orte noch, zum Gedächtnis des anitzt von euch erfochtenen Siegs, ein stattliches Trophäum erheben. – Alsobald, unter lautem Jubel und kleinen ländlichen Liedlein, pflanzten sie all zusammen ein großes Holz auf und hingen daran: einen Reitersattel, Pferdsstirn, Pumpen, Steigriemen, Sporen, eine Halsberge, ein stählern Panzerhemd, Wappenhandschuh, Ringkragen, Schienen, Armzeug, Axt, Streithammer, Stoßkling, und was sonst zu einem Trophäo und Siegesbogen an Wappengeschmeid erforderlich. Darauf verfertigte Pantagruel zu ewigem Triumphgedächtnis dies Diktum und schrieb:

Hie ward die hohe Heldenkraft erkannt
Von vier mannhaftig kühnen Rittersleuten,
Die nicht mit Schild und Schwert, nein durch Verstand,

Wie Fabius und Scipio vor Zeiten,
Sechshundertsechzig Läuseherrlichkeiten
Baumlanger Hansen ausgebrannt wie Haar;
Fürst, Herzog, Turm und Bauer zu bedeuten,
Dass Schlauigkeit mehr wert als Stärke war.

Denn die Victoria,
Weiß man zuvor ja,
Ist Gnädigkeit
Der Consistoria,
Wo hoch in Gloria
Der Herr gebeut.

Dem starken Arm Er's nicht verleiht,
Ist dem nur den Er sich erkor, nah;
Darum findt Siegesglück im Streit,
Wer mit Vertraun zu Ihm empor sah.

Während Pantagruel obigen Spruch schrieb, nahm Panurg einen großen Pfahl und schlug daran: die Hörner, Haut und Vorderklaun vom Rehbock, dann die Ohren dreier Hasen, den Bürzel eines Karnickels, ein Hasenkinn, zwei Birkhahnflügel, vier Waldtaubenfüß, ein Essigfläschel, ein Hörnlein, da sie ihr Salz drin führten, den hölzernen Bratspieß, die Spicknadel, einen alten, zerlöcherten Kessel, ein Brühkännlein, ein irden Salzfass und einen Becher von Beauvois; dann schrieb er in Nachahmung der Reim und Trophäen Pantagruels wie folget:

Hie saßen mit den Ärßen auf dem Sand
Vier muntre Kerl und schmausten hoch vor Freuden.
Zu Bacchus Ehren ging aus Hand in Hand
Der Humpen; jeder soff für zwanzig Heiden.
Und Meister Has, um den sich alle streiten,
Ward seines Leichnams bis zum Bürzel bar.
Von Salz und Essig hatt er viel zu leiden;
Sie nagten ihn wie Skorpionen gar.

Denn pro Memoria
Der Defensoria
In Kriegeszeit
Ist kein Gefahr da,
Wenn zur Historia
Man brav tut B'scheid.

Doch Hasen essen wär mir Leid
Wenn ihm nicht Essig netzt' die Coria:
Weinessig ist sein Seelen-G'schmeid!
Halt an der Tunk pro peremptoria.

Jetzt, Kinder, kommt! sprach Pantagruel: wir gaffen hier schon zu lang beim Fleischtopf; und große Schlemmer sind selten viel nütze im Feld. Kein Schatten, als unter den Fahnen, kein Dampf als Rossdampf, kein Geklirr als Harnischklirren! – Darauf fing Epistemon an zu schmunzeln und sprach: Kein Schatten als in der Küch, kein Dampf als Pastetendampf, kein Geklirr als Humpenklirren! – Panurg fiel ein: Kein Schatten als hinterm Umhang, kein Dampf als Bitzeldampf, und kein Geklirr als mit zwei Schellen! – Stund damit auf und ließ im Aufstehn einen Furz, tat einen Sprung und einen Pfiff und rief lustiglich mit heller Stimm: Es leb allzeit Pantagruel! – Als der dies sah, wollt ers ihm nachtun; doch von dem Furz den Pantagruel ließ, erbebt' die Erd auf neun Meilen weit in der Rund, und heckt' aus der faulen Luft desselben über dreiundfünfzigtausend kleiner unförmiger Zwergmännlein: desgleichen auch mit einem Fist, den er streichen ließ, eine ebenso große Schar kleiner holziger Weiblein, wie ihr an mehren Orten seht, denn sie wachsen nimmer, außer nach unten, wie die Kühschwänz, oder auch in die Rund wie die Limousiner Rüben. – Wetter! rief Panurg, sind eure Fürz so fruchtbar? Nun seh mir eins dies Krebsenvolk von schmucken Mannsen! Die artigen Weibsfist! Man muss sie zusammen kopulieren, so gibts Kühfliegen. – Also tat Pantagruel und hieß sie Pygmäen und setzet' sie auf eine Insel unweit davon, wo sie seitdem sich stark vermehret; nur überziehen die Kraniche sie in einem fort mit Krieg; allein sie wehren sich tapfer, denn diese Männlein (in Schottland Striegelstiel geheißen) sind gar cholerischen Temperaments, wovon die physische Ursach ist, dass ihnen das Herz nicht weit vom Mist liegt.

Mittlerweile nahm Panurg zwei Gläser von einer Größe, die ihm zuhanden waren, schenkt' sie voll mit Wasser, so viel hinein wollt, und stellt' sie ein jedes auf einen Schemel, fünf Schuh weit auseinander; nahm darauf einen Lanzenschaft, fünf Schuh und einen halben lang, und legt' ihn auf die zwei Gläser so, dass die zwo Enden des Schaftes just auf den Rand der Gläser zu liegen kamen. Nach diesem nahm er einen dicken Pfahl und sprach zu Pantagruel und den andern: Jetzo, ihr Herren, merket auf, wie leicht wir über unsere Feinde triumphieren werden! Denn, wie ich dies Holz hier auf den Gläsern zerbrechen will, ohne dass ein Glas entzwei bricht noch zu Schaden kommt; ja, was noch mehr, ohne dass auch nur ein einziges Tröpflein herausfallen soll, werden wir unsern Dipsoden die Köpf zerschellen, ohne dass nur einem Mann von uns ein Leids geschäh, noch einen Schaden an seinem Zeug erlitte. Doch, dass ihr nicht meinet, es wär etwan ein Zauber dabei, so nehmet (so sprach er zum Eusthenes) hie diesen Pfahl und schlagt damit, so stark ihr könnt, hart in die Mitten. Eusthenes tat also, und der Schaft zerbrach quer in zwei Stücke, und nicht ein Tropfen Wassers fiel aus den Gläsern zur Erden. Darauf sprach er: Ich weiß euch wohl noch andre Schwänk, nur frisch los, und lasst uns wandern!

Achtundzwanzigstes Kapitel

Wie Pantagruel seltsamer Weis den Dipsoden und Riesen obsiegte

Nach allen diesen Gesprächen rief Pantagruel ihren Gefangenen, entließ ihn und sprach: Geh hin zu deinem König in sein Lager und sag ihm, was du gesehen hast; und er soll sich für morgen Mittag bereithalten, mich zu gastieren: denn augenblicklich, sobald nur meine Galeeren da sind (spätestens morgen in der Früh), werd ich mit achtzehnhunderttausend Kriegsvolk und siebentausend Riesen, sämtlich weit größer, als du mich hie siehest, ihm dartun, dass er unvernünftig und albern daran gehandelt hat, so mein Land zu überziehen. – Womit Pantagruel sich stellet', als ob er ein großes Heer zur See hätte.

Der Gefangene antwortete aber, dass er sich ihm als Sklave ergäb und zu seinen Leuten niemals wieder heimzukehren begehret', vielmehr mit dem Pantagruel wider sie streiten wollt, und möcht ers ihm nur gewähren, um Gottes Willen. Welches jedoch Pantagruel nicht zugab und ihn ungesäumt dahin gehn hieß, wohin er ihm befohlen hätt. Zugleich händigt' er ihm ein Schächtelchen voll Euphorbium und *Grana Coccodnidii*, in Branntwein zu Latwerge [breiförmige Arznei; Fruchtmus] gekocht, und hieß es ihm, seinem König zu bringen und sagen, falls er davon einer Unzen groß, ohne drauf zu trinken, essen könnt, dann möcht er ihm getrost Widerstand leisten. Hierauf flehet' ihn der Gefangene mit gefaltenen Händen an, dass er zur Stund des Treffens ihm wollt gnädig und barmherzig sein. Und Pantagruel sprach zu ihm:

Wenn du deinem König alles wirst angezeigt und gemeldet haben, dann sag ich nicht mit den Kuttengleisnern, hilf dir selbst, so wird Gott dir helfen, denn dies heißt im Gegenteil: hilf dir selbst, so wird der Teufel dir den Hals umdrehen; sondern ich sag dir: setz all dein Hoffen auf Gott, so wird *Er* dich nicht verlassen. Denn auch ich, obschon gewaltig, wie du sehn kannst, und obgleich ich ein unzählig Volk in Waffen hab, getröst mich doch gleichwohl nicht meiner Macht noch Geschicklichkeit, sondern mein ganz Vertrauen stehet auf Gott, meinen Schirm und Hort, welcher niemals verlässet die, die ihr Sinnen und Hoffen auf *Ihn* setzen. – Demnach ersucht' ihn der Gefangene, sein Lösegeld ihm fein billig zu machen. Darauf antwort' Pantagruel: sein Sach wär nicht, die Leut zu plündern, noch ihnen Lösung abzuplacken, sondern vielmehr sie reich zu machen und gänzlich frei. So geh, sprach er, im Frieden des lebendigen Gottes, und hüt dich allzeit vor böser Gesellschaft, dass dir nichts Übles widerfahre. – Nachdem er weg war, sprach Pantagruel zu den Übrigen: Kinder, ich hab dem Gefangenen zu verstehn gegeben, dass wir zur See ein Kriegsheer hätten, auch keinen Sturm vor morgen Mittag auf sie tun wollten, zu dem End, dass sie in Furcht vor dem vielen Volk, die Nacht mit Rüsten und Schanzen verbringen. Derweil ist meine Absicht aber, sie zur Stunde des ersten Schlafs zu überfallen.

Hier lassen wir jetzt Pantagruel samt seinen Jüngern und reden von dem König Anarchos und seinem Heer.

Als der Gefangene ankam, ging er sofort zum König und meldet' ihm wie ein großer Ries namens Pantagruel eingetroffen, der die sechshundertneunundfünfzig Ritter all erwürgt und grausam hätt braten lassen, und wie er allein entronnen wär, die Zeitung zu bringen; auch von des Riesen Auftrag hätt er ihm zu sagen, dass er ihm auf morgen Mittag einen Imbiss sollte rüsten, denn um diese Zeit gedächt er, bei ihm einztreffen.

Gab ihm darauf das Schächtelchen mit der Latwerge. Allein, kaum hatt er einen Löffel voll davon verschluckt, spürt' er im Schlund ein solches Brennen und Schwulst des Zapfens, dass ihm die Haut von der Zungen schwor, und half alles nichts, was man ihm auch für Mittel dawider eingeben mocht, nichts schafft ihm Lindrung, als zu saufen ohn Unterlass: denn sowie er den Becher vom Mund brachte, wollt ihm die Zung im Gaumen verbrennen. Derhalb man dann in einem fort ihm immer nur unablässig Wein durch einen Trichter in den Hals goss. Seine Hauptleut, Baschen und Leibtrabanten, als sie das sahen, kosteten auch die Arzenei, ob sie so dursterwecklich wär; es ging ihnen aber wie ihrem König, und fingen all' an so hitzig zu bechern, dass alsbald durchs ganze Lager das Gerücht lief von dem Gefangnen, der wieder da wär, und von der Schlacht, die morgen sein sollt, und wie der König nebst seinen Obersten und der Leibwache sich auch darauf schon präparierten, und zwar mit Saufen, was ihnen nur zu Hälsen wollt. Da legt sich dann desgleichen jeder im Heer aufs Martinieren [martiner; Saufen wie am Sankt Martinstag], Schöppeln und Zechen: Summa, sie tranken so oft und hundsoft, bis sie sternhagelvoll, ganz schlaftrunken, wie die Schwein im Lager ohn Ordnung übereinander fielen.

Jetzo kommen wir aber wieder zum guten Pantagruel und melden, wie er in diesem Strauß sich hielt. Beim Abzug von dem Ort, wo das Trophäum stund, nahm er den Mastbaum von ihrem Schiff statt Pilgersteckens in seine Hand, packt' in den Mastkorb zweihundertsiebenunddreißig Stückfass weißen Weins von Anjou, auch ein Teil von Rouen, lud das Boot ganz voller Salz und hings so leicht an seinen Gurt wie die Landsknechtsweiber ihre Körblein zu tragen pflegen. Also macht' er mit seinen Gesellen sich auf den Weg, und als er nicht weit mehr vom Lager der Feind war, rief Panurg ihn an und sprach: Gestrenger Herr, wollt ihr ein gutes Werk tun? Lasst doch diesen Weißwein von Anjou aus euerm Mastkorb runter, so wollen wir hier saufen *a la Bretesca* [bretonisch].

Dessen gewährt ihm Pantagruel gern, und sie räumten die zweihundertsiebenunddreißig Stückfass so gründlich auf, dass keine Tröpflein überblieben, bis auf die in einem Fläschchen aus gummiertem Leder von Tours, das Panurg für sich füllt' (er nannt' es sein *Vademecum*), und leidigen Trusen [Bodensatz; Rückstände], für Essig. Nachdem sie nun des Zickelzielens weidlich gepflogen, gab Panurg dem Pantagruel ein Teufelsmedikament zu essen, bestehend aus Lithontripon, Nephrokatartikon, Kanthariden in Quittenmarmelad und andern diuretischen [harntreibenden] Spezialien. Nach diesem sprach Pantagruel zum Karpalim: Geh in die Stadt, klimm auf die Mauer wie ein Ratz, denn du verstehst dich wohl darauf, und sag dem Volk drin dass sie itzund auf der Stell mit aller Macht einen Ausfall auf den Feind tun sollen. Wenn du's gesagt hast, spring zurück, nimm eine brennende Fackel und steck mir alle Zelte und Baracken im Lager in Brand, dann schrei, so laut du kannst, mit deiner starken Stimm (denn sie ist schrecklicher als die des Stentor, die man durch allen Waffenlärm des Trojanischen Kriegs vernehmen konnt) und renn aus dem Lager. – Wär auch wohl gut, frug Karpalim, ihr ganz Geschütz zu vernageln? – Nicht doch, nicht doch, sprach Pantagruel, aber zünd ihr Pulver an. – Alsbald dazu bereit, schoss Karpalim fort und tat, wie ihm Pantagruel geboten. Und alles wehrhafte Volk in der Stadt, soviel drin war, machte den Ausfall: er aber, nachdem er Feuer in die Zelte und Baracken geworfen, rannte flink davon, und sie merkten gar nichts, so fest schliefen und schnarchten sie. Und jetzt kam er dorthin, wo das Geschütz stund, und steckt' die Munition an: es ging ihm nah am Hals vorbei, denn das Feuer war so jählings, dass es den armen Karpalim um ein Haar mitversehrt hätt; und wär er nicht so erstaunlich wendig, wär er wie ein Ferkel geröstet worden. Und er griff so haarscharf aus, dass ihn kein Armbrustbolzen erreicht hatt.

Als er nun aus den Transcheen [Schützengräben] war, schrie er so mörderisch, als wären alle Teufel der Hölle los, und von dem Schrei erwacht' der Feind. Aber wisst ihr auch wie? So hasendämlich wie früh ums erste Mettenläuten, welches man um Luçon die Sackkraul nennt.

Mittlerweil fing Pantagruel an, das Salz, das er in seinem Boot hatt, auszusäen, und weil im Schlaf ihnen die Mäuler weit offen stunden, versalzt' er ihnen die Häls bis oben herauf: da keisterten [keuchten, heiser, mit schwerem Atem] die armen Wicht wie die Füchs und schrien: Ach Pantagruel! Pantagruel! machst du uns die Dursthöll so heiß? Und plötzlich kam Pantagruelen das Brunzen an, auf die Medizin, die ihm Panurg gegeben hatt, und brunzt' in ihr Lager so überschwänglich, dass er sie alle zusammenschwemmt', und auf neun Meilen in die Rund eine eigenartige Sündflut ward; und die Geschichte sagt: wenn auch noch seines Vaters große Mähr dort mitgewesen wär und mitgebrunzt' hätt, so wär es eine enormere Sündflut als zu Deukalions Zeiten geworden; denn sie brunzte niemals, dass es nicht jedes Mal einen größeren Strom als Rhône und Donau gegeben hätte. Als die aus der Stadt gefallne Besatzung dessen inneward, sprachen sie: Schaut man hat all' elend erschlagen, da läuft das Blut! Es trog sie aber, denn sie hielten Pantagruels Harn für Feindesblut, weil sie nicht weit sehen konnten nur beim Schein brennender Zelte und etwas Mondlicht. Nachdem die Feinde, nun munter, ihr Lager in Flammen und das Diluvium und Harnmeer sahen, wussten sie weder was sie raten noch denken sollten. Etliche meinten, dass der Welt Ende und jüngstes Gericht, welches durch Feuer vollzogen werden soll, erschienen wär; die andern glaubten, des Meeres Götter verfolgten sie, Neptunus, Proteus, die Tritonen und ihresgleichen, zumal das Wasser in Wahrheit einen fast scharfen Schmack wie Seesalz hätt. – O wer wird itzo erzählen können, wie Pantagruel mit den dreihundert Riesen turniert'? O meine Musa! Meine Thalia! Meine Kalliope! Gib mirs ein, zu dieser Frist! Nun restaurier mir die Lebensgeister! Hier ist der Hoppass [Sprung, Satz], hier ist der Logik Ochsenberg, hier ist die große Schwierigkeit, den schauderhaften Mordkampf zu schildern, der nun geschah. Jetzt stünd mein Sinn nach einem

Pokal vom besten Wein, der je die Lippen derer genetzet, die diese veritable Geschichte einst lesen und betrachten werden.

Neunundzwanzigstes Kapitel

Wie Pantagruel die dreihundert Riesen in Werksteinrüstung, nebst Werwolf, ihrem Hauptmann, erschug

Als nun die Riesen ihr ganzes Lager ersoffen sahen, trugen sie ihren König Anarchos, so gut sie konnten, auf ihren Schultern aus dem Verhau, gleichwie Äneas seinen Vater Anchises weiland aus der Trojanischen Feuersbrunst. Kaum sah es Panurg, sprach er zu Pantagruel: Schauet, Herr, da ziehn die Riesen! nun schlagt mal drunter mit eurem Mastbaum ritterlich, nach der alten Parad': denn nun ist's Zeit, sich wacker zu zeigen. Wir für unsern Teil wolln euch auch nicht im Stiche lassen. Was gilts, ich büchs euch ihrer viel. Warum nicht? Erschlug nicht David den Goliath leicht? und ich, der ich zwölf solche Kerle wie David schlüg (denn seinerzeit war er doch nur ein armer kleiner Hosenkacker), sollt ich ihrer nicht gut und gern ein Dutzend kuranzen? Und dann noch hier der große Ziemer Eusthenes, stark, wie vier Ochsen, wird auch nicht faul sein. Nur Herz gefasst und drein geschlagen auf Hieb und Stoß! – Ei, sprach Pantagruel, was Herz? Herz hab ich für mehr denn fünfzig Franken. Aber mit zween auf einmal hats Herkules selbst wohl bleiben lassen. – Damit scheißt ihr mir, sprach Panurg, recht auf die Nas. Wie? Ihr vergleicht euch mit dem Herkules? und habt doch bei Gott mehr Stärk in den Zähnen und mehr Verstand im Arß als Herkules nimmermehr in Leib und Seel zusammengenommen. Ein Mann ist wert, wofür er sich hält.

Während sie noch so sprachen, siehe! da kam Werwolf mit all seinen Riesen herbei, und als er sah wie Pantagruel so allein war, ward er ganz übermütig und tolldreist, denn er hofft' das arme Männlein stracks zu erlegen. Sprach also zu seinen Gesellen den Riesen: Holla! ihr Hurensöhn vom platten Land! wo einer von euch mit diesem da sich anzubinden unterfängt, seid ihr beim Mahom [Mahomet; Mohammed, Muhammad]! des blassen Todes. Lasst mich's allein bestehen; ich will es, und unterdessen mögt ihr euch daran ergötzen uns zuzuschauen. Flugs retirierten alle Riesen nebst ihrem König auf die Seit, wo die Flaschen stunden, und mit ihnen Panurg und seine Gesellen, welcher sich anstellt', wie wenn er erst vor kurzem des fränkischen Grindes genesen wär; denn er verdrehet' den Hals und zog die Finger ein und sprach zu ihnen mit heiserer Stimme: Kam'raden, Kott verfluck mir, wenn wir Kriegsleut sind! Wir schlagen uns nit. Gebt uns bei euch zu essen hier, derweil unsre Herren sich das Leder gerben. – Des waren der König und die Riesen auch wohl zufrieden und ließen sie bankettieren mit ihnen.

Mittlerweil erzählet' ihnen Panurg die Fabeln des Turpin, die Tugendexempel des heiligen Niklas und das Märlein vom Klapperstorch. Sofort griff Werwolf Pantagruelen mit einer massiven stählernen Keul an, von Chalyber Stahl, neuntausendsiebenhundert Zentner und zween Viertelpfund schwer, zu unterst mit dreizehn Demantspitzen beschlagen, deren kleinst so dick wie die größte Glock auf Notre-Dame zu Paris war (wenn auch etwa eine Nagelbreit daran gefehlt hatt, oder höchstens, dass ich nit lüg, ein Messerrücken von den Kneifern, die man Ohrenzwicker heißet; ein wenig ab oder zu, was tuts?), und war gefeiet dergestalt, dass sie niemals entzwei konnt brechen, sondern vielmehr, was er damit nur anrührt', brach stracks kurz und klein. Jetzt also wie er großen Trutzes daher schritt, schlug Pantagruel seine Augen gen Himmel auf, befahl sich Gott aus ehrlichem Herzen und tät ihm das Gelübd wie folget: Herrgott, der *Du* zu allen Zeiten mein Schirm und Beistand gewesen bist, *Du* siehest die Not, darin ich jetzt bin. Nichts führt mich her, als natürlicher Eifer, wie *Du* den Menschen gewähret hast, sich selbst zu wehren und zu beschützen ihr Weib und ihr Kind, Land und Genossen, wo es nicht *Deiner* eignen Sach gilt, nämlich dem Glauben; denn hierin willst *Du* keinen Helfer, als deines Wortes katholische Diener, und hast uns all Wehr und Waffen verboten: denn *Du* bist der Allmächtige, der *Du* in *Deinem* eignen Streit, und wo *Dein* eigen Recht geführt wird, *Dich* selbst weit mehr, als wir verstehen, beschützen kannst. Denn hast *Du* nicht abermillionenmaltausend Legionen Engel, deren kleinster alle Menschen verderben und Himmel und Erden umdrehn möcht nach seinem Gefallen, wie vordem an Sanheribs Heer ersehen ward? Darum, so *Du*, auf welchen ich mein einzig Vertrauen und Hoffnung setz, zu dieser Frist nach *Deiner* Gnaden mir beistehn möchtest, tu ich *Dir* dieses Angelöbnis: dass auch ich, so hier in diesem Land Utopien aller Orten, als anderwärts, wo ich Gewalt oder Ansehn hab, *Dein* heilig Evangelium schlecht, recht, einfältig und unverkürzt will predigen lassen; also dass der Unfug derer Wahnpropheten und Paplerschwärm, die alle Welt mit Menschensatzung und falschen Bräuchen vergiftet haben, aus meinem Reich vertilgt sein soll.

Hierauf erscholl vom Himmel eine Stimm und sprach: *Hoc fac et vinces!* will sagen: Tu es, und du wirst siegen. – Jetzt, wie Pantagruel den Werwolf mit offenem Schlund anrennen sah, ging er ihm kühn entgegen und schrie, so laut er konnt: Stirb, Unhold! stirb! ihm durch sein mörderlich Geschrei, Furcht einzujagen, nach dem Kriegsbrauch der Lakedämonier. Darauf warf er ihm über achtzehn Tönnel und einen Stein Salz aus seinem Boot, das er am Gurt trug, zu, und verschüttet ihm damit den ganzen Mund, Schlund, Gaum und Gurgel, Nas und Augen, worüber Werwolf schwer ergrimmt, ihm mit der Keul einen Streich aufs Haupt zielt' und ihm das Hirn zerschellen wollte. Aber Pantagruel war behänd und allzeit wohl mit Tritt und Blick auf seiner Hut; wich also mit dem linken Fuß einen Schritt zurück, doch konnt ers nicht so hurtig fügen, dass nicht der Streich das Boot erreicht hätt; so davon in viertausendsechsundachtzig kleine Splitter zersprang, und das Salz, das noch drin war, zur Erden schüttet'. Pantagruel, als er dies sah, tat flink die Arme weit auseinander und gab ihm mit dem dicken Mastend, nach der Kunst des Kolbenschlags, einen Stoß auf die linke Brustwarz, führt' den Streich dann hiebweis links und traf ihn zwischen Hals und Kragen; setzt' darauf den rechten Fuß vor und gab ihm mit dem Schwungend des Mastbaums einen Stich auf die Geilen, davon der Mastkorb brach und drei bis vier Ohm Wein vergoss, so darin überblieben waren, dass Werwolf dacht, er hätt ihm die Blas entzwei geschlitzt, und der Wein der auslief, das wär sein Harn.

Damit noch nicht zufrieden, wollt ihm Pantagruel von neuem aufs Brunzerl einen frischen ziehn. Aber Werwolf mit hocherhabener Keul schritt ihm zu Leib und wollt mit aller Macht den Pantagruel darniederbläuen. Holt' auch so risch [rasch] aus, dass, wenn Gott den guten Pantagruel nicht beschützt hätt, er von der Scheitel des Hauptes bis zur Milzwurzel wär zerspalten worden. Doch durch des Pantagruel jähe Schnelligkeit glitt der Streich rechts ab, und fuhr die Keul über dreiundsiebzig Schuh tief ins Erdreich mitten durch einen starken Felsen, dass das Feuer über neuntausendsechs Schiffstonnen dick daraus hervorsprang. Wie nun Pantagruel sah, dass er sich damit aufhielt, seine Keul aus dem Gestein und Erdreich wieder herauszuziehen, rannt er auf ihn zu und wollt ihm das Haupt glatt abhaun; aber zum Pech traf er mit seinem Mastbaum ein wenig an den Schaft der Keul des Werwolf, die, wie gesagt, gefeiet war: davon ihm dann der Mast drei Finger über der Faust morsch abbrach. Da erschrak er mehr als ein Glockengießer und schrie laut auf: Hoho Panurg! Panurg! wo bist du? – Als es Panurg hört', sprach er zu dem König und den Riesen: bei Gott, sie werden sich ein Leides tun, wenn keiner sich drein legt. – Aber die Riesen waren vergnügt wie die Hochzeitbitter. Jetzt sprang Karpalim auf und wollt seinem Herrn helfen, aber ein Ries ermahnet' ihn; beim Golfarin, des Mahoms Neffen! Wenn du dich rührest, steck ich dich in meinen Hosenboden statt Stuhlzäpflein; ich bin ohnhin fast harten Leibs und kann nicht scheißen, wenn ich die Zähn nicht zusammenbeiß.

Demnach jetzt wehrlos, nahm Pantagruel seinen Maststumpf wieder zur Hand und drosch damit rick rack, wie's fiel, auf den Riesen ein: es rührt' ihn aber so wenig wie ein Nasenstüber den Schmiedamboss. Derweil zog Werwolf seine Keul aus der Erd' und hätt sie schon draußen und putzt' sie rein, zum Hieb auf den Pantagruel, der flink sich drehet' und allen Streichen auswich, bis einmal, als er sah, wie Werwolf ihm droht' und rief: Itzunder, Bösewicht! hack ich dich zu Pastetenfleisch; du sollt mir in deinem Leben nicht die armen Leute mehr durstig machen! – da gab ihm Pantagruel mit dem Fuß einen so schweren Tritt vor den Bauch, dass er der Läng lang hinfiel und die Bein gen Himmel streckte. So schleift' er ihn über einen Bogenschuss weit schindärschlings an der Erden hin, und Werwolf schrie in einem fort: O Mahom! Mahom! Mahom! Mahom! wobei ihm das Blut aus dem Schnabel schoss, dass auf dies Schreien alle Riesen sich erhuben, ihm beizustehen. Aber Panurg sprach: Bleibt davon ihr lieben Herrn, folgt mir! denn unser Herr ist toll, er haut der kreuz und quer und sieht nicht, wo er zuschlägt, er wird euch unsanft empfangen. Die Riesen achteten aber nicht drauf, weil sie ihn ohne Waffen sahen. Wie sie Pantagruel kommen sah, packt er den Werwolf an beiden Beinen, hielt seinen Leib steif in die Luft statt einer Piken und stieß mit ihm, dem ambossgepflasterten, unter die werksteingewappneten Riesen so rüstig drein, dass sie, wie unter des Maurers Hammer die Ziegelscheiben, zermürselt [Mürselstein, steinerner Mörser] wurden, und keiner vor ihm Stich halten konnt, den er nicht niedergedroschen hätte. Und von dem Zerkrachen der steinernen Panzer entstund ein so furchtbares Getös, dass mir der große Butterturm zu Saint-Étienne in Bourges dabei einfiel, wie er einst an der Sonne zerschmolz. Panurg indessen, nebst Karpalim und Eusthenes erschlugen vollends die an der Erd zerstreuet lagen. Zieht nur das Fazit, dass auch nicht ein Mann davon kam, und wie ein Schnitter war Pantagruel anzuschauen, welcher mit seiner Sens (dem Werwolf) das Gras auf dem Anger (die Riesen) mähet. Aber Werwolf verlor den Kopf in dem Scharmützel: dies geschah als Pantagruel einen mit ihm, namens Worstmüffel, niederbläuet', welcher von Kopf bis Fuß in Grauwack geharnischt ging, davon auch ein Splitter dem Epistemon die Kehl quer durchschnitt; denn außerdem waren sie meistenteils nur leicht gewappnet, teils in Tuff- teils Schieferstein. Zu guter Letzt, als er sie all erschlagen sah, warf er mit aller Macht des Werwolfs Leichnam gegen die Stadt; da fiel er euch mitten auf den Ring, platt wie ein Frosch, hin auf den Bauch und erschlug im Fallen einen begossenen Hund, eine Märzkatz, eine Kirchmaus und einen Schnapphahn.

Dreißigstes Kapitel

Wie der verkurzköpfte Epistemon geschickt von Panurgen kurieret ward, nebst Nachricht von den Verdammten und Teufeln

Nach so vollbrachtem Gigantensturm zog sich Pantagruel an den Ort, wo die Flaschen stunden zurück und rief Panurgen und die Übrigen die sich auch sämtlich frisch und gesund einfanden, bis auf Eusthenes, dem einer der Riesen, als er ihn abfing, ein wenig das Gesicht zerkrallt hatte, und Epistemon, der gar vermisst ward. Darob sich Pantagruel so betrübt', dass er sich selbst entleiben wollte. Aber Panurg sprach zu ihm: Nicht doch, gnädigster Herr! wartet nur noch ein klein wenig, so wolln wir ihn suchen unter den Toten und alsbald sehn, wie's mit ihm stehet.

Und wie sie nun so nach ihm suchten, fanden sie ihn stocksteif dort liegen, und seinen Kopf hielt er ganz blutig zwischen den Armen. Da schrie Eusthenes laut: Ha, Tod, du arger Tod! so raubst du uns den vollkommensten Menschen? Auf diese Wort erhub sich Pantagruel so voll Grams, als man nur je einen Menschen gesehn hat, und sprach zu Panurgen: Ha, mein Freund, die Prophezeiung eurer Gläser und Lanzenschaftes ist nur allzu betrügerisch gewesen! – Panurg aber sprach: Nur ruhig, Kinder! weinet nicht, auch nicht ein Tröpflein. Er ist noch ganz warm, ich mach ihn euch wieder so heil wie zuvor. Damit nahm er den Kopf und hielt ihn dicht gegen seinen Hosenlatz, damit er sich nicht in der Luft verkühlte. Eusthenes aber und Karpalim trugen den Leichnam an den Ort, wo sie zuvor gebechert hatten, nicht in der Hoffnung, ihn jemals wieder aufzuwecken, sondern dass ihn Pantagruel nur sehen sollte. Aber Panurg vertröstet' sie in einem fort und sprach: Wo ich ihn nicht kurier, will ich meinen eignen Kopf verliern (so wetten aber die Narren!); lasst dies Jammern und helft mir.

Darauf wusch er den Hals rein ab mit gutem weißen Wein, dann den Kopf desgleichen und sinapistet' [sinapi(s); Senf] ein metaschissmerdisches Pulver darüber, das er in einem Beutel stets bei sich trug, bestrich es dann, ich weiß selbst nicht mehr, mit was für Salb und fügt' beides genau aufeinander, Ader auf Ader, Nerv auf Nerv, Wirbel auf Wirbel, dass er nicht etwa ein Kopfhänger würd (denn solche Leut hasst' er auf den Tod), verheftet's ihm darauf noch rings mit fünfzehn bis sechzehn Nadelstichen, dass er nicht wieder vom Rumpfe fiel, und legt' ein wenig Pflaster drum, nannt es sein Auferstehungspflaster.

Alsbald fing Epistemon an zu atmen, dann schlug er die Augen auf, dann gähnt' er, dann niest' er, endlich ließ er einen gewaltigen Hausmannsfurz. Jetzt, sprach Panurg, ist er gewisslich hergestellt! und gab ihm ein Glas voll weißen leidigen Bauernkrätzers zu trinken, nebst einem gezuckerten Rostschnitt. Solchergestalt ward Epistemon geschickt kuriert; nur blieb er über drei Wochen lang heiser darnach und behielt einen trockenen Husten, dem er sich nicht erwehren konnt, außer mit Trinken. Und fing nun an zu diskurrieren, erzählt' ihnen, wie er die Teufel gesehen hätt, auch mit dem Luzifer ganz vertraulich Zwiesprach gepflogen und in der Höll und in den Elysäischen Feldern ein kreuzgut Leben geführet hätt. Und gab den Teufeln vor allen Leuten das Zeugnis, es wären gute Gesellen. Und was die Verdammten anbeträf, meint' er, es wär ihm fast leid gewesen, dass ihn Panurg so bald erweckt hätt; denn, sprach er: die zu betrachten, fand ich ein sonderlich Wohlgefallen. – Wieso denn? frug Pantagruel. – Man hält sie, antwort' Epistemon, gar nicht so schlimm, als ihr wohl glaubt, aber ihr Stand ist wunderseltsam verändert. So sah ich Alexander den Großen, der flickt' alte Hosen und verdient damit sein elend Brot.

Xerxes schrie Senf aus.
Romulus war Salzsieder.
Numa, Nagelschmidt.
Tarquin, Harlekin.
Piso, Post-Voigt.
Sylla, Fährmann.
Cyrus war Kühhirt.
Themistokles, Glaser.
Epaminondas, Spiegelgießer.
Brutus und Cassius, Feldmesser.
Demosthenes, Winzer.
Cicero, Brandschürer.
Fabius, Flöhhüter.
Artaxerxes, Seiler.
Äneas, Müller.
Achilles, Grindkopf.
Agamemnon, Tellerlecker.
Ulysses, Schnitter.
Nestor, Schnapphahn.
Darius, Privet-Feger.

Ancus Martius, Pechsalber.
Camillus, Schlarrenpletzer.
Marcellus, Bohnenschäler.
Drusus, Trinkaus.
Scipio Africanus tutet' auf einem Holzschuh: Hefen, wer kauft!
Hasdrubal war Laternenputzer.
Hannibal, Kachler.
Priamus handelt' mit alten Fähnlein.
Lanzelot vom See zog tote Karrengäul ab.

Sämtliche Ritter der Tafelrunde waren armselige Tagelöhner, schwitzen am Ruder und fahren über, wenn sich die Herren Teufel einmal auf dem Cocytus, Phlegethon, Styx, Lethe, oder Acheron, ein Wasservergnügen machen wollen, just wie die Fährleute in Lyon und die Gondelierer zu Venedig; verdienen aber hinüber und 'rüber nicht mehr als einen Nasenstüber, und abends ein Stück schwarz Kleienbrot.

Auch die zwölf Pair von Frankreich sind da, hab aber nicht g'sehen, dass sie was täten: ihr ganz Gewerb davon sie leben ist, dass sie sich große Backenstreich, Horbeln [Schläge, Stöße; Maulschellen], Rettich und schwere Faustpüff gutwillig in die Zähn geben lassen.

Trajan war Froschfischer.
Antonin, Lakai.
Commodus, Stadtpfeifer.
Pertinax, Nussschwinger.
Lukullus, Vogelschellner.
Justinianus, Spielsachkrämer.
Hektor war Brühschlecker.
Paris, ein armer Lotterbub.
Achilles, Heubinder.
Kambyses, Maultiertreiber.
Nero war Leiermann, Fierabras sein Famulus; aber er tät ihm tausend Kreuz an, gab ihm Schwarzbrot zu essen und sauern Wein zu trinken; er selber aß und trank vom Besten.
Julius Cäsar und Pompejus waren Schiffspicher.
Valentin und Orson täten Dienst in den höllischen Badstuben und waren Butzenkratzer.
Ziliant und Gauvain waren arme Sauhirten.
Gottfried vom großen Zahn war Zundelmann.
Gottfried von Bouillon, Kuttenschneider.
Balduin, Messner.
Don Pedro von Kastilien, Bettelbriefträger.
Morgan, Bierbrauer.
Hüon von Bordeaux war Fassbinder.
Pyrrhus, Küchenbrödel.
Antiochus, Schlotfeger.
Romulus, Nagelschuhflicker.
Octavianus, Papierkratzer.
Nerva, Rußpartel.
Papst Julius schrie Pastetlein aus, aber seinen großen Bukerbart trug er nicht mehr.
Johann von Paris war Stiefelschmierer.
Artus von Bretagnien wusch alte Mützen aus.
Perceforest trug eine Huck, ich weiß nicht, ob er Reisholz feil hätt.

Papst Bonifazius der Achte war Topfabschäumer.
Papst Niklas der Dritte war bei der Glashütt.
Papst Alexander war Ratzenfänger.
Papst Sixtus schmiert' die Venerischen ein.

Wie? frug Pantagruel, hats auch dort unten venerische Leut? – Ei wohl, antwortete Epistemon, ich hab ihrer nirgend so viel gesehn, sind über hundert Millionen allda. Denn glaubt nur, wer in dieser Welt das fränkische Übel nicht gehabt hat, kriegts in der andern. – Wetter! fiel ihm Panurg ins Wort, so bin ich quitt. Denn da bin ich hinein spaziert bis an das Loch von Gilbatar und hab des Herkuls Sparren vertreten, ja von den reifsten mir abgepflückt. –

Oger der Dän war Kürissputzer.
Der König Tigranes, Ziegeldecker.
Galienus Restauratus, Maulwurfsgräber.
Die vier Haimonskinder, Zahnbrecher.
Der Papst Calixtus, Müffbader.
Papst Urban, Speckschnäppel.
Melusin war Küchenstrunz.
Matabrun', Waschweib.
Kleopatra, Zwiebelhökerin.
Helena, Mägdemäklerin.
Semiramis, Bettlerlauserin.
Dido ging mit Pilzen hausieren.
Penthesilea war Kressnerin.
Lukretia, Spittelmeisterin.
Hortensia, Wollenspinnerin.
Livia, Grünspanschraperin.

Solchergestalt erwarben die, die auf Erden große Herren gewesen, dort unten ihr elend und kümmerlich Brot: und im Gegenteil die Philosophen und die auf Erden Hunger gelitten, waren dort wiederum große Herren. Ich sah den Diogenes prächtig im weiten Purpurmantel mit einem Szepter in seiner Rechten, wie einen Prälaten einherstolzieren, dass Alexander der Große Blut hätt schwitzen mögen, wenn er ihm seine Hosen nicht aufs Best geflickt hätt, denn er zählt' ihm dann die Stockschläg faustdick auf. Epikteten sah ich in einer schönen Lauben galant *a la Françoyse* geputzt, mit einem Haufen schmucker Dirnlein sich tummeln, zechen, tanzen, schmausen; in alle Weg gings lustig her, und Sonnentaler neben ihm die Hüll und Füll; wie auch sein Wahlspruch oben über dem Rebengitter in diesen Reimen zu lesen stund:

Springen, Tanzen, Saus und Braus
Beim roten und beim weißen Wein,
Und gespielt Jahr ein Jahr aus
Mit blanken Sonnentälerlein.

Wie er mich sah, lud er mich höflich mit ihm zu trinken ein; das tät ich ganz gern, da schöppelten wir zusammen theologaliter. Mittlerweil kam Cyrus und bat ihn um einen Heller, um Mercurii Willen, weil er sich zum Abendbrot ein Paar Zwiebeln kaufen wollte. Nix, nix da, sprach Epiktet, ich spiel's nicht mit Hellern; da ist ein Taler, Schelm, sei ehrlich! Cyrus war heilfroh, dass er diesmal einen so guten Fang getan hätt, aber das andre Diebsgelichter von Königen da drunten, als Darius, Alexander et cetera, mausten's ihm wieder über Nacht.

Ich sah den Pathelin (er war des Rhadamanthus Säckelmeister), wie er um kleine Pastetlein feilscht', die Papst Julius ausschrie, und frug ihn: Wie teuer das Dutzend? Drei Blanke, sprach der Papst. Drei Schmachtieb, antwort' Pathelin, gib her, Schurk, immer her damit, lauf und schaff andre. – Der arme Papst lief heulend fort zu seinem Herrn, dem Pastetenbäcker, und zeigt's ihm an, man hätte ihm seine Pasteten genommen. Da drosch ihm der Bäcker das Fell mit dem Kantschuh dergestalt, dass man schwerlich hätt Dudelsäck draus machen mögen.

Ich sah den Herrn Jean Le Maire, der spielet' Papst; da mussten ihm all diese armen König und Päpst von dieser Welt, den Pantoffel küssen, er aber spreizt' sich groß und breit, gab ihnen seinen Segen und schrie: Kauft Ablass, ihr Lumpen, kauft! ist nicht teuer; ich absolvier euch von Mehl und Brot, und dispensier euch Zeit eures Lebens nichts wert zu sein. Damit rief er dem Triboulet und Cailette und sprach zu ihnen: Ihr meine Herren Kardinäl, stellt ihnen ihre Bullen aus, dem Mann einen Pfahlstoß in die Nieren! Wie auch alsbald vollzogen ward.

Meister Franz Villon sah ich da, der frug den Xerxes, wie hoch der Pfennigwert Mostrich zu stehn käm. Einen Pfennig, antwortet' Xerxes. – Ei, dass dich doch Gotts Marter schänd, du Schelm, sprach Villon, das Blankenmaß gilt nicht mehr als ein Büsel [kleines Geldstück]: willst du uns hie den Markt verderben? Da brunzt er ihm in seinen Krug, wie die Mostertschenken zu Paris tun.

Ich sah den Freischütz von Baignolet, der war Großketzerinquisitor. Er ertappt' den Perceforest, wie er an eine Mauer harnt', daran das Sankt Tönigsfeuer gemalt stund: erklärt' ihn stracks zu einem Ketzer und hätt ihn lebendig braten lassen, wenn Morgan nicht dazugetan und ihm für sein Proficiat [Wohl bekomms! Es möge nützen!] und andre kleine Nebengefälligkeiten neun Kannen Bier verehret hätte.

Wohl, sprach Pantagruel, itzo spar uns diese artigen Märlein auf ein andermal und erzähl uns nur noch, wie man die Wucherer dort hält? – Ich sah sie, antwortete Epistemon, eifrig bemüht aus den Straßengossen die rostigen Nadeln und alten Nägel herauszulesen, wie ihr auch in dieser Welt die Tagdieb tun seht. Aber ein Zentner von diesem Krimskrams gilt nicht mehr als ein Puff Brot, und ist auch nur schlechter Vertrieb damit, so dass diese armen Tropfen zuweilen über drei Wochen lang weder zu brocken noch beißen haben; arbeiten aber doch Tag und Nacht in Hoffnung auf den nächsten Markt und sind so verwünscht erpicht darauf, dass sie an Plag und Arbeit nicht denken, wenn sie am Ende des Jahres nur einen lumpigen Heller damit verdienen.

Auf! sprach Pantagruel, lasst uns nun einen Bissen gute Küch versuchen, und trinkt eins, Kinder, ich bitt euch drum; ist diesen ganzen Monat gut trinken! – Da zog man die Flaschen vom Leder stoßweis, und ward vom Mundvorrat des Lagers ein stattlich Traktament [Behandlung; Verpflegung, Bewirtung] gehalten. Nur aber konnt dabei der arme König Anarchos nimmer fröhlich sein. Da frug Panurg: Was für ein Handwerk wolln wir hier unsern Herrn König lehren? damit, wenn er zu seiner Zeit dort unten zu allen Teufeln kommt, er schon der Kunst erfahren sei? – Führwahr, das hast du wohl erwogen, versetzt' Pantagruel, tue nun mit ihm nach deinem Wohlgefallen, ich schenk ihn dir. – Ei, großen Dank, Herr! sprach Panurg, die Gab ist traun nicht zu verachten, ich nehm's zum Schönsten von Euch an.

Einunddreißigstes Kapitel

Wie Pantagruel in die Amaurotenhauptstadt seinen Einzug hielt, und wie Panurg den König Anarchos verheiratete und ihn zum Grünsuppenausrufer machte

Nach diesem wunderwürdigen Siege ließ Pantagruel in der Hauptstadt der Amauroten durch Karpalim ausrufen und zu wissen tun, wie König Anarchos gefangen wär, und alle Feind aufs Haupt geschlagen. Auf welche Zeitung alsobald sämtliche Einwohner der Stadt in Reih und Glied und fröhlich wie die Götter ihm entgegenzogen und ihn mit stolzem Triumphgepräng in ihre Stadt geleiteten. Da brannten lustige Freudenfeuer rings in der Stadt umher, die Gassen prangten voll edler Tafelrunden mit Speis und Trank vollauf beschwert. Es war eine rechte Wiedererweckung der Zeiten Saturni, so hoch gings her.

Aber in voller Ratsversammlung sprach Pantagruel: Ihr Herren, man soll das Eisen schmieden solang's warm ist; derhalb auch ich, eh wir uns hie noch fester fressen, beschlossen hab, das ganze Dipsodische Königreich mit Sturm zu erobern: also, wer mit mir kommen will, der sei bereit morgen nach dem Frühtrunk; denn um die Zeit werd ich ausziehn. Nicht, dass ich nicht Volks mehr als zuviel hätt, sie zu bezwingen, denn es ist bereits so gut, als hätt ich sie: sondern ich seh, die Stadt hie steckt so voller Leut, dass sie sich schier in den Gassen nicht mehr umdrehn können; also will ich sie nach Dipsodien als eine Kolonie führen und ihnen das ganze Land geben, welches vor allen Ländern der Welt schön, heilsam, fruchtbar und lieblich ist, wie vielen von euch wohl bekannt, die vormals dort gewesen. Wem also nun sein Sinn dahin steht, der halte sich bereit, wie gesagt. – Sofort ward dieser Beschluss und Vorsatz ruchbar in der Stadt: da fanden sich am andern Morgen beim Rathaus auf dem Markt an achtzehnhundertsechsundfünfzigtausendundelf Seelen ein, ohn die Weib und kleinen Kinder: die machten sich flugs nach Dipsodien auf den Weg und zwar in einer so guten Ordnung, dass sie den Kindern Israels glichen, wie sie einst aus Ägyptenland, dem roten Meer entgegenzogen.

Eh ich aber von diesen Fahrten jetzt weiter berichte, will ich euch melden, wie Panurg seinen Kriegsgefangenen, den König Anarch, hielt. Ihm fiel ein, was Epistemon von den Reichen und Königen dieser Welt erzählt, wie man sie hielt im Elysium, und wie sie nun ihr täglich Brot mit schlechter und schmuziger Arbeit gewännen.

Darum zog er dann eines Tags seinem Herrn König ein artigs Wämslein von Leinwand an, ganz ausgeschlitzt wie eine albanische Flügelhaube, und schöne weite Schifferhosen, ohne Schuh (denn meint' er, die würden ihm nur die Augen blenden): setzt' ihm dann ein klein blaugrün Barettlein auf, mit einer großen Kapphahnfeder – aber ich irr, denn ich besinn mich, es waren ihrer zwei – und schnallt' ihm einen stattlichen Leibgurt um, halb gehl [gelb] halb weiß; denn diese Livrei [Livree], sagt' er, schickt sich ganz gut für ihn, weil er ein Nasweis und ein Gehlschnabel gewesen ist. In diesem Aufzug führt' er ihn zum Pantagruel und sprach zu ihm: Gestrenger Herr, kennt ihr wohl diesen Stoffel? – Nein, fürwahr nicht, sagt Pantagruel. – Es ist unser Herr Dreiweckenkönig. Ich will einen wohlgesitteten Menschen aus ihm machen. Die Teufelskönig hierzulande sind eitel Kälber, zu nichts nutz und wissen nichts weiter, als ihre armen Vasallen zu schinden und alle Welt mit Krieg zu plagen nach ihrem abscheulichen bösen Gelüst. Ich will ihn auf ein Handwerk tun, er soll mir Grünsuppenrufer werden. Jetzt fang mal an: Grünsuppen, wer kauft? – Da schrie der arme Tropf. – Zu tief! fiel ihm Panurg ein und nahm ihn beim Ohr: musst höher singen, fa, sol, re, ut! So, Teufel! hast eine gute Kehl; es ist dein tausend Glück, dass du vom Regiment bist kommen.

Und Pantagruelen gefiel dies alles gar wohl; denn ich sag nicht zu viel, es war ein so lieb klein Herzensmännel, als man von hier auf Steckens Läng nur finden mocht. So ward Anarchos denn ein guter Grünsuppenrufer. Zween Tage darauf verheirat' ihn Panurg mit einer alten Hazel [hässliches altes Weib, Vettel, Hexe] und richtet ihm selber die Hochzeit aus, mit schönem Schöpskopf, Schweinsschwärtlein in Mostrichtunk und feinen Kaldaunen mit Knoblauch. Davon sendet' er so viel, als auf fünf Saumross ging, dem Pantagruel, der auch alles aufaß, so lecker fand ers, und zu trinken schönen Krätzer und feinen Schmalwein. Und dang [dingte] einen Blinden, dass er ihnen mit seiner Fiedel zum Tanz aufspielt'. Nach dem Essen führt' er sie aufs Schloss zum Pantagruel, wies auf die Braut und sprach zu ihm: die lässt auch keinen Kracher mehr streichen. – Warum nicht? frug Pantagruel. – Weil sie schon gut gestippt ist, entgegnete Panurg. – Was soll das denn heißen? frug Pantagruel. – Seht ihr nicht, versetzt' Panurg, wie die Kastanien am Feuer, wenn sie ganz sind, krachen, dass alles pufft, und um dies Krachen zu unterbinden, stippt man sie. So ist auch diese junge Frau unten herum ganz wohl gestippt, und wird man von ihr keinen Kracher mehr hören.

Darauf gab ihnen Pantagruel eine kleine Bude in der Vorstadt und schenkt' ihnen einen steinernen Mörsel zum Kräuterstoßen. Da trieben sie zusammen ihr Kramuri, und ward aus ihm ein so possierlicher Suppenmann als in Utopien je gesehn. Hab aber seit der Zeit gehört, dass seine Frau ihn drischt wie Gips, und er darf sich nicht wehren, der arme Narr, so täppisch ist er.

Zweiunddreißigstes Kapitel

Wie Pantagruel mit seiner Zung ein ganzes Kriegsheer deckt', und was der Autor in dessen Mund sah

Sowie Pantagruel in Dipsodien an der Spitze seiner Scharen einzog, war alles Volk vergnügt darüber, ergaben sich ihm ohne Verzug, und aller Orten, wo er hinkam, brachten sie ihm die Schlüssel der Städte aus freien Stücken entgegengetragen; bis auf die Halmyrodier, welche sich wider ihn halten wollten und seinen Boten zur Antwort gaben, sie würden sich ihm nicht anders ergeben als unter guter Sicherheit.

Was! sprach Pantagruel, Sicherheit! wollen sie eine bessere haben als Hand am Pott und Faust am Glas? Wohlan, jetzt kommt, und treibt mir sie zu Paaren! Also rückten all in Reih und Glied zum Sturm entschlossen wider sie an. Doch unterwegs auf einer großen Pläne [Ebene] erwischt' sie ein dichter Regenschauer, dass sie sich schüttelten und zusammen drängten. Als Pantagruel das sah, ließ er, durch seine Hauptleut ihnen zu wissen tun, es wär halt nix, er sähe über den Wolken deutlich, dass es nur einen kleinen Sprebel [tröpfelnder Regen] geben würd; doch auf alle Fälle sollten sie sich zusammenstellen, so wollt er ihnen ein Obdach geben. Stellten sich also in guter Ordnung dicht aneinander. Er aber streckt' die Zung heraus, noch nicht gar halb, und deckt sie damit wie eine Gluckhenn ihre Küchlein.

Mittlerweil hätt ich nun, der ich euch diese wahrhaftigen Taten hier erzähl, mich unter ein Klettenblatt salvieret; es war führwahr um nichts kleiner als der Monstribler Brückenbogen. Als ich sie aber so gut unter Dach sah, ging ich auch hin und wollt bei ihnen mitunterstehen, konnts aber nicht mehr, so klamm gings zu (wie man wohl zu sagen pflegt, am End der Ellen schnappt das Tuch ab). Also stieg ich, so gut ich konnt, an ihm hinan und wanderte wohl zwei Meilen weit auf seiner Zung hin, bis ich ihm endlich in den Mund kam. Aber, o ihr Götter und Göttinnen! was erblickt ich da! Jupiter erschlag mich gleich mit seinem dreispitzigen Donnerkeil, wenn ich auch nur ein Wörtlein lüge. Ich spaziert darin umher, wie in Sankt Sophien zu Konstantinopel, und sah da mächtige Felsblöck, groß wie die Berg in Dänemark: ich glaub, es sind seine Zähne gewesen: große Wiesen, dichte Wälder, auch feste wohlverschanzte Städt, nicht kleiner denn Poitiers oder Lyon. Den ersten, den ich da antraf, war ein guter Gesell, der bauet' Kraut auf seinem Acker; den befrug ich, schier ganz verwundert: Ei, mein Freund, was schaffst du hier? – Ich bau halt Kraut, antwortet' er. – Ei, wie denn so? und zu welchem End? – Hm, sprach er, Herr, nicht jedem wächst der Sack mörselsdick; wir können eben all nit reich sein. Hiemit verdien ich mir mein Brot und trags zu Markt in die Stadt dort hinten. – Jesus! sag ich, ist hie wohl gar eine neue Welt? – Ist weiter just nix Neues daran, antwortet' er; doch meint man, da draußen wär auch eine Welt und hätt auch Sonn und Mond und alles vollauf zu leben drin; die hier ist aber nichtsdestoweniger älter. – Schon gut, mein Freund, sag ich zu ihm, und wie heißt die Stadt, wohin du dein Kraut zu Markt hinführest? – Aspharagus, Herr: recht wackre Leut, lauter gute Christen drin, die euch gar trefflich gastieren werden. – Kurz, ich entschloss mich, hinzugehen.

Jetzt, wie ich nun so weiter zieh, treff ich auf einen Buben am Weg, welcher den Tauben Netze stellet'. Den frag ich: Freund, woher kommen diese Tauben? – Kyrie, die kommen von der andern Welt, antwortet' er. – Da dacht ich mir, wenn Pantagruel etwa gähnte, die Tauben wohl zu ganzen Flügen, in der Meinung, es wär ein Taubenschlag, ihm ins Maul ziehn möchten. Also ging ich dann vollends in die Stadt, die ich gar schön und gut befestigt fand; es war auch gute Luft daselbst. Aber die Pförtner vor dem Tor wollten meinen Laufpass sehen. Darob ich sehr betroffen frug: Wie, meine Herren, gibt's hier vielleicht Pestgefahr? – Ach, Gnädigster! versetzten sie, unweit von hier, da sterben die Leut auf der Gasse reihenweis. – Ei, heiliger Gott! schrei ich, wo denn? – Drauf sagten sie mir, es wär in Laryngen und in Pharyngen, welches zwei große und reiche Handelsstädt wie Rouen und Nantes sind: und wär der erste Ursprung der Pest ein fauler und giftiger Brodem gewesen, unlängst vom Abgrund aufgestiegen, daran über zweiundzwanzighundertsechzigtausendundsechzehn [2260016] Köpfe seit nun acht Tagen verblichen wären. Da überschlug, erwog und befand ich, dass dies aus des Pantagruel Magen ein stinkender Odem gewesen war, als er den vielen Knoblauch aß, wie oben vermeldet worden ist.

Von dannen schlug ich mich ins Gebirg, welches seine Backzähne waren, und triebs so lange, bis ich auf einen zu stehen kam: da fand ich euch die allerbesten Orte der Welt; viel schöne große Ballspielplätz, schmucke Laubengäng, schöne Triften, Rebenhügel im Überfluss und eine unzählbare Meng kleiner artiger Gasthäuslein nach welscher Manier in den Auen gelegen, und alles rings voll Fröhlichkeit. Daselbst verblieb ich wohl an die vier Monat und hab mein Lebtag seit der Zeit nicht wieder so flott wie damals gelebt. Stieg alsdann an den hintersten Zähnen nach den unteren Lefzen hinunter; aber in einem tiefen Wald, unweit der Ohren, *en passant* ward ich von Räubern ausgezogen. Fand dann im Grund einen kleinen Flecken (dessen Nam ist mir entfallen), wo ich noch flotter als jemals lebt, auch ein klein Zehrgeld mir verdienet'; und wisst ihr wie? Mit Schlafen, denn dort dingt man die Leut zum Schlafen tagweis: verdienen den Tag ihre fünf, auch wohl sechs Sol [Sou; Solidus; Geldstück] damit; die aber recht laut schnarchen können, kriegen sogar bis sieben und achtehalben. Da erzählt ichs den Ratsherrn, wie ich im Tal wär geplündert worden; die sagten mirs dann für gewiss, dass dies Volk da hinten auf allen Wegen ein bös Gesindel und von Natur erzräuberisch wär. Daraus hab ich mir dann abstrahieret [zurechtgelegt], wie wir das Land bei uns zu Haus in vor und hinter den Bergen teilen, so heißts dort: vor und hinter den Zähnen; ist aber ein weit besser Leben vorn, und auch weit gesündere Luft. Und dacht daneben auch, wie wahr doch das Sprichwort sagt: die eine Welthälft weiß weder Kix noch Kax von der andern. Maßen [weil] noch keiner dies Land beschrieben, welches doch mehr als fünfundzwanzig bewohnte Königreiche in sich fasst, die Wüsten und ein breiter Meeresstrich nicht mitgerechnet. Aber ich hab ein großes Buch darüber geschrieben, »Der Maulinger Geschicht« [l'Histoire des Gorgias] betitelt, denn so hab ichs benannt, weil sie im Maul meines Herrn und Meisters Pantagruel wohnen. Endlich wollt ich auch wieder heim; da stieg ich dann an seinem Bart hinab und schwang mich ihm auf die Schultern, von wo ich weiter zu Tal glitt und vor ihm platt auf die Erde hin fiel. Als er mich sah, frug er mich: Ei, mein Alcofribas, woher kommst du? – Aus euerm Maul, Herr, antwort' ich. – Und wie lang, sprach er, warst du darinnen? Seit ihr, sprach ich, den Feldzug in Halmyrodien tatet. – Das ist schon über sechs Monate her, sagt' cr: und wovon lebtest du, was aßest du, was trankest du? – Herr, sag ich, dasselbe, wo ihr von lebet, und von den leckern Mundbisslein, die euch durch euern Schlund passierten, erhub ich mir den Transito [Wegezoll]. – Wohl, sprach er, doch wohin schissest du? – In euern Hals, Herr. – Ha ha ha! du bist fürwahr ein artiger Knab. Wir han itzund mit Gottes Hilf das ganze Dipsodierland bezwungen; ich schenk dir die Burgvogtei Salmigundien. – Vergelts euch Gott, Herr! sprach ich zu ihm, ihr tut mir weit mehr Liebs und Guts, als ich um Euch verdienet hab.

Dreiunddreißigstes Kapitel

Von des Pantagruels Krankheit, und welcher Gestalt er kuriert ward

Nicht lange Zeit darauf erkrankt' der gute Pantagruel, und befiel ihn ein so gewaltiges Magendrücken, dass er weder essen noch trinken konnt. Und, wie ein Unglück nimmer allein kommt, schlug auch noch ein hitziger Seich dazu, der ihn mehr quält', als man denken sollte. Seine Leibärzt aber sprangen ihm treulich bei und gaben ihm so viele diuretische Spezien und Lenitiva [Schmerzmittel] einzunehmen, bis er endlich sein Übel abschlug. Sein Harn war so hitzig, dass er seitdem bis heute noch nicht verkühlt ist, wie ihr in Frankreich an mehreren Orten noch sehen könnt, je nachdem er den Lauf nahm; und nennt man es die heißen Bäder als:

Zu Coderets,
Zu Limous,
Zu Dast,
Zu Balleruc,
Zu Neric,
Zu Bourbonnensy, und anderwärts.

In Welschland:

Zu Monte Grot,
Zu Appone,
Zu Santo Petro di Padua,
Zu Sankt Helena,
Zu Casa Nuova,
Zu Santo Bartolomeo.

In der Grafschaft Boulogne:

Zu La Porrette, und tausend andern Orten mehr.

Und ich wunder mich bass, wie ein ganzer Haufen törichter Ärzte und Philosophen sich für die lange Weil drum zanken und streiten können, woher die Hitz sotaner Wasser wohl kommen möcht, ob vom Salpeter, Schwefel, Borax, oder Alaun der etwan im Berg stäk? Denn es sind doch nur faule Fisch und Kindereien, und wär ihnen besser eine Distel im Arß, da wisch dich dran, als dass sie so ihre Zeit und Weil mit Schwätzen um ein Ding vertun, wovon sie die Ursach doch nicht wissen. Denn der Bescheid drauf ist ganz leicht, und bedarfs nicht weiter viel Grübelns drüber. Besagte Bäder sind deshalb heiß, weil sie von einem heißen Seich des guten Pantagruel kommen sind.

Jetzt, dass ich euch nun weitererzähl, wie er von seinem Hauptmalheur kurieret ward, lass ich beiseite, wie er in einer gelinden Purganz einnahm: vier Zentner colophonisch Skammonium, hundertachtunddreißig Karrnlasten Cassia, elftausendneunhundert Pfund Rhabarber, des andern Gesöffs nicht zu gedenken: denn ihr müsst wissen, dass auf den Rat der Ärzte verfügt ward, ihm das, was ihn im Magen drückt', herauszulangen. Zu dem Ende trieb man aus Kupfer siebzehn große Turmknöpf, größer als der zu Rom auf des Virgils Obelisk, und waren dergestalt gemacht, dass man sie in der Mitten durch ein Scharnier konnt auseinanderschlagen. In einen dieser stieg ein Lakai mit einer brennenden Fackel und einer Latern, und so verschlang ihn Pantagruel wie eine kleine Pill. In fünf andre fünf starke Knecht, ein jeder mit einer Spitzhau um den Hals. In drei andre wiederum drei Bauern mit Schaufeln um die Häls. In sieben andre stiegen sieben Ballenbinder, jeder mit einem Korb am Hals, und wurden also wie Pillen verschluckt. Sobald sie nun im Magen waren, drückt' ein jeder an seinem Scharnier und krochen aus ihren Hütten hervor, der mit der Laterne voraus. Da fielen sie tiefer als eine halbe Meil in einen schrecklichen Abgrund hinunter, fauler und giftiger als Mephitis [aus der Erde austretender Schwefelgestank] oder der Kamarinische Pfuhl, ja selbst als der Sorbonnische Stinksee, von welchem Strabo geschrieben hat. Und hätten sie sich nicht Magen, Brust und Weinpott *(alias* Nüschel) aufs Beste verantidotiert gehabt, wären sie in diesem gräulichen Brodem all miteinander erstickt und verkommen. Hu! welch ein Weihrauch! Welch Gedüft für die galanten Jüngferlein zur Parfümierung der Nasenlärvel! Darauf kamen sie, tastend und schnobernd, der fäkalischen Materiae und den faulen Humoribus näher und stießen zuletzt auf einen Berg endlich von eitel Schund [Unflat]: da schlugen dann die Pioniere mit ihren Hacken frisch ein und schürftens los; die andern luden es mit ihren Schaufeln in die Körb, und wie nun alles wohl ausgefegt und gesäubert war, schlupft' jeder wieder in seinen Knopf. Pantagruel, als dies vollbracht war, zwang sich zum Kotzen, und gab sie so leicht wieder von sich; denn sie drückten ihn just nicht mehr in seinem Hals, als euch etwa ein Furz in euerm. Und stiegen allda ganz wohlgemut aus ihren Pillen zu Tag: mir deucht', ich säh die Griechen aus ihrem Gaul nach Troja hineinschlüpfen. Und durch dies Mittel ward er dann gänzlich wieder gesund und zu vorigem Wohlsein hergestellt. Auch von den kupfernen Pillen könnt ihr itzund noch eine in Orléans sehen, auf dem Münster zum heiligen Kreuz.

Vierunddreißigstes Kapitel

Des gegenwärtigen Buches Beschluss, und des Autors Entschuldigung

Hier habt ihr lieben Leut also einen Anfang erzählen hören von der schauderhaften Geschicht meines Herrn und Meisters Pantagruel. Ich werde dies erste Buch itzunder beschließen; denn mich schmerzt der Kopf ein wenig und spür auch wohl, dies herbstliche Septembermüslein [Wein] hat mirs Konzept etwas verrückt. Zur nächsten Frankfurter Mess sollt ihr das weitere der Geschicht vernehmen. Werdet alsdann sehen, wie Panurg zu einem Weibe kam, und wie er gleich im ersten Monat nach der Hochzeit ein Hahnrei ward. Wie Pantagruel den Stein der Weisen erfand, nebst Art und Weis, wie man ihn finden und brauchen muss. Wie er über die Kaspischen Berge zog, das Atlantische Meer beschifft', die Kannibalen überwand und nach Eroberung der Perleninseln des Indierkönigs Presthan [Priesterkönig Johannes] Tochter ehelicht'. Wie er den Teufeln ein Treffen liefert', fünf höllische Kammern verbrannt', die große schwarze Stuben der Erde gleichmachte, Proserpinen ins Feuer schmiss und dem Luzifer vier Zähn aus dem Hals und vom Hintern ein Horn abbrach. Wie er sodann das Land im Mond bereist', zu sehen, ob der Mond in Wahrheit nicht ganz wär, sondern unsre Weiber drei Viertel davon in den Köpfen hätten; samt tausenderlei anderer kleiner buchstäblich wahrer Kurzweil mehr: schöne französische Evangelien. Nun gute Ruhe, ihr lieben Leut. *Perdonate mi,* und gedenkt meiner Sünden nicht fleißiger als eurer eignen!

So ihr etwan zu mir sprächet: lieber Meister, uns dünkt, ihr seid nicht allzu klug, dass ihr uns solche Pfifferling und schnakisch Fatzwerk auftischt, so antwort ich euch: und ihr seid traun nicht klüger als ich; was hebt ihrs auf und lesets? Gleichwohl, wenn ihrs aber zu eurer Lust und Kurzweil leset, wie ich mir schreibend meine Zeit und Weil damit verkürzt hab, werden wir wohl beiderseits viel eher dafür Vergebung finden als ein ganz Heer Sarabaiter [Sarabaiten; Sarabaitae], Blindschleicher, Kuttner, Hypokriter, Duckmäuser, Stock- und Stiefelbrüder und andre des Gelichters mehr, die sich vermummeln und die Welt mit ihren Larven zum Besten haben. Denn während sie dem gemeinen Volk einflößen, dass ihr ganzes Tun nur eitel Beschaulichkeit, Andacht, Fasten und Ertötung des Fleisches wär, außer was zur Erhaltung und Notdurft ihres armen sterblichen Leichnams erforderlich, führen sie gleichwohl ein Leben, das Gott bewusst ist, *et Curios simulant, sed bacchanalia vivunt.* Ihr könnts an ihren Polackenbäuchen erkennen, an ihren roten Goschen mit feuriger Schrift geschrieben lesen, wenn sie sich nicht etwa mit Schwefel weiß brennen und räuchern. Und ihr Studieren besteht eben in weiter nichts als Lesen der Pantagruelsbücher, nicht aber etwa zu fröhlicher Kurzweil, sondern weil sie tückischer Weis einem nur schaden wollen mit spüren, artikulieren, protokollieren, grimassieren, züngeln, schlängeln, zwicken und zwacken, krummen Nacken und tausend Teufelsschabernacken, das ist Calumnien [calumnia; Verleumdung; üble Nachrede]. Darin aber tun sie just wie die Tagediebe auf den Dörfern, die um die Zeit der Kirschen und Beeren der kleinen Kinder Scheißdreck durchwühlen und krebsen, wegen der Kern, und verkaufens dann den Apothekern, die destillieren ihr Mandelöl draus. Solche fliehet, hasset und verabscheut, so wie ich; dies wird euch meiner Treu nicht reuen. Und so ihr wollt gute Pantagruels Brüder sein, das heißt froh und zufrieden leben und alle Tag in Herrlichkeit, trauet mir nimmer den Leuten, die durch die kleinen Löchlein schauen.

B u c h a n z e i g e

Nova Giulianiad
Saitenblätter für die Gitarre und Laute
Herausgegeben von Joerg Sommermeyer
i. V. m. d. Internationalen Gitarristischen Vereinigung
ISSN: 0254-9565
Orlando Syrg, Freiburg i. Brsg., 1983-1988

Josefa Gerhäuser
Leben will ich
Gedichte und Assoziationen
Herausgegeben von JS (Joerg Sommermeyer)
Orlando Syrg Taschenbuch, OrSyTa 12002, Freiburg i. Brsg. 2002

Joerg Sommermeyer
Anton Unbekannt
Pathoaphysischer Antiroman
Tragigroteskenfragment
Herausgegeben von Georg J. Feurig-Sorgenfrei
Orlando Syrg Taschenbuch, 1. Aufl., OrSyTa 12009, Berlin 2009

Joerg K. Sommermeyer (Hg.)
Balleinrubin: Ball, Einstein, Rubiner
Hugo Ball: Tenderenda der Phantast
Carl Einstein: Bebuquin oder die Dilettanten des Wunders
Ludwig Rubiner: Gedichte, Kritiken, Manifeste
Herausg. u. mit einem Nachwort versehen von Joerg K. Sommermeyer
Orlando Syrg Taschenbuch, 1. Aufl., OrSyTa 12017, Berlin 2017

Franz Treller
Nikunthas, König der Miami
Eine Abenteuererzählung aus Nordamerika
Anhang: **Indianer-Gedanken** von Oskar Panizza
und **Die blaue Schlange** von Fritz von Ostini
Vollst. rev. und neu bearb. von Georg J. Feurig-Sorgenfrei
Hrsg. und mit einem Nachw. vers. von Joerg Sommermeyer
Kollektion Abenteuer- & Reiseerzählungen / KAR 1
Orlando Syrg Taschenbuch, 1. Aufl., OrSyTa 22009, Berlin 2010
2. Aufl., OrSyTa 22017, Berlin 2017

Joerg K. Sommermeyer
Vernimm mein Schreien
Pathoaphysischer Antiroman
Tragigroteskenfragment
Herausgegeben von Georg J. Feurig-Sorgenfrei
Orlando Syrg Taschenbuch, 2. durchgesehene, verbesserte und um einen Anhang erweiterte Auflage von *Anton unbekannt*, OrSyTa 32017, Berlin 2017
3. Auflage, Neufassung, OrSyTa 112018, Berlin 2018

Joerg K. Sommermeyer
Lieblingsmärchen
[Andersen, 1001 Nacht, von Arnim, Bechstein, Brentano, de la Motte Fouqué, Brüder Grimm, Hauff, Hebel, Hoffmann, Hofmannsthal, Keller, Mörike, von Sternberg, Stevenson, JS, Storm]
Ausgewählt, zusammengestellt, durchgesehen und revidiert, herausgegeben und mit einem Nachwort versehen
von Joerg K. Sommermeyer
Kollektion Abenteuer- & Reiseerzählungen / KAR 2
Orlando Syrg Taschenbuch, 1. Aufl., OrSyTa 42017, Berlin 2017
2. erweiterte Auflage, OrSyTa 22018, Berlin 2018

Joerg K. Sommermeyer (Hg.)
Franz Kafkas Romane
Der Verschollene (Amerika), Der Prozess, Das Schloss
Durchgesehen, revidiert und herausgegeben
von Joerg K. Sommermeyer
Reihe alte Tradition Azurcelesteblueoscuro / RAT ACBO 1
Exemplarische Werke der Weltliteratur
Orlando Syrg Taschenbuch, 1. Aufl., OrSyTa 52017, Berlin 2017

Joerg K. Sommermeyer (Hg.)
Franz Kafkas Erzählungen
Durchgesehen, revidiert und und mit einem Nachwort herausgegeben
von Joerg K. Sommermeyer
Reihe alte Tradition Azurcelesteblueoscuro / RAT ACBO 2
Exemplarische Werke der Weltliteratur
Orlando Syrg Taschenbuch, 1. Aufl., OrSyTa 12018, Berlin 2018

Joerg K. Sommermeyer (Hg.)

Heinrich von Kleists Erzählungen, Anekdoten und Essays

Durchgesehen, revidiert und mit einem biographischen Abriss
herausgegeben von Joerg K. Sommermeyer
Reihe alte Tradition Azurcelesteblueoscuro / RAT ACBO 3
Exemplarische Werke der Weltliteratur
Orlando Syrg Taschenbuch, 1. Aufl., OrSyTa 32018, Berlin 2018

Joerg K. Sommermeyer (Hg.)

Christian Morgensterns Galgenlieder und Palmström

Durchgesehen, revidiert und mit einem biographischen Abriss
herausgegeben von Joerg K. Sommermeyer
Reihe alte Tradition Azurcelesteblueoscuro / RAT ACBO 4
Exemplarische Werke der Weltliteratur
Orlando Syrg Taschenbuch, 1. Aufl., OrSyTa 42018, Berlin 2018

Joerg K. Sommermeyer (Hg.)

Robert Müllers Tropen

Der Mythos der Reise
Urkunden eines deutschen Ingenieurs
Durchgesehen und revidiert, herausgegeben
und mit einem Nachwort versehen
von Joerg K. Sommermeyer
Kollektion Abenteuer- & Reiseerzählungen / KAR 3
Orlando Syrg Taschenbuch, 1. Aufl., OrSyTa 52018, Berlin 2018

Joerg K. Sommermeyer (Hg.)

Taugenichts et cetera

Eichendorff, Chamisso, Büchner
Aus dem Leben eines Taugenichts
Peter Schlemihls wundersame Geschichte
Lenz
Durchgesehen, revidiert und mit einem Nachwort
herausgegeben von Joerg K. Sommermeyer
Reihe alte Tradition Azurcelesteblueoscuro / RAT ACBO 5
Exemplarische Werke der Weltliteratur
Orlando Syrg Taschenbuch, 1. Aufl., OrSyTa 62018, Berlin 2018

Joerg K. Sommermeyer (Hg.)
Künstlerbetrachtungen
Diderot, Wackenroder, Hoffmann
Rameaus Neffe, Joseph Berglinger, Johannes Kreisler, Kater Murr
Durchgesehen, revidiert und mit einem Nachwort
herausgegeben von Joerg K. Sommermeyer
Reihe alte Tradition Azurcelesteblueoscuro / RAT ACBO 6
Exemplarische Werke der Weltliteratur
Orlando Syrg Taschenbuch, 1. Aufl., OrSyTa 72018, Berlin 2018

Joerg K. Sommermeyer (Hg.)
Rainer Maria Rilkes Gedichte
Stunden-Buch, Buch der Bilder, Neue Gedichte, Der neuen Gedichte anderer Teil,
Requiem, Das Marien-Leben, Duineser Elegien, Die Sonette an Orpheus
Durchgesehen, revidiert und mit einem Nachwort
herausgegeben von Joerg K. Sommermeyer
Reihe alte Tradition Azurcelesteblueoscuro / RAT ACBO 7
Exemplarische Werke der Weltliteratur
Orlando Syrg Taschenbuch, 1. Aufl., OrSyTa 92018, Berlin 2018

Joerg K. Sommermeyer (Hg.)
Rainer Maria Rilkes Prosa
Dichtungen in Prosa, Die Weise von Liebe und Tod des Cornets Christoph Rilke,
Die Aufzeichnungen des Malte Laurids Brigge, Erzählungen und Skizzen,
Geschichten vom lieben Gott, Auguste Rodin, Aufsätze und Besprechungen
Durchgesehen, revidiert und mit einem Nachwort
herausgegeben von Joerg K. Sommermeyer
Reihe alte Tradition Azurcelesteblueoscuro / RAT ACBO 8
Exemplarische Werke der Weltliteratur
Orlando Syrg Taschenbuch, 1. Aufl., OrSyTa 102018, Berlin 2018

Joerg K. Sommermeyer (Hg.)
Drei alte Erzählungen
Die Judenbuche (Droste-Hülshoff), Die schwarze Spinne (Gotthelf),
Krambambuli (Ebner-Eschenbach)
Durchgesehen, revidiert und mit einem Nachwort
herausgegeben von Joerg K. Sommermeyer
Reihe alte Tradition Azurcelesteblueoscuro / RAT ACBO 9
Exemplarische Werke der Weltliteratur
Orlando Syrg Taschenbuch, 1. Aufl., OrSyTa 122018, Berlin 2018

Joerg K. Sommermeyer (Hg.)

James Fenimore Coopers The Last of the Mohicans
Der letzte Mohikaner

A Narrative of 1757 / Eine Erzählung aus dem Jahre 1757
Deutsch nach der Übersetzung von J. F. L. Tafel,
revidiert und neu bearbeitet von Georg J. Feurig-Sorgenfrei
Herausgegeben und mit einem Nachwort versehen
von Joerg K. Sommermeyer
Kollektion Abenteuer- & Reiseerzählungen / KAR 4
Orlando Syrg Taschenbuch, 1. Aufl., OrSyTa 132018, Berlin 2018

Joerg K. Sommermeyer (Hg.)

Johann Wolfgang von Goethes
Reineke Fuchs

Durchgesehen, revidiert und mit einem Nachwort
herausgegeben von Joerg K. Sommermeyer
Reihe alte Tradition Azurcelesteblueoscuro / RAT ACBO 10
Exemplarische Werke der Weltliteratur
Orlando Syrg Taschenbuch, 1. Aufl., OrSyTa 142018, Berlin 2018

Joerg K. Sommermeyer (Hg.)

Heinrich Heines Romanzero nebst Lieblingsballaden
von Goethe, Schiller und anderen

Ausgewählt, durchgesehen, revidiert und mit einem Nachwort
herausgegeben von Joerg K. Sommermeyer
Reihe alte Tradition Azurcelesteblueoscuro / RAT ACBO 11
Exemplarische Werke der Weltliteratur
Orlando Syrg Taschenbuch, 1. Aufl., OrSyTa 152018, Berlin 2018

Joerg K. Sommermeyer (Hg.)

Eduard von Keyserlings Prosa
Ausgewählte Werke I

Beate und Mareile, Schwüle Tage, Dumala, Wellen, Abendliche Häuser
Durchgesehen, revidiert und mit einem biographischen Abriss
herausgegeben von Joerg K. Sommermeyer
Reihe alte Tradition Azurcelesteblueoscuro / RAT ACBO 12
Exemplarische Werke der Weltliteratur
Orlando Syrg Taschenbuch, 1. Aufl., OrSyTa 162018, Berlin 2018

Joerg K. Sommermeyer (Hg.)

August Stramms Gedichte

Du. Liebesgedichte; Die Menschheit; Weltwehe; Tropfblut. Gedichte aus dem Krieg

Durchgesehen, revidiert und mit einem biographischen Abriss herausgegeben von Joerg K. Sommermeyer
Reihe alte Tradition Azurcelesteblueoscuro / RAT ACBO 13
Exemplarische Werke der Weltliteratur
Orlando Syrg Taschenbuch, 1. Aufl., OrSyTa 172018, Berlin 2018

Joerg K. Sommermeyer (Hg.)

Joseph Conrads Heart of Darkness
Herz der Finsternis

Englisch und Deutsch

Deutsch nach der Übersetzung von Ernst Wolfgang Freißler, revidiert und neu bearbeitet von Georg J. Feurig-Sorgenfrei
Herausgegeben und mit einem Nachwort versehen von Joerg K. Sommermeyer
Kollektion Abenteuer- & Reiseerzählungen / KAR 5
Orlando Syrg Taschenbuch, 1. Aufl., OrSyTa 182018, Berlin 2018

Joerg K. Sommermeyer (Hg.)

Münchhausen und Lukian

Bürgers Münchhausen und Lukians Bericht phantastischer Begebenheiten

Durchgesehen, revidiert, neu bearbeitet
(Lukian basierend auf der Übersetzung von August Friedrich Pauly),
herausgegeben und mit einem Nachwort versehen,
von Joerg K. Sommermeyer
Kollektion Abenteuer- & Reiseerzählungen / KAR 6
Orlando Syrg Taschenbuch, 1. Aufl., OrSyTa 192018, Berlin 2018

Joerg K. Sommermeyer (Hg.)

Johann Wolfgang von Goethes Prosa
Ausgewählte Werke I

Die Leiden des jungen Werther, Briefe aus der Schweiz, Die Wahlverwandtschaften, Novelle

Durchgesehen, revidiert und mit einem Nachwort herausgegeben von Joerg K. Sommermeyer
Reihe alte Tradition Azurcelesteblueoscuro / RAT ACBO 14
Exemplarische Werke der Weltliteratur
Orlando Syrg Taschenbuch, 1. Aufl., OrSyTa 12019, Berlin 2019

Joerg K. Sommermeyer (Hg.)

Johann Wolfgang von Goethes Prosa
Ausgewählte Werke II

Wilhelm Meisters Lehrjahre

Durchgesehen, revidiert und herausgegeben
von Joerg K. Sommermeyer
Reihe alte Tradition Azurcelesteblueoscuro / RAT ACBO 15
Exemplarische Werke der Weltliteratur
Orlando Syrg Taschenbuch, 1. Aufl., OrSyTa 22019, Berlin 2019

Joerg K. Sommermeyer (Hg.)

Johann Wolfgang von Goethes Prosa
Ausgewählte Werke III

Unterhaltungen deutscher Ausgewanderten,
Wilhelm Meisters Wanderjahre

Durchgesehen, revidiert und herausgegeben
von Joerg K. Sommermeyer
Reihe alte Tradition Azurcelesteblueoscuro / RAT ACBO 16
Exemplarische Werke der Weltliteratur
Orlando Syrg Taschenbuch, 1. Aufl., OrSyTa 32019, Berlin 2019

Joerg K. Sommermeyer (Hg.)

Johann Wolfgang von Goethes Prosa
Ausgewählte Werke IV

Dichtung und Wahrheit,
Belagerung von Mainz

Durchgesehen, revidiert und herausgegeben
von Joerg K. Sommermeyer
Reihe alte Tradition Azurcelesteblueoscuro / RAT ACBO 17
Exemplarische Werke der Weltliteratur
Orlando Syrg Taschenbuch, 1. Aufl., OrSyTa 42019, Berlin 2019

Joerg K. Sommermeyer (Hg.)

August Klingemanns Nachtwachen
von Bonaventura

Durchgesehen, revidiert und herausgegeben
von Joerg K. Sommermeyer
Reihe alte Tradition Azurcelesteblueoscuro / RAT ACBO 18
Orlando Syrg Taschenbuch, 1. Aufl., OrSyTa 52019, Berlin 2019

Joerg K. Sommermeyer (Hg.)

Gustav Sacks Romane

Ein verbummelter Student, Paralyse, Ein Namenloser

Durchgesehen, revidiert und mit einem Nachwort
herausgegeben von Joerg K. Sommermeyer
Reihe alte Tradition Azurcelesteblueoscuro / RAT ACBO 19
Orlando Syrg Taschenbuch, 1. Aufl., OrSyTa 62019, Berlin 2019

Joerg K. Sommermeyer

Vernimm mein Schreien

Pathoaphysischer Antiroman
Tragigroteskenfragment
Herausgegeben von Georg J. Feurig-Sorgenfrei
Jubiläumsausgabe / Hardcover
[3. durchgesehene, verbesserte und um einen Anhang
erweiterte Auflage von *Anton unbekannt*]
OrSyTa 72019, Berlin 2019

Joerg K. Sommermeyer (Hg.)

Friedrich Schillers Prosa
Ausgewählte Werke I

Eine großmütige Handlung, Der Geisterseher,
Der Verbrecher aus verlorener Ehre, Spiel des Schicksals und anderes

Durchgesehen, revidiert und mit einem Nachwort
herausgegeben von Joerg K. Sommermeyer
Reihe alte Tradition Azurcelesteblueoscuro / RAT ACBO 20
Exemplarische Werke der Weltliteratur
Orlando Syrg Taschenbuch, 1. Aufl., OrSyTa 82019, Berlin 2019

Joerg K. Sommermeyer (Hg.)

Johann Karl Wezels Satiren

Kakerlak oder die Geschichte eines Rosenkreuzers,
Satirische Erzählungen

Durchgesehen, revidiert und herausgegeben
von Joerg K. Sommermeyer
Reihe alte Tradition Azurcelesteblueoscuro / RAT ACBO 21
Orlando Syrg Taschenbuch, 1. Aufl., OrSyTa 92019, Berlin 2019

Joerg K. Sommermeyer (Hg.)

Heinrich Heines Versepen, Erzählprosa und Memoiren
Ausgewählte Werke I

Atta Troll, Deutschland. Ein Wintermärchen, Aus den Memoiren des Herren von Schnabelewopski, Florentinische Nächte, Der Rabbi von Bacherach, Geständnisse, Memoiren

Durchgesehen, revidiert und mit einem Nachwort
herausgegeben von Joerg K. Sommermeyer
Reihe alte Tradition Azurcelesteblueoscuro / RAT ACBO 22
Exemplarische Werke der Weltliteratur
Orlando Syrg Taschenbuch, 1. Aufl., OrSyTa 102019, Berlin 2019

Joerg K. Sommermeyer (Hg.)

Heinrich Heines Reisebilder
Ausgewählte Werke II

Briefe aus Berlin, Über Polen, Reisebilder I-IV

Durchgesehen, revidiert und mit einem biographischen Abriss
herausgegeben von Joerg K. Sommermeyer
Reihe alte Tradition Azurcelesteblueoscuro / RAT ACBO 23
Exemplarische Werke der Weltliteratur
Orlando Syrg Taschenbuch, 1. Aufl., OrSyTa 112019, Berlin 2019

Joerg K. Sommermeyer (Hg.)

Heinrich Heines Gedichte
Ausgewählte Werke III

Buch der Lieder, Neue Gedichte,
Aus den Jahren 1853 und 1854, Sonstiges / Posthum

Durchgesehen, revidiert und mit einem Biographischen Abriss
herausgegeben von Joerg K. Sommermeyer
Reihe alte Tradition Azurcelesteblueoscuro / RAT ACBO 24
Exemplarische Werke der Weltliteratur
Orlando Syrg Taschenbuch, 1. Aufl., OrSyTa 122019, Berlin 2019

Joerg K. Sommermeyer (Hg.)

Heinrich Heines Über Deutschland, Essays und Pamphlete
Ausgewählte Werke IV

Die romantische Schule, Zur Geschichte der Religion und Philosophie in Deutschland, Elementargeister, Die Götter im Exil, Schwabenspiegel, Ludwig Börne

Durchgesehen, revidiert und mit einem Biographischen Abriss
herausgegeben von Joerg K. Sommermeyer
Reihe alte Tradition Azurcelesteblueoscuro / RAT ACBO 25
Exemplarische Werke der Weltliteratur
Orlando Syrg Taschenbuch, 1. Aufl., OrSyTa 132019, Berlin 2019

Joerg K. Sommermeyer (Hg.)

Heinrich Heines Essays über Frankreich
Ausgewählte Werke V

Französische Maler, Französische Zustände,
Über die Französische Bühne, Lutetia,

Durchgesehen, revidiert und mit einem Biographischen Abriss
herausgegeben von Joerg K. Sommermeyer
Reihe alte Tradition Azurcelesteblueoscuro / RAT ACBO 26
Exemplarische Werke der Weltliteratur
Orlando Syrg Taschenbuch, 1. Aufl., OrSyTa 142019, Berlin 2019

Joerg K. Sommermeyer (Hg.)

Johann Wolfgang von Goethes
West-östlicher Divan, Hermann und Dorothea
Ausgewählte Werke V

Durchgesehen, revidiert und herausgegeben
von Joerg K. Sommermeyer
Reihe alte Tradition Azurcelesteblueoscuro / RAT ACBO 27
Exemplarische Werke der Weltliteratur
Orlando Syrg Taschenbuch, 1. Aufl., OrSyTa 152019, Berlin 2019

Joerg K. Sommermeyer (Hg.)

Gottfried Kellers Prosa
Ausgewählte Werke I

Die Leute von Seldwyla, Sieben Legenden

Durchgesehen, revidiert und mit einem Biographischen Abriss
herausgegeben von Joerg K. Sommermeyer
Reihe alte Tradition Azurcelesteblueoscuro / RAT ACBO 28
Exemplarische Werke der Weltliteratur
Orlando Syrg Taschenbuch, 1. Aufl., OrSyTa 162019, Berlin 2019

Joerg K. Sommermeyer (Hg.)

Gottfried Kellers Prosa
Ausgewählte Werke II

Züricher Novellen, Das Sinngedicht

Durchgesehen, revidiert und mit einem Biographischen Abriss
herausgegeben von Joerg K. Sommermeyer
Reihe alte Tradition Azurcelesteblueoscuro / RAT ACBO 29
Exemplarische Werke der Weltliteratur
Orlando Syrg Taschenbuch, 1. Aufl., OrSyTa 172019, Berlin 2019

Joerg K. Sommermeyer (Hg.)

Gottfried Kellers Prosa
Ausgewählte Werke III

Der grüne Heinrich, Zwölf Gedichte, Autobiographisches

Durchgesehen, revidiert und mit einem Nachwort
herausgegeben von Joerg K. Sommermeyer
Reihe alte Tradition Azurcelesteblueoscuro / RAT ACBO 30
Exemplarische Werke der Weltliteratur
Orlando Syrg Taschenbuch, 1. Aufl., OrSyTa 182019, Berlin 2019

Joerg K. Sommermeyer (Hg.)

Friedrich Schillers Gedichte
Ausgewählte Werke II

Durchgesehen, revidiert und herausgegeben
von Joerg K. Sommermeyer
Reihe alte Tradition Azurcelesteblueoscuro / RAT ACBO 31
Exemplarische Werke der Weltliteratur
Orlando Syrg Taschenbuch, 1. Aufl., OrSyTa 192019, Berlin 2019

Joerg K. Sommermeyer (Hg.)

Johann Wolfgang von Goethes Gedichte
Ausgewählte Werke VI

Durchgesehen, revidiert und herausgegeben
von Joerg K. Sommermeyer
Reihe alte Tradition Azurcelesteblueoscuro / RAT ACBO 32
Exemplarische Werke der Weltliteratur
Orlando Syrg Taschenbuch, 1. Aufl., OrSyTa 202019, Berlin 2019

Joerg K. Sommermeyer (Hg.)

Charles Sealsfields Das Kajütenbuch
oder Nationale Charakteristiken

Die Prärie am Jacinto, Der Kapitän

Durchgesehen, revidiert, herausgegeben
und mit einem Nachwort versehen
von Joerg K. Sommermeyer
Kollektion Abenteuer- & Reiseerzählungen / KAR 7
Orlando Syrg Taschenbuch, 1. Aufl., OrSyTa 212019, Berlin und Lahnstein 2019

Joerg K. Sommermeyer (Hg.)

Paul Heyses Meisternovellen und Autobiographisches

L'Arrabbiata, Andrea Delfin, Die Einsamen, Der letzte Zentaur, Jugenderinnerungen und Bekenntnisse

Durchgesehen, revidiert, mit Anmerkungen herausgegeben von Joerg K. Sommermeyer

Reihe alte Tradition Azurcelesteblueoscuro / RAT ACBO 33

Exemplarische Werke der Weltliteratur

Orlando Syrg Taschenbuch, 1. Aufl., OrSyTa 12020, Berlin und Lahnstein 2020

Joerg K. Sommermeyer (Hg.)

Karl Mays Ardistan und Dschinnistan I

Ardistan

Revidiert, herausgegeben und mit einem Nachwort versehen von Joerg K. Sommermeyer

Kollektion Abenteuer- & Reiseerzählungen / KAR 8

Orlando Syrg Taschenbuch, 1. Aufl., OrSyTa 22020, Berlin und Lahnstein 2020

Joerg K. Sommermeyer (Hg.)

Karl Mays Ardistan und Dschinnistan II

Der Mir von Dschinnistan, Das Märchen von Sitara, Meine Werke, Merhameh

Revidiert, herausgegeben und mit einem Nachwort versehen von Joerg K. Sommermeyer

Kollektion Abenteuer- & Reiseerzählungen / KAR 9

Orlando Syrg Taschenbuch, 1. Aufl., OrSyTa 32020, Berlin und Lahnstein 2020

Joerg K. Sommermeyer (Hg.)

Anton Tschechows Ausgewählte Prosa I

Ein Zweikampf, Der Taugenichts, Die Dame mit dem Spitz, Eine Bagatelle, Der Kuss, Gram, Schatten des Todes und dreizehn weitere Meistererzählungen

Durchgesehen, revidiert und herausgegeben von Joerg K. Sommermeyer

Reihe alte Tradition Azurcelesteblueoscuro / RAT ACBO 34

Exemplarische Werke der Weltliteratur

Orlando Syrg Taschenbuch, 1. Aufl., OrSyTa 12021, Berlin und Lahnstein 2021

Joerg K. Sommermeyer (Hg.)

Adalbert Stifters Ausgewählte Prosa I

Waldwanderung, Der sanftmütige Obrist, Margarita, Abdias, Kalkstein, Bergkristall, Katzensilber

Durchgesehen, revidiert und herausgegeben von Joerg K. Sommermeyer
Reihe alte Tradition Azurcelesteblueoscuro / RAT ACBO 35
Exemplarische Werke der Weltliteratur
Orlando Syrg Taschenbuch, 1. Aufl., OrSyTa 12023, Berlin und Lahnstein 2023

Joerg K. Sommermeyer (Hg.)

William Shakespeares Sonnets / Sonette

Englisch und Deutsch

Übersetzungen von Gottlob Regis, Stefan George, Karl Kraus

Durchgesehen, revidiert und herausgegeben von Joerg K. Sommermeyer
Reihe alte Tradition Azurcelesteblueoscuro / RAT ACBO 36
Exemplarische Werke der Weltliteratur
Orlando Syrg Taschenbuch, 1. Aufl., OrSyTa 22023, Berlin und Lahnstein 2023

Joerg K. Sommermeyer (Hg.)

Friedrich Hölderlins Lyrik

Ausgewählte Gedichte

Ausgewählt, durchgesehen, revidiert und mit einem Biographischen Abriss herausgegeben von Joerg K. Sommermeyer
Reihe alte Tradition Azurcelesteblueoscuro / RAT ACBO 37
Exemplarische Werke der Weltliteratur
Orlando Syrg Taschenbuch, 1. Aufl., OrSyTa 32023, Berlin und Lahnstein 2023

Joerg K. Sommermeyer (Hg.)

Friedrich Hölderlins Prosa

Hyperion und Theoretisches

Ausgewählt, durchgesehen, revidiert und mit einem Biographischen Abriss herausgegeben von Joerg K. Sommermeyer
Reihe alte Tradition Azurcelesteblueoscuro / RAT ACBO 38
Exemplarische Werke der Weltliteratur
Orlando Syrg Taschenbuch, 1. Aufl., OrSyTa 42023, Berlin und Lahnstein 2023